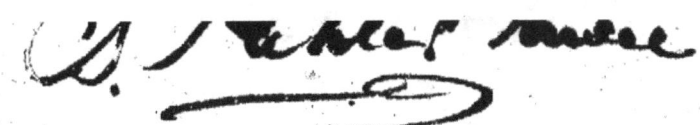

TRISTAN

LE VOYAGEUR.

Cet ouvrage se trouve aussi :

Chez PONTHIEU, Libraire, au Palais-Royal.

PARIS. — DE L'IMPRIMERIE DE RIGNOUX,
rue des Francs-Bourgeois-S. Michel, n° 8.

TRISTAN

LE VOYAGEUR,

OU

LA FRANCE AU XIVᵉ SIÈCLE.

PAR M. DE MARCHANGY.

TOME SECOND.

A PARIS,

CHEZ F. M. MAURICE, LIBRAIRE,
Rue des Mathurins-St-Jacques, n° 1;

URBAIN CANEL, LIBRAIRE,
Place S.-André-des-Arts, n° 30.

M DCCC XXV.

TRISTAN LE VOYAGEUR,

OU

LA FRANCE AU QUATORZIÈME SIÈCLE.

CHAPITRE XVI.

De Vannes je me rendis à Ploërmel, désirant voir entre cette ville et celle de Josselin la croix Helléan et la lande de *mi-voie*, où se livra le combat des trente. Ploërmel est une ville considérable, mais pauvre [1]; car elle est oubliée dans les terres, sans rivières ni grands chemins. Je mis pied à terre au superbe couvent des Carmes, fondé en 1303 par Jean II, comte de Richemond [2]. Au milieu du cloître, composé de soixante-douze voûtes, est un puits d'eau limpide, surmonté d'un beau colombier, double symbole de la vie monas-

---

[1] Ogée, *Dictionn. de Bretagne*, t. III, p. 380.
[2] Ce beau monastère fut détruit pendant les guerres de la Ligue.

tique. Les bâtimens sont magnifiques. C'est une des *mangeries* des ducs de Bretagne, qui ont là un logement défrayé avec recherche et courtoisie. En revanche les religieux ont le privilége de moudre leur grain sans rétribution, et de ne payer aucun droit d'entrée.

Pendant et après le repas, jusqu'à l'heure du coucher, un frère, à qui l'abbé avait donné permission de parler, vint me lire les légendes bretonnes, et j'en fus édifié. Il me lut d'abord la vie de saint Gildas, abbé du monastère de Rhuys. Avant lui ce monastère était trop près de la mer, qui, dans les grandes marées, venait battre le pied de l'autel. Saint Gildas lui enjoignit de se retirer, et elle se retira.

Une troupe de bandouliers voulaient le tuer, parce qu'il avait converti un des leurs. Le saint eut révélation de ce danger dans un songe; mais, sans chercher à fuir les malfaiteurs, il alla droit à eux, et les ramena au bien par ses exhortations [1].

Le diable, à qui l'on contait jour par jour

---

[1] Le P. Albert de Morlaix, *Vie des saints de Bretagne*, p. 8 et 9.

tout ce que faisait à son préjudice le bon saint Gildas, résolut d'en avoir raison. Il lui envoya quatre démons de confiance, déguisés en moines à s'y méprendre. Ces faux moines lui dirent qu'ils venaient du couvent de Saint-Philibert, où un de ses amis, déjà couché sur la cendre pour rendre son âme à qui de droit, n'attendait plus que sa présence afin d'expirer dans ses bras. Saint Gildas vit dans les yeux des faux moines qu'ils étaient de vrais démons; il n'en fit rien paraître, non qu'il craignît de désobliger ces suppôts de l'enfer, mais parce qu'il voulut leur jouer un tour de sa façon. Il s'embarqua avec eux en disant : Allons donc à Saint-Philibert. Lorsqu'ils furent en pleine mer, il chanta à haute voix, *Deus, in adjutorium*. Aussitôt la nacelle chavira, et les démons disparurent, tandis que le saint, resté debout sur les vagues, fut respectueusement porté par elles jusque sur le bord [1].

Saint Gildas fit beaucoup d'autres miracles : il mit à sec les vaisseaux d'un pirate; il res-

---

[1] Le P. Albert de Morlaix, lieu cité, p. 10.

suscita la comtesse Tiphaine, que Commore avait immolée : elle en fut si reconnaissante, qu'elle voulut le suivre partout ; mais il s'y opposa, en lui disant qu'il serait messéant de voir une jeune fille suivre un moine.

On me lut ensuite la vie de saint Wuenolé. Son père, qui ne trouvait rien de plus beau que la puissance temporelle, voulut le mener à la cour, où il avait accès ; mais Wuenolé prit la fuite, et commença dans la solitude cette vie sainte et miraculeuse qui fit l'édification de toute la Bretagne. Il se couchait sur des écorces d'arbres, n'ayant pour habit qu'un sayon de poil de chèvre, et ne se nourrissant qu'avec de la *gigodaine* de farine d'orge. Seulement les jours de fête il mangeait en la compagnie de ses semblables, et alors même il ne prenait que les plus petits poissons qu'il se pût trouver au plat. En carême il ne faisait que deux repas par semaine [1]. Un jour qu'il passait par la ville d'Is, il vit un mort que les siens menaient en terre avec les témoignages d'une grande douleur ;

---

[1] Le P. Albert de Morlaix, p. 49.

il le ressuscita, voyant que cela leur ferait bien plaisir [1]. Il rendit la vue aux aveugles, délivra le roi Grallon de la submersion de la ville d'Is, marcha à pied sur les flots de la mer, et convertit trois larrons qu'il avait pris la main au sac.

Saint Brieuc et saint Yves sont les deux saints les plus chers à la Bretagne. Les vertus du premier furent révélées à sa mère Eldruda par un ange. A peine sut-il marcher, qu'il alla d'inspiration dans la voie de Dieu; il se présenta à saint Germain, qui, le voyant si jeune, le traita comme un enfant incapable de réfléchir sérieusement sur un projet de retraite; mais il changea de langage, et lui parla avec respect, lorsqu'il vit une colombe venir se percher sur la blonde chevelure de saint Brieuc. Alors saint Germain l'admit au nombre de ses religieux, qui l'envoyaient chaque matin puiser de l'eau à la fontaine. Un jour saint Brieuc rencontra sur les bords de cette fontaine un lépreux qui pleurait parce que personne ne voulait lui prêter un vase pour

---

[1] Le P. Albert de Morlaix, lieu cité, p. 43.

boire; le pieux enfant lui fit aumône de sa cruche. Plus loin, il vit un jeune homme que malmenait le démon; il le délivra de l'ennemi, et pourtant il n'avait encore que douze ans [1].

Quant à saint Yves, né dans le diocèse de Treguier, sa vie fut une suite de bonnes œuvres. Il plaidait pour les orphelins et les veuves; il jugeait les différends de ceux qui le choisissaient pour arbitre; il prêchait et conciliait. Sa maison était à la fois un tribunal, un hospice, une école. Il engageait ses habits pour soulager les malades et secourir les plaideurs; il ensevelissait de ses propres mains les pauvres morts, et traitait si bien les indigens, que Jésus-Christ voulut voir par lui-même ce qui en était. Il lui apparut sous l'habit d'un mendiant, et lui laissa, en le quittant, le don des miracles, certain qu'il n'en abuserait pas. En effet, il commença par multiplier les pains dans une disette; d'un signe de croix il éteignit un incendie, et d'une prière il allongea des planches de merrain

[1] Le P. Albert de Morlaix, *Vie des saints de Bretagne*, p. 100.

qui se trouvaient trop courtes d'un pied pour construire un pont, ce qui affligeait beaucoup les ouvriers, et encore plus les habitans.

Un jour le trésorier de Treguier s'emporta contre lui en injures, par jalousie de sa réputation ; et comme le saint l'écoutait patiemment, on crut qu'il méditait une belle réponse en forme de sermon ; mais il lui dit tout simplement : *Dieu vous pardonne*, et s'en alla, après l'avoir salué comme un ami [1].

A Ploërmel on croit, plus qu'en toute autre partie de la Bretagne, à d'étranges métamorphoses. On prétend que les cheveux soufflés en l'air avec certaines paroles se transforment en serpens. On ajoute que les fées changent en or ou en diamant la main de l'indiscret qui va puiser à leur fontaine [2]. Mais les métamorphoses les plus fréquentes sont celles des méchans et des coupables en *loups-garoux*. Les sacriléges, les adultères, les empoisonneurs, les parjures, les incendiaires ne peuvent racheter leurs crimes qu'en devenant plusieurs fois

---

[1] Le P. Albert de Morlaix, p. 112.
[2] Thiers, *Hist. des superstitions*, t. I et II. — Cambri, lieu cité, t. 1, p. 175.

semblables à ces animaux sauvages qui, par suite de cette superstition générale, inspirent aux habitans de la campagne une sorte de terreur religieuse : dans les moindres délits, les coupables ont le choix de la métamorphose; et si le poil du loup leur répugne, ils peuvent courir en nuage, en vent et en feu. Ils partent sous la forme adoptée, vers les six heures du soir, et ne peuvent revenir chez eux qu'après avoir parcouru au moins sept paroisses. Mais lorsqu'on a commis un crime de premier ordre, il n'est guère possible, à moins d'une protection toute spéciale, d'éviter la transformation en *loup-garou*. Pendant long-temps il n'y eut pas besoin d'autre législation pénale; la crainte de subir ces mutations effrayantes suffisait pour comprimer les mauvaises pensées, qui ne devenaient jamais de mauvaises actions. « Mais à présent, me dit le sire de Kéradreux, ces terreurs profitables, loin d'agir avec la même force sur l'esprit des Bretons, commencent à devenir pour eux, dans les villes, des sensations originales. En effet, ajouta-t-il, il se trouve des hommes du siècle qui, après avoir épuisé leur portion de plaisir, comme hommes, vont faire les parasites dans une autre condition animale, voire même celle du *loup-garou* ou du *bisclavaret*, qui n'est qu'un loup renforcé. » Comme j'hésitais à croire à des goûts aussi peu délicats, il me jura par saint Armel[1] que cela se voyait tous les jours, et de suite il me conta une anecdote qui depuis quelque temps faisait grand bruit à Ploërmel[2].

« Il y avait en ce pays, dit-il, un seigneur brave et courtois. Il s'absentait chaque semaine pendant trois jours et trois nuits. Sa femme le pressa de lui faire connaître le motif de ses absences. « Sachez donc, lui dit-il, que je deviens *bisclavaret* au fond des bois. — Mais, répliqua sa dame, où mettez-vous donc vos vêtemens tandis que vous courez ainsi tout nu, car je ne pense pas que vous fassiez porter à un loup les modes de la duché de Bretagne ? » Le mari ne voulut pas répondre, de peur que, si on lui dérobait

---

[1] Saint Armel était le patron de Ploërmel : on voyait sa statue sur la petite porte de cette ville.
[2] *Les Lais de Marie de France*, trad. de M. Rochefort, t. 1, p. 179.

ses habits, il ne restât définitivement *loup-garou*. Mais sa perfide épouse fit si bien, qu'il lui indiqua l'endroit où il se dépouillait. Cette femelle traîtresse alla trouver son amant, qui, à la première course nocturne du mari, vint soustraire frauduleusement ses vêtemens. Contraint à demeurer sous la peau d'une bête farouche, ce pauvre mari vivait tristement dans les forêts, sans vouloir y lier connaissance avec les loups véritables. Cette noble réserve lui porta bonheur. Le duc, étant venu visiter à Ploërmel les tombeaux de ses prédécesseurs, prit dans les bois le plaisir de la chasse. Ses chiens poursuivirent le *bisclavaret*, qui, ayant reconnu le duc, alla poliment à sa rencontre. Le prince, admirant l'allure soumise de ce loup courtisan, le fit conduire dans son palais, et le promut au rang des animaux domestiques de première classe. Un avancement aussi honorable rendit le *bisclavaret* plus caressant et plus doux que jamais ; il ne quittait pas la personne de son maître. Le duc, avant de partir de Ploërmel, voulut tenir cour plénière. Parmi les chevaliers qui s'y rendirent était le galant de la femme du *bisclavaret*. Celui-ci s'élança avec fureur sur son rival, et lui arracha le nez. On s'étonna qu'une bête qui montrait d'ordinaire tant de mansuétude et de soumission fût à ce point furieuse et acharnée contre un seul individu. Cette sage remarque éveilla les soupçons; la femme et son complice furent conduits en prison, et avouèrent enfin la vérité. On rapporta au *bisclavaret* ses habits, qu'il trouva un peu étroits; car, en sa qualité de bête, il avait pris de l'embonpoint. Cet aimable seigneur, rendu à l'humanité, suivit le duc en Angleterre. Il est maintenant à Auray, et peut-être avez-vous soupé avec lui.»

Je me souvins, en effet, qu'à la table du sénéchal était un seigneur qui faisait rire les convives par la manière gauche avec laquelle il maniait la fourchette et les couteaux ; mais comment me serais-je imaginé que je soupais avec un ancien loup ?

Le sire de Keradreux se disposait à me raconter d'autres aventures de ce genre, lorsque ses gens vinrent lui apprendre que le feu était chez lui. «Je vais bien l'attraper», me dit-il; et soudain courant à la cheminée embrasée, il fit la moue à la suie, qui s'éteignit aussitôt.

Non loin de Ploërmel, je me trouvai à la croix *Helléan*; je m'arrêtai sous le chêne de *mi-voie*, et, ôtant respectueusement ma barette, je regardai tant que je pus ces lieux où le sang des braves avait coulé pour la patrie, ces lieux qui naguère avaient retenti du choc des boucliers et du cri de la victoire [1].

Les branches de l'arbre sacré fléchissaient sous le poids des écussons, des heaumes et des glaives, nobles trophées suspendus par la main des chevaliers, qui depuis plusieurs années choisissaient de préférence cet endroit pour le rendez-vous de leurs pas d'armes et de leurs joûtes. Le sol héroïque était jonché de troncs de lances rompues, de mailles de fer et de tous les débris de combats à outrance, livrés sans cesse en souvenir du courage des trente.

Enflammé par ces images guerrières, j'aurais voulu rompre moi-même une lance en

[1] D'Argentré, *Hist. de Bretagne*, l. v, ch. ccxxv. — Ogée, *Dict. de Bretagne*, t. ii, p. 290 et suiv.

l'honneur de ma dame. Préoccupé de ce désir, je criai : *Y a-t-il par ici un bon chevalier?*... Puis je rougis de ce que ma voix osait troubler le silence religieux des bruyères d'*Helléan* : ces bruyères, ce chêne, tout ce qui fut témoin de tant d'exploits, était pour moi l'objet d'une attention révérentielle. Je leur demandais plus qu'ils ne pouvaient m'offrir ; je les pressais de mon admiration, afin d'en obtenir une vision du passé. Il me semblait qu'ici la nature eût dû, tout exprès pour la gloire, intervertir ses lois et perpétuer désormais, jusque dans ses moindres productions, des signes de la vaillance française. Je cherchais dans le calice des fleurs les chiffres des Beaumanoir, des Tinteniac et des Montauban. J'écoutais dans les brises du soir leurs accens généreux et leurs devises de guerre; je croyais voir sur chaque brin d'herbe des gouttes du sang de l'Anglais; et cette terre célèbre, que labouraient mes regards pour en faire sortir quelques grands ossemens, paraissait tressaillir sous mes pas.

Tandis que mon imagination faisait seule tout cet ouvrage, une corneille perchée sur le plus haut rameau de l'arbre druidique me tira de ma rêverie, en prenant son vol bruyant, et ensemençant les nuages de ses paroles centenaires. Je suivis de l'œil l'oiseau sinistre : on eût dit que son aile flasque et brisée n'était soulevée que par le vent, comme un lambeau du drap mortuaire. Peut-être cette corneille s'était-elle trouvée aux funérailles des farouches soldats d'Édouard.

A trois quarts de lieue de la croix *Helléan* est la ville de Josselin; je vis de loin son beau château, bâti par les vicomtes de Porhoet et possédé aujourd'hui par Olivier de Clisson, au grand déplaisir du duc de Bretagne. Des troupes d'enfans montés sur des chevaux de bois couraient en jouant par les rues de Josselin, et les vieux disaient que c'était un signe de guerre. Je trouvai difficilement à me loger dans la ville, encombrée d'étrangers et de curieux qu'attiraient la procession et les miracles de *Notre-Dame du Roncier*, appelée ainsi parce que la statue de cette vierge fut découverte sous les ronces. Un religieux du Carmel me dit qu'il était probable que cette image eût appartenu, soit au culte d'Isis, révérée dans les Gaules [1], soit au culte des pénates et des dieux lares, apporté par les Romains jusque dans cette province. C'est ainsi, continua ce docte père, qu'on trouva près de Vannes, dans les ruines d'un temple consacré à Vénus, la statue de cette idole, qu'aujourd'hui les Bretons vont encore adorer en foule, s'obstinant à y voir une bonne sainte du christianisme [2]. Mais qu'importe, puisque ces œuvres du paganisme ont été purifiées par la foi? Le bloc de marbre que le ciseau du sculpteur voue à l'adoration des fidèles aurait pu être façonné par lui en simulacres profanes; mais aussitôt qu'il est embrassé par la pieuse crédulité des cœurs chrétiens, leur intention le sanctifie. Dieu est toujours là où l'on prie avec ferveur et simplesse.

En me parlant ainsi le religieux me conduisit vers l'église de *Notre-Dame du Roncier*. Cette église étincelle de dix mille flambeaux de cire odorante, allumés par les pèlerins. Six compagnies de bourgeois, com-

[1] Ogée, *Dict. de Bret.*, t. 1, p. 79 et 80, v° *Bieuzi*.
[2] Petr. Lescalop., *Theolog. vet. Gall.* — D. Martin, *Religion des Gaulois*, t. 1 et 11.

mandées par le sire de Rohan, ouvraient la marche de la procession. Ils étaient suivis de trois cents jeunes enfans de Léon, qui apprenaient à Josselin le français et le commerce. A côté d'une jeune fille représentant la sainte Vierge, se tenait un homme vêtu en musulman, qui lui rendait de respectueux hommages.

Ceux qui portaient les reliques des saints étaient les habitans les plus considérés et les plus riches de l'endroit : l'avantage de porter ces reliques est si recherché dans toute la Bretagne, que les fidèles le mettent à l'enchère, et allument à cet effet une bougie, après que le prêtre a dit l'Évangile. On procède de même à l'égard du droit de porter les bannières, qui sont ordinairement d'un poids énorme, et qui représentent l'image du saint et quelques traits des miracles qu'on lui attribue. Les pensionnaires des Ursulines représentaient dans cette procession, les unes, les trois Maries, d'autres les pages de la princesse Ursule. La plus sage et la plus belle représentait Ursule elle-même. Chose merveilleuse, elle était suivie de onze mille filles d'honneur. Tout ce que la Bretagne et une partie de la Normandie et de l'Anjou avaient de jeunesse et d'attraits était là pour concourir au spectacle commémoratif de l'un des faits les plus célèbres de notre histoire. Conan-Mériadec, prince de la Grande-Bretagne, ayant conquis l'Armorique, l'érigea en royaume, et s'y établit avec ses guerriers ; mais, pour ne point regretter l'ancien pays, les vainqueurs désirèrent s'unir avec les filles de la Grande-Bretagne. Dionotus, roi de cette contrée, consentit à marier son unique héritière, la belle Ursule, avec Conan-Mériadec. Cette princesse accomplie quitta les rives de la Tamise, suivie de onze mille vierges [1]. La flotte, qui ne méritait que les zéphyrs, l'azur des flots et les astres tutélaires, fut repoussée des ports armoricains par une tempête qui la jeta vers l'embouchure du Rhin. Les Huns, qui garnissaient ces régions sauvages, voulurent faire outrage à la pudeur d'Ursule et de ses compagnes. Préférant la mort au déshonneur,

---

[1] Ussérius, *britan. eccles. Antiq.*—Tillemont, *Hist. des empereurs*, t. IV.—D'Argentré, *Hist. de Bretagne*, l. 1, ch. XI, p. 20.

elles furent égorgées par les barbares. Leurs restes sont recueillis dans les murs de Cologne, où plus d'une fois on vit les ombres de ces vierges martyres, couronnées de flammes célestes et répandant l'effroi sur les armées des Vandales [1].

Pour figurer les onze mille filles de la Grande-Bretagne, Josselin appelait à sa procession les vierges chrétiennes de cent monastères, toutes les filles d'honneur, dames d'atours et *caméristes* des comtesses, des baronnes et des hautes dames de nos provinces ; anges de beauté, doux talismans des oratoires féodaux, pudiques ornemens des salles hospitalières et des galeries du tournoi. On y voyait aussi les bergères bretonnes couronnées des fleurs du *blavet* [2], simples filles qu'intimident les feux errans du *Sotray*, et les nains qui viennent danser pendant la nuit autour du *Peulvan*.

Par suite de cette dévotion envers sainte Ursule, il y a en Bretagne un grand nombre de couvens d'urselines, et en général on

---

[1] *Gervas. Monach.* — D'Argentré, lieu cité.

[2] C'est le nom qu'on donne au bleuet.

trouve dans ce pays beaucoup plus de monastères de femmes que d'hommes. On l'a toujours dit chez nous, il y a dans *une jeune fille quelque chose de divin.* Plus près du ciel que nous, elle semble en mieux garder le souvenir, et, pour bien aimer, elle ne veut aimer que ce qui n'est point périssable. On m'a assuré qu'il y avait en Basse-Bretagne des couvens de femmes où la novice se présente parée de beaux habits, de joyaux et d'une couronne de violettes blanches, telle qu'une nouvelle mariée qui va de l'autel à la couche bénite. Elle s'étend sur le pavé du temple, on la couvre d'un linceuil, on récite un *de profundis*, et chaque assistant va jeter sur elle de l'eau bénite en disant *requiescat in pace.* Elle se relève alors et franchit la grille, qui, en se refermant, la sépare pour toujours du monde. Elle prend aussitôt l'habit du monastère, et sa parure est soigneusement conservée, car elle doit lui servir encore une fois ; on la lui rendra quand elle aura cessé de vivre, et le cercueil l'aura avec tous ses vains ornemens. Mais durant sa vie cet être faible et délicat ne marchera que les pieds nuds, ne dormira que sur une planche, ne mangera que sur une ardoise des légumes cuits à l'eau ; se lèvera à minuit pour prier, et observera un éternel silence. Cependant le sourire est sur ses lèvres, et l'espérance dans ses yeux : d'où lui vient donc la force qui lui donne cette paix fortunée? C'est un secret que ne devineront pas ceux dont le cœur n'a point été visité par la religion.

Peu de jours après cette procession, je vis à Josselin une cérémonie bizarre. Les juges du lieu se rendent sur les bords de la rivière, et y font un appel de tous les vassaux qui ont vendu du poisson pendant le carême : ceux-ci comparaissent, et sont tenus de faire le saut de carpe dans la rivière, ou de le faire faire par un remplaçant, sous peine de trois livres quatre sous d'amende [1].

[1] Ogée, t. II, p. 204.

CHAPITRE XVII.

En sortant du territoire de Josselin, j'entrai bientôt dans la vicomté de Rohan, la plus ancienne de France.

La noblesse des Rohan est si célèbre et si populaire, que, quand on dit le vicomte, cela doit toujours s'entendre du chef de cette famille, issue des comtes de Porhoët.

La richesse, le faste, le crédit des Rohan égalaient la fortune des souverains auxquels ils s'allièrent plus d'une fois. L'un d'eux prit, dit-on, cette fière devise : *Roi je ne puis, prince ne daigne, Rohan je suis.*

J'aperçus de loin les tours du château de Rohan, bâti au xiie siècle. Je m'informai si le vicomte y résidait en ce moment ; un de ses hommes me dit qu'il était pour lors au château de Blain, où se trouvait le sire de Clisson, dont il recherchait la fille aînée, la belle et sage Béatrix, qu'il épousa depuis, au grand déplaisir du duc de Bretagne.

A l'ombre d'un bouquet d'érables qui s'élevait entre les grandes landes de la Nouée et la rivière de l'Oust, vingt-quatre vieillards étaient gravement assis, écoutant des adolescens chantant des lois et coutumes mises en vers, afin qu'on les retînt mieux en la mémoire [1]; car on ne voulait point les écrire, de peur que leur sens et leur texte ne fussent torturés par les glossateurs. Ces vieillards étaient les doyens et notables des villages voisins; ils se réunissaient chaque année, selon l'usage, afin de remémorer la législation orale que les anciens transmettaient aux enfans, avec les croyances de la religion et les annales de l'histoire. Dans cette revue des souvenirs on prescrivait contre les siècles, et l'on citait tous les *usemens* des lieux circonvoisins.

Je m'approchai de la foule, et lorsque les jeunes garçons eurent chanté, sur l'un des airs rustiques avec lesquels ils excitent leurs

---

[1] Il en était de même chez presque tous les peuples. (*Voy.* Plato *in min.*, p. 567. — Strab., l. III, p. 204. — Arist., *Probl.*, sect. 19, prob. 28. — Martian, *Capella de nupt. philolog.*, l. IX, p. 313. — Stob., *serm.* 42, p. 291. — Kuhnius *ad Ælian. var. hist.*, l. II, ch. XXXIX.

bœufs au travail, les vieilles coutumes où l'on retrouve quelques-unes des dispositions des assises du comte Geoffroy [1] et des constitutions de Jean II, un vieillard à longue barbe blanche prit la parole en ces mots :

« Il est donc à savoir qu'il en doit être à l'avenir comme il en a été du temps passé. En conséquence, l'*usance* de Porhoët continuera de s'étendre aux paroisses de la Nouée, la Croix, Glac, Mohon, et la Trinité [2]. Petits et grands auront à retenir que cette *usance* ne stipule pas à l'égard des successions des nobles, lesquelles, d'après la coutume générale de la Bretagne, appellent l'aîné à hériter des fiefs à l'exclusion des autres enfans, auxquels ledit aîné est tenu de servir de père, et qu'il devra établir convenablement.

« A l'égard des successions roturières, l'*usance* veut que les mâles en ligne directe aient les deux tiers dans le partage de la terre patrimoniale ; et que les filles, quel que

---

[1] En 1185.

[2] *Usement* de Porhoët, dans Hévin, p. 547 de la *Coutume de Bretagne et de ses usances*.

soit leur nombre, ne puissent réclamer qu'un tiers [1]. S'il s'agit de successions collatérales, les mâles succèdent aux mâles, à l'exclusion des filles ; car il y a urgence que la famille menacée de périr soit secourue par un héritier du sang et du nom. Mais si la succession est ouverte par le décès d'une fille, laquelle n'a pas de nom à recommander, puisque la famille a déjà péri en elle, les mâles, qui n'ont plus rien à faire dans cette famille éteinte, ne prendront rien dans ladite succession, laquelle sera réservée tout entière aux filles, afin qu'en cette occurrence elles trouvent une indemnité pour les cas où l'intérêt du lignage fait préférer les héritiers de la chair [2]. »

Un autre vieillard prit la parole, et dit : « Que les manans du canton de Brouërec prêtent attention. Ils doivent garder en leur mémoire que leur *usement* s'étend en longueur depuis la rivière de la Roche-Bernard jusqu'à la croix du pont de Quimperlé, et en largeur depuis le rivage de la mer jusqu'à la

---

[1] Hévin, lieu cité.
[2] *Id.*, p. 548 et 549.

vicomté de Rohan. Cet *usement* est grandement favorable au domaine congéable, c'est-à-dire au contrat par lequel les seigneurs, pour encourager l'agriculture à défricher, semer et planter, abandonnent à longues années, aux laboureurs, des terrains incultes, moyennant des redevances légères. Celui qui reçoit s'appelle *domanier*; son seigneur n'a aucun droit de justice sur lui à raison de cette concession, qui ne l'astreint qu'à des obligations de respect[1]. »

Un troisième vieillard parla à son tour : « Que les sujets de la vicomté de Rohan écoutent ce qu'ont écouté leurs pères, et ce qu'écouteront leurs enfans, s'il plaît à Dieu. La femme qui se remarie perd son douaire. Les meubles se partagent également entre les enfans des deux sexes; mais en ligne directe, les terres passent, non à l'aîné, comme il se pratique dans presque toute la Bretagne, mais au *juveigneur*, c'est-à-dire au plus jeune des enfans mâles à l'exclusion de tous autres; s'il n'y a que des filles,

---

[1] *Usement* de Brouërec, dans Hévin, p. 537.

la dernière exclut pareillement les autres ¹. »

Un quatrième vieillard, frappant trois coups de son bâton blanc sur la pierre d'une borne, cria : « Attention à l'*usement de Quevaize*, l'homme Quevaizier doit la corvée pour rentrer les récoltes du bon Dieu, dans les granges du seigneur et de Damp abbé ; de plus, il doit le charroi pour la réédification des églises, chapelles, chaussées et moulins.

Dans l'*usement de Quevaize* comme en celui de Rohan, le dernier des mâles succède seul à la terre, et il en est de même de la plus jeune des filles, fut-elle encore à la mamelle ². »

Cette coutume me parut étrange, et j'en demandai la raison à un des vieillards. Il me répondit : « Le plus jeune des enfans est le moins avancé dans son établissement ; le décès de ses père et mère le surprend souvent sans profession, sans industrie, sans ressource, tandis que ses aînés se sont déjà arrangés avec

¹ Leguevel, en son *Commentaire* sur l'*usement* de Rohan.
² Hévin, droit de Quevaize, dans ses *Usances de Bretagne*, p. 528 et 529.

la fortune; il est donc juste qu'il ait les biens : d'une autre part, les autres frères et sœurs, entourant sa faiblesse, restent plus long-temps avec lui sous le toit paternel qu'ils ne le feraient avec un aîné gros et gras qui n'aurait pas besoin de leurs soins. »

J'admirai le motif de la coutume, sans en dissimuler les inconvéniens; car plus il vient de biens à un enfant, plus il y a tromperie et pillage. D'ailleurs l'aîné est le suppléant du père, et le protecteur de toute la famille.

J'appris dans les champêtres assises des patriarches bretons beaucoup d'autres usages, plus ou moins curieux, et tous d'une grande simplicité. Cependant le vieillard qui m'avait déjà parlé se lamentait sur l'altération de la jurisprudence. « On cherche, disait-il, à nous ôter nos *usemens* particuliers pour nous soumettre à une seule coutume qui régirait toute la Bretagne. Le comte Geoffroi et trois des ducs Jean l'ont déjà fait tant qu'ils ont pu, et c'est un grand malheur; car une coutume ne mérite ce doux nom que lorsqu'elle est née autour des foyers de ceux qui la pratiquent, et qu'ils y retrouvent les souvenirs, les sentimens de leurs pères mêlés aux besoins des localités. Plus une coutume s'étend, et plus elle se refroidit et s'oublie. Jadis les Bretons la gardaient dans leurs cœurs, maintenant on commence à l'écrire. Grâce à Dieu, nos cantons ont conservé leurs *usemens*; le reste de la province suit la coutume publiée en 1330 par le duc Jean III.

«Quant à la justice, continua le bon vieillard, elle est rendue par les sénéchaux, représentant les seigneurs; et si l'on n'est pas content de leurs jugemens, on peut se pourvoir au parlement général du pays, qui se tient dans la chambre verte du duc, et où siégent des prélats, des barons et les notables de la bourgeoisie [1].

Mais il est rare que dans nos cantons on fasse usage de l'appel; car la justice patrimoniale ne rend guère que des décisions équitables. Avant même de s'adresser au sénéchal, on consulte les vieillards, qui, chaque di-

---

[1] *Recherches sur la Bretagne*, par M. Delaporte, t. II, ch. VIII, p. 72.

manche après vêpres, vont s'asseoir sur le bord d'une fontaine ou le parapet du pont, pour concilier les parties ; et peu de procès leur échappent.

Autrefois les choses se faisaient encore plus simplement. Nos pères, persuadés que tout raisonnement humain n'engendre qu'erreur, orgueil et pauvreté, ne voulaient pas lui soumettre leurs débats ; ils aimaient mieux s'en rapporter au hasard. Il y avait sur les bords de la Loire un grand chêne où les plaideurs allaient s'asseoir par un grand vent, et en présence de témoins : celui du côté duquel tombait la première feuille de l'arbre aux oracles, gagnait tout bonnement son procès. Dans la saison où l'arbre était dépouillé, les plaideurs apportaient sur une éminence, près de Nantes, des gâteaux qu'ils posaient séparément, puis s'éloignaient à certaine distance : celui dont les corbeaux venaient goûter l'offrande avait gain de cause, au dire des témoins [1].

---

[1] M. Coray, sur *Strabon*, l. iv. — Ed. Richer, *Voyage de Nantes à Paimbeuf*, p. 38.

C'est aussi en haine de toute discussion que nos ancêtres avaient imaginé les *ordalies* et les combats judiciaires ; ils croyaient d'ailleurs que Dieu était intéressé à confondre le crime et venger la vertu. Mais ce Dieu de bonté, qui souvent rappelle à lui par les voies les plus rigoureuses en apparence, et qui reprend facilement la vie de ceux qu'il veut gratifier d'une bienheureuse éternité, pouvait fort bien laisser périr l'innocent à l'encontre du robuste et dur coupable, triomphant insolemment des épreuves de l'eau et du feu. A la vérité, ce triomphe n'était que pour ici-bas ; mais il y a beaucoup de gens qui n'en voient pas davantage, et nous avons sagement supprimé des procès criminels cette aveugle et barbare procédure.

CHAPITRE XVIII.

Je me rendis à Langouelan. Me reposant de la chaleur du jour, je m'amusai à cueillir des fraises au pied d'une vieille tour que les paysans appellent la *maison du Dieu de Paris*. On dit qu'elle fut bâtie, il y a bien long-temps, par un riche Gaulois, qui revint des bords de la Seine, frappé d'admiration pour le culte d'Isis.

Je fus coucher à Lominé. Toute la nuit mon sommeil fut troublé par des cris sinistres, par des mugissemens humains; c'étaient les fous qu'on enchaînait pour leur bien dans la chapelle de saint Colomban. Ces infortunés guérissent ou meurent dans l'espace de neuf jours [1].

J'allai déjeuner le lendemain matin à Duault. Ce bourg, fondé par saint Hernin sur les ruines de la grande ville de Ker-Alus, est célèbre par la chapelle de saint Servais, où se rendent

[1] Ogée, t. II, p. 437.

plus de vingt mille personnes, le 13 de mai, pour obtenir des récoltes abondantes. Ces pèlerins élèvent à la fois des cris confus pour demander les uns le blé jaune, et les autres le blé noir. En même temps ils s'emparent de la bannière du saint, et vont processionnellement jusqu'au ruisseau qui sépare les évêchés de Vannes et de Quimper. Les habitans des deux territoires se livrent un rude combat pour enlever cette bannière, dont ils finissent par emporter les lambeaux, qu'ils attachent à leurs charrues et aux poutres de leurs granges.

La Bretagne a de majestueux aspects du côté des montagnes d'Arès. Je gravis sur les pompeux sommets de cette chaîne de montagnes, et je demeurai en extase depuis le milieu du jour jusqu'aux premiers silences du crépuscule. Je n'avais rien vu de comparable au paysage qui frappait ma vue. Le soleil couchant se fondait en vapeurs de feu, et ses reflets brillans s'étendaient au loin sur les tours de Rosternen et de Carhaix, sur les bosquets de Saint-Ronal et les forêts de Las, couvrant de leurs chênes lumineux des milliers de rochers de granit sur les vastes bruyères déroulant les tapis d'une pourpre éclatante, et les nappes d'un safran éblouissant. Dans l'enfoncement, l'Océan à travers ses brumes vaporeuses, faisait scintiller la lumière sur l'immensité de ses flots. Le soleil, reprenant toutes ses clartés, disparut à l'horizon. Le calme des airs n'était troublé que par le bruit sourd de la cascade de Saint-Darbot, qui tombe de deux cents pieds de haut sur les tiges des sorbiers et des hêtres, non loin du château de Rusquer, où l'amoureux Eudemarec, métamorphosé en ramier, venait voltiger près de la croisée de la belle qu'opprimait le jaloux Caerwent [1].

Je m'empressai de fuir ces lieux, qui sont aussi dangereux pendant la nuit qu'agréables aux heures du jour; car de tous côtés sont des marais où de méchans génies entraînent les voyageurs ; des pics sauvages, où les démons chassés du corps de l'homme sont emprisonnés dans un cercle. Celui qui met le

---

[1] Ellis, *Specimens of early english metrical romances*, t. 1, p. 137, 190. — *Lais de Marie de France*, traduct. de M. Rochefort, t. 1, p. 273.

pied dans ce cercle magique tourne sur lui-même sans pouvoir s'arrêter jusqu'au retour de l'aurore. Je ne fus rassuré qu'en voyant des paysans assemblés sur les rives de l'Aulne pour y adorer Notre-Dame des Portes, qui, vêtue d'une robe blanche, tissue de lumière et brodée d'étoiles, se promène sous les saules. Quand le frottement de cette robe céleste se fait entendre dans la campagne, c'est l'annonce des beaux jours et des bonnes moissons.

J'arrivai fort avant dans la nuit à Huelgoat. J'entendis un bruit sourd et lugubre sortir d'un gouffre profond : on assure que ce sont les plaintes des amans de la princesse Dahut, qui, sous le règne du roi Grallon son père, faisait jeter dans cet abîme ceux dont s'était fatiguée son inconstante lubricité.

Mon guide me montra une masse de ténèbres qui se dressait jusqu'aux nues, et il me dit : *Voilà le château d'Artus.* Aujourd'hui que les jours de bonheur et de gloire ont passé pour ce manoir, il est désert, et les démons s'en sont emparés ; ce sont eux qui lancent des éclairs sur les plates-formes des tours, et qui poussent entre les guichets des hurlemens affreux.

Laissant à gauche le château de Daoulas, où le duc Conan IV fit périr de faim le vicomte de Faou, ainsi que le frère et le fils de ce malheureux seigneur[1], je pris la route de Quimper. Chemin faisant, je rencontrai le beau page du sire de Châteaulin, monté sur un cheval gris et enveloppé dans un manteau de lin bleu. Cet amoureux garçon suivait les chemins détournés du bois, et les tresses de ses blonds cheveux distillaient la rosée. Il allait à un rendez-vous dans les prés de Saint-Segal, et chantait par intervalle les couplets d'une simple chanson dont j'ai gardé le sens en ma mémoire.

« Au bois d'Aliziers la belle chantait : le fils du roi qui par-là passait, se prit à rêver d'amour ; rêvant ainsi d'amour, il laisse à son cheval le choix des sentiers, qu'il suit d'aventure. A peine voit-il les pèlerins qui, dans le chemin creux se rangent à son passage, point ne parle à ses chevaliers qui près du bac l'at-

---

[1] D. Lobineau, *Hist. de Bretagne*, t. 1, v, p. 154.

tendaient au frais, peu lui soucie de trouver en son palais l'envoyé des sultans sarrasins apportant des présens, qui pourtant semblaient fort beaux.

« Au bois d'Aliziers la belle chantait : près de là l'abeille volait, et de fleur en fleur elle allait. Holà, debout, mes pages, éveillez-vous, mes écuyers, sellez mon palefroi promptement. — Seigneur, où voulez-vous aller? le coq n'a pas encore senti le jour; la nuit est noire et glacée. — S'il fait sombre et froid en ces lieux, j'en sais d'autres où nous trouverons douce lumière et gai printemps.

« Au bois d'Aliziers la belle chantait. — Seigneur, celle qui a chanté n'est qu'une simple bergère, qui n'a pour tout bien qu'un troupeau. — Bergère ou non, je veux la voir; si elle consent à recevoir ma foi, elle aura trousseau de reine, corset de brocard et rubis. Chambrières iront blanchir pour elle le linon aux clairs ruisseaux, et paladins viendront joûter en son honneur. Holà, mes écuyers; holà, scellez mon meilleur destrier.

« Au bois d'Aliziers la belle chantait : c'était pour un berger qu'elle aimait fidèlement. —

Qui frappe là? dit-elle. Celui que j'attends n'a point de pages, de cavaliers pas un, et aussi peu d'aumôniers. — Ouvrez, c'est le fils du roi ; ouvrez, son cheval frisonne, et son levrier blanc mord la neige qui couvre la terre. — Beau sire, au sortir du hameau demeure votre sénéchal, à qui vous ferez grand honneur ; ma chaumière est trop petite pour loger un prince, je n'y puis recevoir qu'un berger. »

CHAPITRE XIX.

Ce fut le jour de saint Lazare que j'arriva à Quimper, capitale du pays de Cornouailles. Ce superbe diocèse compte onze villes, cent soixante-treize paroisses, quatre-vingt-dix succursales, onze forêts, plusieurs ports, et grand nombre de monastères. Ses côtes sont agréables et riantes, son intérieur est peu cultivé; les *landes* stériles, et l'ombre des *montagnes noires*, lui donnent un air triste et sauvage.

Sur la plate-forme de la cathédrale de Quimper, et entre les deux tours, s'élève la statue équestre du roi Grallon. C'est là que le jour de la Sainte-Cécile se rendent les compagnies des musiciens et des ménestrels. Pendant qu'ils chantent une hymne en chœur, un des valets de ville monte sur la croupe du cheval de Grallon, verse une coupe de vin, qu'il boit après l'avoir présentée au roi, puis jette cette coupe au milieu de la foule qui couvre la place. Celui qui la saisit avant qu'elle ne soit tombée reçoit un prix de vingt écus.

Les évêques de Quimper exercent un grand pouvoir : on voit à plus d'un endroit de la ville les ruines de châteaux superbes qu'ils ont fait démolir, ou dont ils ont arrêté les travaux, parce que les ducs de Bretagne faisaient élever ces édifices, soit au préjudice des franchises de Quimper, soit au mépris des droits épiscopaux [1].

Geoffroi de Coëtmoisan était alors évêque; je fus reçu dans son palais avec toute sorte d'égards et de politesse. Le vidame de ce prélat, docte et puissant personnage, parlait le français aussi bien que le breton, ce qui me fut d'une grande commodité; car je comprenais à peine cette dernière langue, qui d'ailleurs variait dans ses dialectes nombreux. Celui de Quimper me parut plus dur et plus aspiré que tous les autres. Je me permis d'en plaisanter avec mon hôte, ce qui amena entre nous et son vidame une conversation fort

---

[1] Hévin, dans ses *Questions féodales*, p. 57 et suiv. — Ogée, t. III, p. 497.

curieuse sur l'origine et les vicissitudes du breton.

« Cet idiome que vous raillez, me dit le vidame, est le reste précieux du langage qu'ont parlé tous les habitans de la Gaule, et l'on peut ajouter tous les Celtes qui s'établirent en cent lieux de l'univers. Il n'est pas une langue morte ou vivante dans laquelle on ne retrouve des mots détachés du celtique. Répandu par l'autorité de la victoire, il a fleuri au delà des Alpes et dans les champs de l'Asie [1]. Peut-être y aurait-il de l'exagération à dire avec quelques savans bretons que c'est la plus ancienne des langues ; que, selon toute apparence, ce fut celle qu'on parlait dans le paradis terrestre, et que Japhet l'apprit à ses races

---

[1] Strab. III, IV, V. — S. Hieron., *in Comment. epist. ad Galat.*, l. II, ch. XIII. — Macrob., *Saturn.* VI, 4. — Ptolémée, III, 3. — Lucien, *Pseud.*, p. 494. — Tacit., *in Agricolâ.* — D. Pezron, *Antiquité de la nation et de la langue des Celtes*, p. 291 et suiv. — Le dictionnaire de Rostrenen, *franç.-celt.*, in-4°. Rennes, 1732. — Duclos, *sur l'origine et les révolutions des langues celtique et française*, *Mém. de l'acad. des inscriptions et belles-lettres*, t. XV, p. 565 ; et t. XVII, p. 171.

populeuses[1]. Mais il est permis de croire, d'après son énergique brièveté, que son origine remonte aux premiers siècles[2], ainsi que je vais essayer de vous le prouver en trois points... »

Je me permis d'interrompre ici le savant vidame : « Seigneur, lui dis-je, le vol de votre savoir m'éblouit et m'épouvante ; la tête me tourne en suivant cet aigle hardi que vous faites planer sur le berceau des Celtes et vers la source des temps. Daignez, par compassion pour mon ignorance, borner vos nobles élans au sujet, qui n'excèdera point les bornes de mon humble intelligence. J'aurais grand plaisir à ne pas sortir des limites du royaume ; là, j'aimerais à connaître comment le celtique abandonna toutes les parties de la Gaule, et dans son abdication ne se réserva de tant de suzerainetés que le petit fief de la Basse-Bretagne. D'abord est-il bien sûr que les Gaulois ne parlassent qu'une langue, que cette langue fût le celtique, et que le celtique

[1] Shaw, préface de son *Dictionn. erse* ou *gallique*.
[2] La Tour-d'Auvergne, *Origines gauloises*, l. II. — Bullet, *Mém. sur la langue celtique*, 1re partie, ch. III.

se soit conservé à Quimper-Corentin dans sa pureté primitive? »

Le vidame, qui depuis quarante ans méditait sur les étymologies celtiques, fronça d'abord le sourcil en me voyant rétrécir l'arène de sa discussion; mais, trouvant que ma triple question lui ouvrait encore un champ assez beau, il reprit sa bonne humeur, et continua en ces mots :

« Il est si vrai qu'une seule langue régnait dans les Gaules, qu'on y tenait des assemblées générales où l'on se rendait de tous les points de cette vaste contrée; assemblées politiques et religieuses qui ne peuvent s'expliquer que par l'identité du langage; autrement, elles eussent offert la confusion de Babel [1]. Les noms propres des habitans des villes, des rivières et des forêts de toutes les parties de la Gaule, avaient des terminaisons semblables; d'où l'on doit également conclure que ces noms provenaient de la même langue. Les Gaulois qui émigrèrent en Asie parlaient la langue celtique, ainsi que l'atteste saint Jérôme; et

[1] Cæs., *de Bell. gall.*, VI, 13.

cependant ces Gaulois sortaient originairement des murs de Trèves. On parlait donc le celtique non-seulement en Bretagne, mais à Trèves; on le parlait également à Lyon, à Marseille, à Autun, en un mot, par toute la Gaule. Mille auteurs ne permettent pas le moindre doute à cet égard [1]. Aussi peut-on avancer que, si l'on retranchait de la langue française le grec et le latin qu'y mêlèrent les Phocéens et les Romains, le saxon ou le teuton qu'y versèrent les Francs, ce qui en resterait serait le pur celtique des anciens Gaulois [2].

« Les Romains, s'étant rendus maîtres des Gaules, y firent prévaloir le latin, et par degrés bannirent le celtique de nos provinces [3]. Cette expulsion fut entièrement consommée

---

[1] Sulp. Sev., *Dial.*, 1, 20. — S. Iren., *oper. præf.*, — L'archéologie d'Edward Boxhorn, *de Orig. Gall.*, l. 1. — La Tour-d'Auvergne, *Orig. gaul.*, ch. v.

[2] Le président des Brosses, *Traité de la formation mécanique des langues*, t. 1, p. 24.

[3] *Mém.* de M. Bonamy *sur la langue des Gaulois et des Français*, dans les *Mém. de l'acad. des inscript. et belles-lettres*, t. XXIV, p. 582 et 603; t. XXVI, p. 632.

vers le viiie siècle [1]. La langue des bardes et des druides, la langue des vainqueurs de Rome trouva une fidèle hospitalité dans la Bretagne, toujours prête à recueillir les traditions et les antiquités nationales. Dans toutes les autres provinces, cette langue, qui fut l'ancien langage de Troyes, était indignement repoussée. Elle y devint une langue morte, et renferma comme dans une tombe glacée toutes ces annales héroïques, tous ces faits d'illustration et de gloire dont le cours vivifiait auparavant la patrie, et que le grand Charlemagne redemandait à la mémoire des peuples. La Bretagne seule les a conservés ; c'est elle qui révéla à l'histoire et à la poésie des trésors qui seraient à jamais perdus, si elle n'en avait pas gardé le dépôt dans ses lais armoricains [2]. Or, vous saurez que cette province reculée aux confins des Gaules, sur

---

[1] Bullet, *Mém. sur la langue celtique*, 1re partie, ch. viii et ix. — Duclos, *Mém. de l'acad. des inscript.*, t. xv, p. 565. — Miorcec de Kerdanet, p. 43, 44.

[2] Oihenarti, *Notit. utriusque Vasconiæ*, lib. iii, cap. iii, p. 397. — Chaucher, dans ses *Contes de Cantorbéry*. — Hickes, *Thes. litter. septent.* — Roquefort, *État de la poés. franç. aux* xiie *et* xiiie *siècles*, p. 136 et 137.

le point justement opposé à celui d'où soufflait la peste romaine, put mieux que toute autre se garantir du changement : elle n'avait pour voisins que les peuples de la Grande-Bretagne, avec lesquels, dit-on, elle eut une seule et même origine, et qui, comme elle, ne parlaient que la langue celtique [1].

« Cette langue chérie eut ses héros et ses martyrs. Le concile de Reims traite de barbares et d'antichrétiens ceux qui s'obstinaient à la parler [2]. On déclara inhabiles aux charges publiques ces fidèles enfans du celtique : mais la constance du breton triompha de tous les obstacles, et la langue que leur recommandaient la piété et la gloire régna sans partage dans cette noble province. Suivez la ligne des siècles, et vous verrez le breton, cet universel et seul héritier du celtique, constater son existence par des actes solennels. C'était

---

[1] Cambden, p. 12. — D. Pelletier, *Dict. de la langue bretonne*, préf., p. iv. — Sulmich, *Dict. brittanno-german*. — *Dict. géograph.* de La Martinière, v° *Celtes*; voy. aussi les *Lexicons* de Davies, de Boxhorn, de Rostrenen, de Lye, de Bullet, etc.

[2] *Concile de Reims*, en 813, can. 3, 4, 5 et seq.

dans l'idiome breton qu'au ve siècle on chantait la vie du fameux roi Grallon, et que Guinclan, barde de Tréguier, publiait ses prophéties [1]. Le siècle suivant fit silence pour entendre des prophéties plus célèbres encore, celles de l'enchanteur Merlin, et pour écouter les doux lais que soupirait le fidèle Tristan. Vers le même temps, Rivanon, mère de saint Hervé, cultiva la poésie bretonne [2], et Taliessin, surnommé *le prince des bardes*, fit des hymnes qui se mêlèrent dans l'esprit des peuples aux mille traditions de la vieille Armorique.

« Le viie siècle nous montre avec orgueil le barde Tholosin, fils d'Onis le satirique, et célèbre dans l'art de prédire les bonnes et mauvaises destinées [3]. Mais le viiie siècle éclipse la gloire des précédens, puisqu'il donna le jour à cette immortelle chronique

---

[1] D. Morice, *Hist. de Bretagne*, preuve 1re, col. 174. — Miorcec de Kerdanet, p. 34.

[2] Les *Lois d'Hoël* furent publiées au vi^e siècle en bas-breton. — D. Morice, *Hist. de Bretagne*, t. 1, p. 770. Vers le même temps fut publiée la *Vie d'Erech*.

[3] Le Baud, *Hist. de Bretagne*.

de Brutus de Bretagne, qui, plus tard, transportée en Angleterre par un archidiacre d'Oxford, devint sous la plume des Geoffroi Arthur, des Robert Wace, des Luce de Gast, des Rusticien de Pise, la source féconde et merveilleuse de tous les romans de la table ronde. Le IXe siècle, mystique et contemplatif, se recommande par une foule incroyable de cantiques, de vies des saints et de légendes. Ainsi le breton a laissé dans tous nos âges des vestiges de son passage. Nos pères furent si fiers de cette langue, qu'ils sentirent redoubler leur respect pour leurs évêques lorsque ces prélats refusèrent de se soumettre au métropolitain de Tours, par la seule raison qu'il ne comprenait pas leur idiome [1]. Le breton est donc chez nous la langue publique et privée; on s'en sert aux plaids, aux sermons, dans les écoles et les cours de la Bretagne.

« Cependant la langue bretonne avait une nouvelle rivale, brillante de jeunesse et de grâce, douce, naïve, et captivant les cœurs

---

[1] Lobineau, *Hist. de Bretagne.*

en charmant les oreilles. Pour résister aux attraits de cette aimable fille du moyen âge, de cette romane si gentille, que les muses des trouvères ont amoureusement bercée; pour lui préférer à la magie de ses beautés ingénues l'âpreté des accens celtiques, il fallait toute la piété filiale de nos ancêtres et leur généreux attachement aux traditions héréditaires; aussi ont-ils mérité les éloges de ceux-là même qui s'illustrèrent le plus dans la culture de la langue romane : en parlant d'eux, Chrestien de Troyes n'a-t-il pas dit? *Si je m'accorde tant avec les Bretons, c'est qu'ils ont conservé par leurs chants la mémoire des héros.*

«Dans les XIIe et XIIIe siècles, la langue française, embellie et policée par cent romanciers célèbres, eut dans toute l'Europe un succès glorieux. Fière de sa renommée, parée de tous ses avantages, elle vint aux portes de la Bretagne pour chercher à nous séduire; elle prêta même sa lyre à Pierre Mauclerc, l'un de nos ducs; et ce prince infidèle en tira des chansons, qui par malheur sont fort jolies. Mais cet exemple n'a pas eu jusqu'à présent d'imitateurs. Les Bretons veulent toujours être Bretons ; il leur semble qu'ils rompront avec la mémoire de leurs devanciers, et qu'ils seront exilés en pays étrangers du moment où ils échangeront leur antique idiome pour un langage nouveau. »

Après cette longue et savante dissertation, le vidame me souhaita une bonne nuit; et, à vrai dire, il avait fait ce qu'il fallait pour qu'elle le fût. Prenant un air éveillé, je le remerciai du mieux que je pus, et j'allai me mettre au lit, où j'entonnai le sommeil en son honneur.

Le lendemain matin je me promenai dans Quimper, et je ne fus pas faiblement surpris de voir un grand nombre d'enfans nouveau-nés qu'on portait à l'église cathédrale pour leur faire recevoir le baptême. « D'où vient, me disais-je, cet excès de fécondité hors de toute mesure, avec la population de la ville? L'exercice du sacrement était-il suspendu par un interdit qui vient d'être levé à l'instant? Mais s'il en était ainsi, les enfans n'auraient pas tous le même âge. »

Tandis que je m'épuisais en suppositions,

j'aperçus le vidame qui vint à moi en me disant: « La journée est belle; allons nous promener sur les bords de l'Odet, où je vous raconterai de fort belles choses sur le vocabulaire bas-breton. — Vraiment, lui répondis-je, vous avez bien autre chose à faire; et je vous conjure, au nom du celtique, de m'apprendre pourquoi je vois porter à chaque instant des enfans sur les fonts baptismaux.

« — C'est là, reprit-il, un des priviléges de l'évêché de Quimper. Sachez que dans les premiers temps de l'Église le baptême ne pouvait être conféré que par les évêques; on venait de toutes les parties du diocèse réclamer au siége épiscopal ce bienfait rédempteur[1]. Une seule église renfermait ainsi la source sacrée où le chrétien puisait la vie éternelle, cette église baptismale, rayonnante de gloire et d'allégresse, n'offrait que de triomphantes images. Jamais les pompes et les inhumations funèbres, jamais les inscriptions

---

[1] S. Ignat., *ad Smyrn.* — Tertul., l. *du Baptême*, ch. xvii. — On ne baptisait alors qu'une fois par an, la veille de Pâques; souvent on attendait que les enfans fussent adultes. — Grég. Turon., *Hist. franç.*, ch. xxii.

mortuaires n'attristaient ses parvis célestes. Par degrés, l'administration du baptême fut confiée à de simples pasteurs, et les eaux du salut jaillirent de l'humble monument des chapelles villageoises; mais l'ancienne discipline s'est maintenue en quelques lieux, et notamment à Quimper, dont l'église épiscopale est, de tout le diocèse, la seule en possession des fonts baptismaux [1].

« Ce privilége, continua le vidame, explique une cérémonie dont vous ne serez pas moins étonné; c'est que les enfans reçoivent sans tarder, après le sacrement du baptême, celui de la confirmation, qui partout ailleurs ne leur est guère donné qu'à l'âge de sept ans [2]. Ces deux sacremens étaient autrefois inséparables; ils n'ont cessé d'être administrés successivement qu'à l'époque où les curés, qui n'ont jamais eu le droit de donner la confirmation, expressément réservée aux prélats,

---

[1] Chardon, *Hist. des sacremens*, t. 1, ch. II, p. 185. Il en était de même à Reims, au Puy en Velai, et dans un grand nombre de villes d'Italie.

[2] *Concile de Cologne*, en 1280, can. 5 et 7. — *Concile provincial de Tours*, de l'an 1583.

reçurent la faculté de conférer le baptême. Déjà même, du seuil de ce temple superbe, ne respirez-vous pas les parfums du saint-chrême, où tous les aromates de l'Orient se confondent avec l'huile des mystères? Le baume vivifiant qui, selon l'expression de saint Cyrille, opère la présence du Saint-Esprit, est béni avec des solennités imposantes. Le peuple, frappé de vénération pour ce baume incorruptible, se persuade qu'il est propre à guérir les maladies corporelles et à conjurer tous les dangers. Pieusement sacrilége, il le dérobe jusque dans le sanctuaire. Souillé de carnage et pâle de terreur, le criminel y pénètre la nuit, et, appuyé sur l'autel, avale quelques gouttes du baume consacré, espérant qu'on ne pourra pas découvrir ses crimes [1]. Les magiciens osent également s'en servir pour faire réussir leurs sortiléges [2]. La crainte de pareils abus fait maintenant sceller les lieux où le chrême exhale ses parfums.

[1] Chardon, *Hist. de la confirmation*, dans son *Hist. des sacremens*, t. 1, ch. 11, p. 447.
[2] *Concil. arelat.*, VI, ch. XVIII. — *Concil. mogunt.*, ch. XXVII.

« Dans quelques églises de France, on ne baptisait les enfans qu'à certaines époques solennelles, telles que la veille de Pâques, ou de la Pentecôte, ou de Noël, ou de l'Épiphanie [1]; mais on a craint que les enfans ne mourussent avant de recevoir un baptême ainsi ajourné. A la vérité, dans le cas de nécessité absolue, et lorsqu'il y a grand péril pour le nouveau-né, ses père et mère peuvent eux-mêmes lui conférer le baptême [2]; mais en Bretagne il a semblé plus prudent de permettre de baptiser les enfans pendant toute l'année. »

Je quittai le vidame et je pénétrai dans la cathédrale de Quimper. Sur la pierre de la fontaine du baptême on avait gravé ces aimables paroles du Sauveur : *Laissez venir à moi les petits enfans.* Avant de faire tomber sur leurs fronts l'eau salutaire, on les exorcisait par le souffle des prêtres, selon l'usage

---

[1] *Concil. antissiod.*, can. 18. — Grég. Turon., *Hist.*, l. v. — Fortunat, l. III, carm. 7; et l. v, carm. 4 — *Synod. S. Patric.*, ch. IX. — Walafrid Strab., l. *de divin. Offic.*, ch. XXVI.

[2] *Rituel rom.*, de Paul V, tit. *de minist. bapt.* — *Statuts synod. de Langres*, en 1404; *de Troyes*, en 1529, art. v; *de Rouen*, en 1618.

des premiers temps; car on croit généralement que les puissances de l'enfer nichent dans les membres de ceux qui ne sont pas encore baptisés.

Malgré les défenses de l'Église, les habitans de Quimper, et en général tous ceux de la Bretagne et de la Normandie pratiquent beaucoup de superstitions singulières à la naissance d'un enfant. Certaines femmes grosses vont communier dans l'espoir que ce sacrement ira droit à leur enfant [1]. Pour faciliter le travail d'une femme en gésine, on sonne avec son écharpe les cloches de l'église voisine [2], ou bien on la conduit dans une église de sainte Marguerite pour lui faire agrafer la miraculeuse ceinture de cette patronne des accouchées. Lorsqu'on porte cet enfant à l'église, on lui met un morceau de pain noir au cou, afin d'éviter les sorts; on lui frotte les lèvres avec une pièce d'or, pour qu'il les ait toujours pures et vermeilles; on recommande à la nourrice de ne point le tenir sur son bras gauche, pour qu'il ne soit pas gaucher.

[1] Thiers, *Traité des superstitions*, t. II, l. I, ch. I.
[2] Martin de Arlès, *Tract. de superstitionibus*.

Les prêtres ont souvent à défendre le baptême contre mille demandes superstitieuses et bizarres, réprouvées par les conciles comme autant d'absurdités et de sacriléges. Ainsi, par exemple, quelques-uns veulent faire baptiser les *noctambules*, dans l'espoir de les guérir [1], ou imaginent de se faire baptiser eux-mêmes, persuadés que ce sacrement profite aux enfans qui sont morts sans l'avoir reçu [2]. Quelques-uns, plus coupables, voudraient faire baptiser furtivement des livres, des talismans ou autres objets, pour s'en servir à prédire les choses futures [3].

Les bedeaux ne manquent pas de conduire le parrain et la marraine au pied du clocher, pour leur faire sonner les cloches à tous deux; car les petites gens se persuadent que si, en cette occurrence, on ne sonnait pas les cloches, l'enfant serait sourd et n'aurait pas une belle voix; mais cette pratique ne

---

[1] Jacques Sprenger et le P. Henri, *Institor mallei malefic.*, p. 2, 9, 2, ch. VI.

[2] Thiers, *Traité des superst.*, t. II, l. I, ch. VII.

[3] Le P. Crespet, l. I de *la haine de Satan*, etc., disc. 12. — Le P. Delrio, *Disq. magic.*, l. V, sect. 15.

plaît pas à l'Église, qui veut que le clocher et les cloches soient gouvernés par des personnes de bon âge et de bonnes mœurs, et du sexe masculin [1].

Le père désire que le curé lise sur le nouveau-né l'évangile des trois rois ou l'oraison de saint Charlemagne, convaincu que cette lecture rendra l'enfant vaillant et hardi [2].

Dans la même intention, on pose ses petites mains sur une armure. On fait sécher ses langes sur la pointe d'une épée tranchante et claire, pour qu'il soit entreprenant [3]; on lui lave la tête avec du vin blanc, pour qu'il ait la chevelure bouclée. Pendant ce temps les matrones entourent le lit de l'accouchée, lui donnant tout ce qu'elle demande; car, si on lui refusait quelque chose, il lui viendrait un *orgeol.* [4] Elles lui vantent le bonheur qu'elle a d'être mère d'un bel enfant, tandis que d'autres n'ont pro-

---

[1] *Canons synod. du dioc. de Clerm.*, p. II, ch. IX, § 1. — *Ordonn. synod.* de M. Godeau, tit XXIX, ch. I, n. I. — Beuvelet, *Instr. sur le man.*, t. I, ch. II, § 9.

[2] *Les Évangiles des Connoilles*, IVe journée, ch. I.

[3] *Ibid.*, Ire journée, *Glose* du ch. XIV.

[4] Laurent Joubert, *des Erreurs populaires*, l. III, ch. VI.

duit que des monstres; puis elles racontent les accouchemens extraordinaires de certaines femmes de leur connaissance, qui ont mis au jour des enfans cornus, des poulets, des lièvres, de petits lionceaux, et même des éléphans.

Quelques jours après sa naissance, l'enfant est porté chez les parens et les voisins, qui lors de sa première entrée dans leur logis, lui donnent un paquet de sel en lui souhaitant de la sagesse, et un œuf en lui souhaitant une longue vie [1]; car le sel est l'emblème de la sagesse, et, par sa forme ronde, l'œuf désigne l'éternité.

C'est la coutume que, quarante jours après ses couches, la femme aille à l'église, accompagnée de la sage-femme, remercier de son heureuse délivrance le Dieu des joies et des douleurs. Cette dévotion touchante est quelquefois chargée de pratiques blâmées par les statuts synodaux. Le peuple croit qu'avant que la femme accouchée ne se soit purifiée par la cérémonie des *relevailles*, et qu'elle

---

[1] *Mém. de l'acad. celtique*, t. II, p. 95. — *Anc. chron. de la ville de Toul.*

n'ait baisé trois fois l'autel après y avoir déposé un cierge et un gâteau, elle est incapable de vaquer aux soins du ménage, et ne peut même toucher l'eau bénite du bout du doigt. Quelques-uns même vont jusqu'à croire que, dans l'intervalle de ses couches à ses *relevailles*, la femme devient juive, et ne cesse de l'être que lorsqu'elle est purifiée [1].

Si une femme meurt en couches, on se persuade que la sage-femme peut se présenter à l'église et se faire relever à sa place [2]. Il y a même, dit-on, certains endroits où la femme, quoique morte, est menée faire ses *relevailles*, et l'on répète sur son cercueil des prières qui font allusion au bonheur qu'elle eut de transmettre une vie que cet être sublime et généreux n'a pas pu garder pour lui-même [3].

Les femmes de qualité ont l'usage privilégié, lorsqu'elles ont accouché, d'avoir dans

---

[1] Thiers, *Hist. des superstitions*, t. ii, l. i, ch. ii.

[2] Cette superstition, comme beaucoup d'autres de cette espèce, fut condamnée par l'Église. (*Voy*. les *Rituels d'Angers, de Rouen, de Chartres, de Meaux*, en 1626, tit. *de Bened. mulier. post part.*

[3] Thiers, lieu cité, p. 171.

leur chambre un *dressoir* où l'on met en évidence l'argenterie de la maison, augmentée d'une coupe d'or, si le nouveau-né est un garçon, et d'une coupe d'argent, si c'est une fille. Pour les reines et princesses, le *dressoir* a quatre gradins et un dais *empanaché*; pour les comtesses et baronnes, il a trois gradins et un dais sans panache; pour les femmes de chevaliers bannerets, le dressoir n'a que deux degrés, sans dais; pour les femmes de bon lieu, mais non titrées, il n'y a qu'un degré, sans dais et sans flambeaux. A côté du dressoir est une table couverte de drap d'argent, ou pour le moins d'un lin de Flandre, sur laquelle on place des épices, des sucreries, des pâtisseries légères, et des *botrines* de cuir pleines de vin clairet, pour les personnes qui visitent l'accouchée. Les gens crédules se plaisent à charger cette table de mets délicats pour affriander les fées, afin que par occasion, et se trouvant tout près du lit de l'enfant, elles puissent le douer de quelque vertu merveilleuse [1].

[1] Alien. de Poit., *Honneurs de la cour.* — Le Grand d'Aussy, *Vie privée des Français*, t. III, p. 192.

Les Bretons se conforment difficilement à la mode nouvelle de faire nommer les enfans par les parrains ou les marraines; ils préfèrent l'usage ancien, selon lequel les nouveau-nés recevaient, le neuvième jour de leur avénement à la vie, le nom de quelques parens de la famille, ou de quelques étrangers chers à cette famille par le culte de l'hospitalité, ou bien enfin de quelque personnage célèbre par ses talens, ses exploits et sa courtoisie [1]. Bien que l'Église répugne à voir donner deux noms à un enfant, et que saint Ambroise ait dit qu'un homme qui avait deux noms était une espèce de monstre [2], il y a des gens qui ont la hardiesse d'en donner jusqu'à douze à leurs fils. On assure que cette mode vaniteuse nous vient des Gascons; et ils en sont bien capables. Mais cet exemple gagne, et déjà les bourgeois croient, en le suivant, se donner un air de qualité [3].

Certaines gens crédules et de bas étage,

---

[1] Saint Chrysostome, *Hom. in gen.* XXI. — Le P. Martenne, *Antiq. eccl. rit.*, l. 1, t. 1, ch. 1, art. 16.

[2] S. Ambros., *Orat. de non tradend. Basil.*

[3] De La Roque, *Orig. des noms*, ch. XXVIII.

sans être précisément comme ceux d'Irlande, qui, dans leur vénération pour les loups sauvages, les choisissent pour parrains de leurs enfans, pensent que des parrains mendians et vagabonds portent bonheur [1]; mais cette véritable superstition de sorcier est peu répandue, et l'on cherche au contraire pour parrains et marraines ceux qui peuvent un jour protéger leurs filleuls.

Il n'y a pas long-temps qu'au mépris des lois ecclésiastiques, on donnait à chaque enfant une douzaine de parrains et de marraines. Les conciles et les statuts synodaux réduisirent ce nombre à trois; savoir, deux hommes et une femme pour tenir sur les fonts un garçon; deux femmes et un homme pour le baptême d'une fille. Cette règle, que venaient de renouveler les évêques bretons, était scrupuleusement suivie, et les matrones assuraient que, si une fille avait deux parrains, elle courait grand risque d'avoir deux maris; comme aussi le garçon qui avait deux marraines pourrait

---

[1] Cambden, *de Rebus britan.* — Le P. Delrio, *Disq. magic.*, l. III, p. 2, quest. 4, sect. 5.)

bien avoir deux femmes [1]. Ce proverbe produisait plus d'effet sur l'esprit du peuple que le statut de Daniel Vigier.

La femme qui est enceinte ne peut être marraine ; car, selon des croyances populaires, elle ou l'enfant qu'elle porte, ou celui qu'on baptise, mourrait certainement dans le cours de l'année. Si l'on baptise un fils de roi ou de prince, le parrain doit porter un chapel de branches vertes, pour signifier sa chasteté [2] ; et de plus ce parrain, s'il est grand seigneur et capitaine renommé, doit, aussitôt après les cérémonies du baptême, tirer son épée, la mettre nue dans la main de l'enfant, en disant, comme le fit, il y a deux ans, le bon connétable à la naissance du duc d'Orléans : *Monseigneur, je vous donne cette épée ; car je prie Dieu qu'il vous fasse un tel cœur, que vous soyez en votre temps aussi preux que le fust oncques roi de France qui porta l'épée* [3].

[1] *Les Évangiles des Connoilles*, ch. XIX, IVe journée.
[2] Du Cange, *Gloss.*, v° *Capellus viridis*.
[3] *Voy.* beaucoup de traits semblables dans Monstrelet, vol. II, p. 95.—Godefroi, *Annot. sur l'hist. de Charles VI*,

Les parrains et marraines ont avec leurs filleuls et filleules une étroite alliance. Il y a cinquante ans que l'on payait l'amende au filleul quand on tuait son parrain, et au parrain lorsqu'on tuait son filleul. Ceux qui ont tenu ensemble un enfant contractent également une alliance spirituelle qui ne leur permet pas de s'unir par mariage. Le peuple va jusqu'à prétendre que cet empêchement existe même entre les garçons et les filles qu'on baptise ensemble ; mais il n'en est pas ainsi.

Il est expressément enjoint aux parrains et aux marraines d'apprendre à ceux qu'ils ont tenus sur les fonts baptismaux l'oraison dominicale, la salutation angélique et le symbole [1]. Cette louable coutume amène quelquefois, en la saison, des abus que les romanciers approuvent, et que doit blâmer la froide sagesse. Il arrive que la marraine, *appétis-*

---

p. 532. — La Roque, *Origin. des noms*, ch. v, p. 12. — Expilly, *Supplém. à l'hist. de Bayard*. Mais l'honneur d'être reçu chevalier sur les fonts n'était guère accordé qu'aux princes du sang.

[1] Chardon, *Hist. des sacremens*, t. 1, ch. vi, p. 263.

sante et brune à plein feu, mande en son oratoire son jeune filleul, afin d'accomplir la tâche religieuse. Pour l'approcher du livre, elle le tient renfermé dans ses bras ; pour suivre avec lui la lecture, elle se penche, et son haleine embaumée fait descendre sur le front du bel adolescent l'esprit d'amour, le souffle d'une nouvelle vie. Le livre de leçon est pour eux un roman de chevalerie : ils parcourent ces lignes tendres et rêveuses où Tristan boit avec son Iseult le philtre des amours, où Lancelot donne un baiser à la reine Geneviève, où *le Damoisel de la mer* brûle et frissonne près de la fille du roi Lisward. Que de pauses involontaires ! que de distractions imprévues ! Ils se taisent et rougissent à la lecture de ces passages dont la brûlante éloquence est tellement l'interprète de leurs propres sentimens, que le moindre commentaire les trahirait. Sans oser se les communiquer, ils suivent séparément le cours de leurs pensées, qu'un seul mot pourrait attirer et confondre. Telles ces ondes murmurantes qu'un tertre émaillé divise, coulent sur des pentes voisines sans mêler leur limpide azur, mais un léger mouvement a rompu la digue fleurie qui les sépare, et, soudain réunies à jamais, elles s'épanchent ensemble jusque dans l'abîme des mers; ensemble elles s'élèvent dans les vapeurs qui font gronder la tempête, et retombent ensemble dans la rosée qui fertilise le sein des fleurs.

Le bel écolier, levant enfin les cils de ses noires paupières, demande en quel lieu on gagne assez de gloire pour obtenir une marraine adorée? la marraine, *riant des larmes*, affecte un air plus gai que ne le voudrait son cœur, et répond avec un sourire toujours lent à paraître : Enfant, vous ne savez pas que les filleuls ne peuvent épouser leurs marraines.

En sortant de Quimper, je m'acheminai vers Morlaix. Je rencontrai deux troupes du côté de Ploudiry : l'une de paladins anglais, qui allait visiter le château de Joyeuse-Garde, entre Brest et Landerneau, ce château si fameux où fut trouvé le *court mantel*, qui, en devenant plus ou moins long, éprouvait la vertu des dames; la seconde troupe était composée de pastourelles qui revenaient de la fontaine de Bodilis, pour s'enquérir de la fidélité entend avec effroi un bruit semblable à celui d'un marteau sur une pierre sonore. Le malin génie qui fait ce bruit s'appelle *le casseur de pierres*, et se plaît surtout dans les carrières de Penanru. Plus loin les laveuses de nuit vous invitent à tordre avec elles le linge qu'elles blanchissent dans la rivière de Dordu. Si vous leur obéissez, l'eau que distille le linge ainsi pressé se change, au clair de la lune, en perles, en saphirs; mais si vous refusez de leur rendre cet office, elles vous plongent au fond des flots. Une foule de lutins s'introduisent jusque dans l'intérieur des maisons : tel est le *tenzar-pouliet*, esprit familier qui se plaît à faire le ménage et à vaquer aux soins domestiques. Mais si des contrariétés ou un caprice l'éloignent de vos foyers, cet esprit devient fantasque et malin : il se met en embuscade près d'un petit pont de pierre fort étroit, à l'extrémité d'un faubourg de Morlaix, et pousse dans les flots ceux qui ne lui demandent point la permission de passer.

Depuis le bon saint Louis, chaque communauté de métiers a dans la ville sa fête particulière. Durant cette fête, les artisans vont sus-

CHAPITRE XX.

Morlaix est la plus ancienne ville de la Basse-Bretagne. Elle est située dans le creux d'une vallée, et semble, encore mieux que toutes les autres villes de la province, le réservoir des traditions, croyances et usages des premiers siècles.

A Morlaix rien n'agit en vertu des lois naturelles et des influences positives; tout se meut au contraire par des agens merveilleux, par des impulsions plus qu'humaines. Dès que la nuit a livré ces lieux aux êtres surnaturels, ils en prennent possession sous mille formes diverses, et ne respectent que le carrefour *de la dame de la fontaine*, où chaque nuit on allume un flambeau au pied d'une croix qui fut plantée dès le IIIe siècle.

Là sortent des souterrains du château des nains d'un pied de haut, et qui, frappant sur des bassins, viennent en plein air faire sécher leur or humide de sang et de larmes [1]; ici on

---

[1] Cambri, *Voyage dans le Finistère*, t. 1, p. 72 et 73.

entend avec effroi un bruit semblable à celui d'un marteau sur une pierre sonore. Le malin génie qui fait ce bruit s'appelle *le casseur de pierres*, et se plaît surtout dans les carrières de Penanru. Plus loin les laveuses de nuit vous invitent à tordre avec elles le linge qu'elles blanchissent dans la rivière de Dordu. Si vous leur obéissez, l'eau que distille le linge ainsi pressé se change, au clair de la lune, en perles, en saphirs ; mais si vous refusez de leur rendre cet office, elles vous plongent au fond des flots. Une foule de lutins s'introduisent jusque dans l'intérieur des maisons : tel est le *tenzar-pouliet*, esprit familier qui se plaît à faire le ménage et à vaquer aux soins domestiques. Mais si des contrariétés ou un caprice l'éloignent de vos foyers, cet esprit devient fantasque et malin : il se met en embuscade près d'un petit pont de pierre fort étroit, à l'extrémité d'un faubourg de Morlaix, et pousse dans les flots ceux qui ne lui demandent point la permission de passer.

Depuis le bon saint Louis, chaque communauté de métiers a dans la ville sa fête particulière. Durant cette fête, les artisans vont suspendre des couronnes de verdure à la porte de ceux qu'ils veulent honorer. Je remarquai avec plaisir que de pareils usages entretenaient la meilleure intelligence et une subordination parfaite dans toutes les classes populaires de Morlaix. Ces usages forment une espèce de patronage qui, jusqu'à un certain point, indemnise les cités du déclin des belles et bonnes institutions féodales, et les corporations protégent comme peut protéger l'aristocratie seigneuriale.

Je fus mainte fois témoin à Morlaix de cérémonies funèbres. Les habitans de ce pays, qui rembrunissent par des pratiques superstitieuses jusqu'aux plus douces jouissances de la vie, doivent surtout, comme on le devine assez, en environner les tristes funérailles, et confondre sur les limites des deux mondes ces formes fantastiques, ce vaporeux langage d'espérances et de craintes surnaturelles auxquelles la terre ne peut rien comprendre; car la terre, qui se croit la mère de l'homme, est bientôt désabusée en le voyant s'élancer dans un autre ordre de choses. Ainsi la poule qui couve avec amour une race étrangère reconnaît enfin son erreur, lorsque cette race qu'elle a fait éclore sans l'avoir fait naître, obéissant à son instinct secret, fuit sur l'humide élément.

Lorsqu'un Bas-Breton est malade, des pronostics sans nombre annoncent sa mort ou sa guérison.

Si le pain béni dans la chapelle de Saint-Servais moisit dans le reliquaire où il est précieusement enchâssé[1], si la rose de Jéricho ne laisse point épanouir sa corolle prophétique[2], si l'on entend dans les rues du ténébreux Morlaix la roue du *Cariquel-Ancou* traînée par des squelettes et couvert d'un linceul[3], c'est un présage infaillible de mort.

C'en est un encore que de voir des vautours au-dessus de la maison d'un malade; car ces oiseaux de proie ont l'odorat si fin, qu'ils sentent trois jours à l'avance la mort d'un homme vivant.

Des paysans m'assurèrent avoir vu passer,

---

[1] Ogée, t. II, p. 81.
[2] Moris, *Hist. Oxon.*, 328. — Valmont-Bomare, *Dict.* v° *Rose de Jericho.*
[3] Cambri, *Voyage dans le Finistère*, t. I, p. 72.

au milieu de la nuit, un char rempli de morts, suivi d'une procession de morts tenant des cierges et se dirigeant vers l'église où l'un de ces morts avait dit la messe. Chemin faisant, le char s'arrêta devant les portes de trois maisons : l'on y frappa trois coups. Dans chacune des trois maisons une personne mourut avant la fin de l'année.

Au premier jour de l'an, dans certaines paroisses, on va jeter dans les fontaines autant de morceaux de pain qu'il y a d'individus dans une famille, et par l'arrangement qu'ils conservent en surnageant, on pense connaître ceux qui doivent trépasser dans le cours de l'année [1]. Si le malade est un enfant, et si le voile blanc que la mère jette dans la fontaine de Loguioy, surnage sur les ondes consolantes, l'enfant ne périra pas.

Celui qui, même en bonne santé, voit en songe un médecin, fera fort bien de dicter aux clercs son testament [2]. Si l'œil gauche d'un mort ne se ferme pas, un de ses parens

---

[1] Ogée, *Dictionnaire de Bretagne*, t. III, p. 403.
[2] Sainte-Foix, *Essais historiques sur Paris*, t. I, p. 92.

est menacé d'une mort prochaine. Quand le moribond est prêt à rendre le dernier soupir, consultez la fumée du foyer : s'élève-t-elle avec facilité, l'âme va monter facilement au ciel; mais si cette fumée épaisse et noire revient sur vous en tourbillon, l'enfer attend une nouvelle proie [1].

Les étoiles qu'on voit filer sont des âmes qui se rendent en paradis; si, pendant qu'elles font ce brillant trajet, le chrétien qui les contemple a la présence d'esprit de faire un vœu, ce vœu est soudain exaucé [2].

Quand quelqu'un est à l'agonie, on envoie chercher son parrain et sa marraine, s'ils vivent encore, pour qu'ils voient mourir celui qu'ils ont vu naître.

Les Bretons sont dans l'usage de faire une certaine prière pour que le malade meure à l'instant, s'il ne doit pas guérir. Ils font dire, à cet effet, la messe du *Tépidu*, mot breton qui signifie l'un ou l'autre. « Dieu fasse qu'il soit *Tépidu*, » disent les Bretons, en parlant d'un malade à l'agonie.

[1] Cambri, lieu cité, t. II, p. 167.
[2] M. de Salgues, t. II, p. 416, *erreurs et préjugés*, etc.

Rien n'est plus touchant que les cérémonies qui accompagnent *l'extréme-onction*. Les autres sacremens sont en harmonie avec l'utilité sociale ; la religion qui les prescrit en retire, au moyen de l'amélioration individuelle et de l'édification générale, un avantage qui doit profiter à tous. Mais en concentrant les bienfaits de *l'extréme - onction* sur le chrétien mourant, dont elle cesse d'attendre quelque chose ici-bas, elle se montre, s'il se peut, plus généreuse encore. L'huile formidable dont elle vient oindre à la fois le corps et l'âme, qui ne sont plus, après les combats et les souffrances de cette triste vie, que deux plaies effrayantes, fait à la fois espérer à ce roi qu'elle sanctifie sur un trône de douleurs la rémission de ses fautes et la guérison de ses maux corporels [1]. Elle efface ses souillures, et le dispose à paraître sans tache devant l'Éternel. Le viatique est, comme

---

[1] Tel est, en effet, le double but de ce sacrement. (Voy. *Append.* , *oper. sanct. August.* , *nov. edit.*, *serm.* 279. — Renaudot, t. v, *de la Perpétuité*, l. v, ch. i, ii et iii. — Durand de Mende, l. 1, *Ration.*, ch. viii et seq.)

l'indique son nom, la munition du voyage d'outre-terre.

Il est des diocèses où l'on reçoit tous les jours *l'extrême-onction* pendant les maladies périlleuses, et jusqu'à trépas ou guérison. Une frayeur populaire, accréditée par de faux docteurs, et vainement combattue par l'Église, détourne les chrétiens de recourir à ce sacrement libérateur, tant qu'il leur reste une dernière lueur d'espérance. Ces chrétiens, aveugles et ingrats, ne semblent aller à Dieu que lorsqu'ils ne peuvent plus faire autrement. Au lieu de suivre l'exemple de leurs pères, qui imploraient l'huile des saintes onctions dès les premières atteintes d'une grave maladie, et qui conservaient encore assez de force pour aller la demander au pied des autels, ils attendent que la mort les presse ; en telle sorte que cette huile des miracles s'énerve sur leurs fronts pusillanimes, baignés des froides sueurs de l'agonie. Leur repentir ne peut souvent monter jusqu'au trône de la miséricorde divine, lorsqu'il n'y est porté que par le souffle débile d'un être expirant. Qui croirait cependant que cet abus, répandu dans un grand nombre de provinces depuis peu de temps, tient à l'erreur la plus ridicule? On croit que celui qui a reçu *l'extrême-onction* ne peut plus, même en guérissant, user des droits du mariage, manger de la chair, et marcher les pieds nuds.

La coutume presque générale est d'étendre ceux qui trépassent sur un lit de cendres, et de les couvrir du cilice de la pénitence. C'est en cet état que le chrétien doit quitter un monde où le plus vertueux souvent, distrait de son salut par de séduisantes illusions, doit ramener humiliée et confuse, devant l'Éternel, une âme transfuge des célestes vérités.

En quelques endroits on se borne à faire une croix de cendre bénite sur la poitrine du moribond. Ailleurs on verse par trois fois sur lui une pluie de cendres[1], dignes adieux que lui fait cette terre chétive et périssable, cette terre, qui semble en ce moment suprême, faire retomber en poudre sur la tête du chrétien désabusé tous les biens dont il fut follement épris!

[1] D. Chardon, t. IV, p. 445, 446.

Celui qui meure sans avoir fait sa *devise* ou *testament*, est regardé comme un désespéré, comme un être banni de la terre et du ciel [1]. Une telle erreur ne provient pas seulement, ainsi qu'affectent de l'insinuer certains glossateurs, jaloux des immunités du clergé, de ce que l'Église exhorte ceux qui sont en danger de mort à lui laisser une portion de leurs biens, sous peine d'être réprouvés par elle ; cette erreur provient surtout de ce que, suivant une ancienne superstition, la mort subite est présumée une punition infligée par Dieu à de grands coupables [2]. Ceux qui en étaient frappés mouraient presque tous sans avoir le temps de dicter leurs dernières volontés. Confondant l'effet avec la cause, on considérait donc non-seulement la mort subite, mais encore l'absence de testament, comme une marque de réprobation surnaturelle. De là vient que l'on dit de celui qui tré-

[1] *Établissem. de saint Louis*, le 1er ch. CLXXXIX. — Laurière, *Comment. sur la coutume de Paris*, t. II, p. 411. — *Charte des privilèges de La Rochelle*, de l'an 1227.

[2] Raguean, en son *Gloss.*, aux mots *mourir sans langue* et *mourir déconfès*.

passe soudainement *qu'il meurt sans langue;* de là vient aussi que l'on punit le défaut de testament, ce qui me semble rudement sévère, par la confiscation des meubles et le refus d'inhumer le défunt en terre sainte. Aussi appris-je avec plaisir que l'Église, toujours la première à condamner la superstition et les abus, adoucit la rigueur des anciens *usemens* par une feinte charitable. Elle suppose que tout homme *mort sans langue* a remis tacitement sa dernière volonté à ses parens et à son évêque, qui s'entendent ensemble pour composer au nom du trépassé le meilleur testament possible dans l'intérêt de la famille, de l'Église et des pauvres [1].

Dès qu'une personne expire, on s'empresse de répandre l'eau des vases que contient le logis, de peur que, l'âme errante ne s'y étant baignée, on ne boive un coup de ses péchés [2]. Quand quelqu'un est trépassé, un homme vêtu d'une robe noire, sur laquelle on a

---

[1] La Thaumassière, l. v de ses *Coutumes*, rapporte un de ces singuliers testamens. (*Voy.* aussi le *Gloss.* de Ragueau et de Laurière, aux lieux cités.

[2] Thiers, *Traité des superstitions*, t. 1, p. 292.

peint des larmes et des os croisés, et coiffé d'une mitre aussi funèbre, se rend dans les carrefours, et crie qu'un tel est mort, et que son enterrement aura lieu tel jour. Il est suivi d'un grand nombre d'enfans qui agitent des sonnettes et qui portent des flambeaux.

On donne au défunt, s'il a été marié, la chemise qu'il eut le jour de ses noces ; mais, hélas ! ce tissu que fit tressailir l'amour ne peut réchauffer un cœur à jamais éteint.

Si le mort est un enfant, on l'enlève par la fenêtre, et non par la porte; car si, par malheur, il en arrivait autrement, les mères qui passeraient par cette porte funeste n'accoucheraient que d'enfans morts-nés.

Les Bretons et beaucoup d'autres peuples de France s'imaginent être fort agréables aux trépassés en leur mettant dans la main quelque pièce de monnaie, et de petites cordes nouées de plusieurs nœuds [1]. Les parens et les amis, pleurant en silence, accompagnent le cercueil. Dans les funérailles de haut rang,

---

[1] Le *Synode de Ferrare*, en 1612, au titre de *Superstit. et mag.*, art. *excomm.*, n° 8. — Thiers, lieu cité.

quatre enfans vêtus de robes blanches tiennent d'une main un cierge allumé, et de l'autre un pot de braise qu'on saupoudre d'encens et qu'on jette ensuite dans la fosse [1].

Les Bretons ne souffrent pas qu'on se serve de chevaux pour la voiture où est le mort; il faut que ce soit des bœufs ou des jumens, et qu'aucune ne soit pleine. Ils se croiraient insultés s'ils recevaient le prix du loyer des bêtes de somme qu'ils ont prêtées pour un si triste usage.

Les jumens ou les bœufs qui traînent ce char funéraire s'arrêtent-ils par hasard, on attend qu'il leur plaise de se remettre en route, et l'on se garde bien de les y engager de la voix ou de l'aiguillon : trop tôt on arrivera au dernier séjour. Pendant cette halte fortuite, qui souvent se prolonge des journées entières, les assistans s'asseyent sur les pelouses voisines et le long des haies touffues, s'entretenant des vertus du défunt, et faisant succéder à ces éloges sincères des gémissemens et des sanglots. Si le cercueil passe de-

---

[1] Ogée, *Dict. hist. de la Bretagne*, t. III, p. 158.

vant une croix, on attache à la base de cette croix une autre petite croix de bois. Cela s'appelle *rafraichir la dévotion* Cet usage vient des Celtes, qui, chaque fois qu'ils passaient devant un tombeau, y jetaient une pierre, afin que toutes ces pierres amoncelées formassent à la longue un monument funéraire [1].

Après avoir donné la sépulture à celui qu'on a perdu, on se rend au banquet funèbre. Les vieillards seuls restent dans le cimetière, comme si ce n'était plus la peine d'en sortir pour y revenir sitôt. Assis sur les mauves des tombes, ils se proposent des énigmes [2]; mais le trépas garde le terrible mot de la sienne !

Il n'est pas de pays en France où l'on ait plus l'esprit de famille qu'en Bretagne. Là la parenté y dépasse le douzième degré, et va de générations en générations : aussi certaines familles sont-elles toute la vie en deuil; car il n'est guère de mois où elles ne perdent pour

---

[1] Ed. Richer, *Voyage à la forêt du Gâvre*, p. 62.
[2] *Mém. de l'acad. celt.*, t. I, p. 88. — Cambri, *Voyage dans le Finistère*, t. II, p. 32.

le moins un cousin, et quelquefois deux ou trois.

Pendant une année entière, le deuil n'éclaircit pas ses lugubres couleurs sur le front des parens, qui, loin de vouloir être consolés, aiguisent par tous les moyens d'une tendresse ingénieuse les regrets et la souvenance : durant les douze mois des pleurs, les miroirs restent voilés, pourquoi l'épouse et la fille voudraient-elles ajouter, par les soins de la parure, à la beauté qui ne peut plus réjouir les regards d'un époux ou d'une mère?

Les vases sont retournés dans les buffets; plus de banquets, plus de gais festins; les meubles sont placés dans un ordre opposé à celui que le défunt avait établi de son vivant, afin que ce dérangement rappelle, par le besoin du moindre ustensile, celui qui n'est plus.

L'année du deuil ne peut contenir tant de regrets et tant d'amour ; ils débordent ce cercle trop étroit pour des cœurs trop pleins, et vont étancher les plus lointaines époques de la vie. Chaque année une fête est consacrée aux souvenirs des morts, qui, par mille coutumes attendrissantes, sont appelés dans les demeures héréditaires. Ils y viennent en si grand nombre, qu'alors, suivant un proverbe de Morlaix, il y a plus d'âmes dans chaque maison que de feuilles sur un chêne. Voilà pourquoi, durant la fête des morts, on ne balaie jamais les maisons; car, dit-on, cet usage impie serait *le balaiement des morts* [1]. On place autour de la table et du foyer des siéges sur lesquels on ne s'assied pas; ils sont réservés aux trépassés. Persuadés qu'invisibles et muets, ils y ont, en effet, pris place, on leur parle comme s'ils étaient présens [2]. Mais c'est dans les cimetières que ces entrevues imaginaires, que ces étreintes de bonnes intentions font illusion à ce point, que pendant un jour l'habitant de Morlaix peut croire qu'il a vécu réellement avec toutes les générations de ses ascendans. Les familles apportent leur repas dans le champ de *la grande assemblée;* on s'assied autour des tombes; personne, cette fois, ne manque au festin; le deuil est sus-

---

[1] Cambri, *Voyage dans le Finistère*, t. II, p. 32.
[2] Ogée, *Dictionnaire de Bretagne*, t. III, p. 502. — Cambri, t. II, p. 32 et suiv.

pendu, car l'absence a cessé. La mort, vaincue de toutes parts, ne retient plus sous son inflexible loi que ceux que des cœurs ingrats ne sont pas venus chercher. Tel est l'à-compte que le christianisme donne sur la résurrection. Après ces fêtes puissantes, les cimetières redeviennent taciturnes : en retournant chez eux, les parens se disent que les trépassés les suivent. Hélas! ce sont au contraire les vivans qui suivent de près les morts, et qui ne tarderont pas à les rejoindre pour toujours!

Les Bretons conservent les têtes de leurs parens dans de précieux reliquaires, auxquels on donne la forme de petites maisons, avec des pignons, des portes et des croisées. On les dépose dans un lieu apparent de l'église ou dans le plus bel endroit du cimetière. Il est des paroisses où l'on construit des chapelles qui n'ont pas d'autre usage que de recevoir de si précieux restes. Le passant reconnaît ces ossuaires à une douzaine de têtes de morts sculptées en pierre et placées dans des niches pratiquées à l'extérieur.

Les nobles ont leur sépulture dans les chapelles du manoir ou dans l'*enfeu* des abbayes qu'ils ont fondées, et des cathédrales enrichies de leurs bienfaits. On met quelquefois dans leurs tombeaux des vases de charbon ardent, sur lequel on répand des parfums. Souvent le parent du défunt vote à sa mémoire une lampe perpétuelle, dont la fondation coûte vingt-cinq sous par an.

CHAPITRE XXI.

Je désirai visiter au Falgoet, près de Morlaix, l'arbre du pauvre *Salaun*, mort peu d'années auparavant. Cet homme, surnommé l'Insensé, n'avait pu apprendre que ces mots dans tout le cours de sa vie : *Je vous salue, Marie, pleine de grâce* ; quelquefois, lorsqu'il était pressé par la faim, il ajoutait : *Salaun mangerait du pain, s'il en avait*[1]. Ce fut la seule plainte échappée pendant quarante ans à cet infortuné, qui pour abri n'avait qu'un arbre, dans lequel il montait chaque soir pour se coucher, et d'où il descendait chaque matin pour aller aux autels de Marie, à Lesneven, répétant sans cesse avec ferveur : *Je vous salue, Marie, pleine de grâce*. Des racines et l'eau de la fontaine étaient sa seule nourriture; son seul plaisir, aux jours de grandes fêtes, était de se suspendre aux branches de son arbre en criant de toutes ses forces : *O Maria! o Maria!* Le recteur de

---

[1] D. Lobineau, *Vie des saints de Bretagne*.

Guicquelleau et d'autres savans personnages allèrent le visiter. Ils en avaient pitié; mais, lorsqu'il mourut, Dieu, qui promet le ciel aux simples d'esprit, fit croître sur la tombe de *Salaun* un lis beau par excellence, et dans le sein duquel reluisait en lettres d'or végétal *ave, Maria* [1]. Après un tel miracle, il n'y avait plus rien à dire. Alors le recteur et les autres savans se ravisèrent : ils publièrent qu'il fallait chanter ses louanges, parce que c'était un bienheureux. Les Bretons l'honorent donc comme un bienheureux; car il l'est en vérité [2]. Le comte de Montfort, averti de ces merveilles, et après en avoir délibéré avec ses seigneurs, fit élever à l'endroit du lis une chapelle de Notre-Dame, qu'on appela Falgoet, et d'autres disent Ar-Fœl-Cout, c'est-à-dire le bois du fou [3].

Le Falgoet est célèbre par sa foire, où deux

---

[1] Le P. Albert de Morlaix, *Vie des saints de Bretagne*, ch. LVI et LVII.

[2] On fit ériger une chapelle à la place de l'arbre où l'on composa, au XIVe siècle, des *cantiques bretons*, en l'honneur du bienheureux Salaun.

[3] Le P. Albert de Morlaix, p. 57.

à trois mille jeunes chevaux sont exposés annuellement en vente. Pour l'ordinaire, ces animaux sont fort paisibles, mais quelquefois il arrive qu'un esprit de vertige les saisit tout à coup : leurs prunelles lancent des éclairs, leurs crinières secouent la poudre ignoble des marchés où la main de l'homme osa les conduire; ils hennissent, leurs membres tressaillent, l'air s'échauffe des rousses vapeurs qu'exhalent leurs naseaux brûlans : rompant leurs liens, foulant à leurs pieds ceux qui se disaient leurs maîtres, ils vont plonger dans le courant des rivières, ou volent sur la cime des monts pour y respirer l'orgueil de l'indépendance. Alors les garçons d'étable et les varlets, confus de leur mésaventure, s'interrogent dans les tavernes voisines sur la cause de ce désarroi. Les uns disent qu'une mouche noire et grosse comme un corbeau a traversé l'air avec un bourdonnement qui a répandu la terreur dans le troupeau des coursiers. D'autres assurent qu'il ne faut attribuer un pareil désordre qu'à la haine des sorciers pour les chrétiens. Puis, après avoir achevé leur pot de cidre, ils vont dans la campagne pour amadouer les rebelles à force de paroles caressantes.

Les campagnes voisines de Morlaix sont, dit-on, célèbres par *l'herbe d'or*, qui, selon le crédule paysan de ces contrées, jette de loin un éclat non-pareil, et cesse de briller dès qu'on l'approche. Quelquefois elle croît dans la rivière, et nage contre le courant. Celui qui parvient à la cueillir peut se rendre invisible à volonté, découvre les trésors, n'est jamais malade, et n'a rien à redouter des *laveuses de nuit*.

Les *laveuses de nuit* sont des fantômes qu'on rencontre à la brune, près des lavoirs, sous la belle et bonne apparence de gentilles femmes, vêtues de blanc : ce sont peut-être des princesses, sans qu'on puisse affirmer le fait : quoi qu'il en soit, dès qu'elles vous aperçoivent, elles vous prient poliment de les aider à tordre leur linge ; mais elles le tournent dans le même sens que vous, ce qui n'avance en rien la besogne ; et quand votre bras est engourdi, elles le rompent et s'enfuient en riant[1].

---

[1] Cette tradition, qui est toujours en vogue près de Morlaix, est un de ces contes populaires que la naïve police du moyen âge perpétuait pour empêcher les courses

Dans les mêmes campagnes apparaît la *crieuse de nuit*, spectre acharné, qui vous poursuit en poussant des gémissemens plaintifs. On y trouve aussi volontiers des *hommes blancs*, ou *spectres danseurs*, qui s'emparent de ceux qui voyagent la nuit, et les font danser autour d'une borne, jusqu'à ce qu'épuisés de fatigue, ils tombent sans connaissance.

Je voyageais en grande appréhension ; car il y avait dans le pays une troupe de *cottereaux*, gens pillards et voleurs, qui détroussaient les marchands forains et les voyageurs, rançonnaient les monastères et violaient les nonnains. On les appelle aussi *routiers* et *écorcheurs*. Ces bandes vagabondes pullulaient depuis les affranchissemens des communes et l'usurpation des rois de France sur les institutions féodales. Tant que ces institutions furent en pleine vigueur, les feudataires, véritables pères de famille de nos camps glorieux, amenaient à la guerre leurs contingens, composés de leurs vavasseurs et de

---

nocturnes. Il en est de même de la *crieuse de nuit* et des *spectres danseurs*.

leurs écuyers, de tous ceux qui, engagés à leur personne, vivaient avec eux dans les mêmes manoirs. Le temps fixé pour le service militaire était-il expiré, ils rentraient, escortés des vaillans compagnons de leurs dangers, et charmaient ensemble les loisirs de la paix par les tournois, la chasse, les parties de pèlerinage, les jeux sous l'ormel, les cours plénières, et surtout par les délices de l'amour. Ceux qui avaient ainsi combattu à côté de leurs maîtres sentaient redoubler pour eux leur dévoûment, et les maîtres voyaient en eux des frères d'armes plutôt que des serviteurs. Ainsi la domination était devenue l'ascendant d'un noble sentiment, et l'obéissance domestique n'avait plus que l'attitude d'une discipline honorable. Ainsi le manoir ressemblait à la ruche d'où les abeilles vont tour à tour lancer leurs dards en bourdonnant dans les airs, sucer les fleurs des vergers, et dégorger un miel embaumé dans leurs cellules d'or.

Mais lorsque les seigneurs furent contraints par la sédition d'affranchir les communes, celles-ci, embauchées au nom du roi, s'engagèrent, pour prix de l'assistance qu'il leur prêtait contre leurs anciens patrons, à lui fournir des milices formées d'artisans, de colons et de bourgeois. Ces roturiers, détournés de leurs obscures habitudes, ne savent plus en reprendre le cours pendant les trèves et la paix. Désœuvrés et vagabonds, ils vont ensanglanter cette paix et déshonorer des armes qui leur étaient confiées pour défendre des concitoyens. Il y a là bien des malheurs; c'en est un que d'appeler au métier de la guerre des gens qui n'y sont point façonnés dès leur naissance, soit par des exercices chevaleresques, soit par des maximes de vaillance et d'honneur; des gens qu'on arrache timides et tremblans à des familles éplorées que faisait vivre leur travail. C'est encore un malheur de ce que le roi, n'étant plus retenu par les stipulations de la féodalité, peut requérir arbitrairement des communes les soldats avec lesquels il a la facilité d'être batailleur, despote, conquérant, ce qui n'eut jamais lieu auparavant [1]. C'est un autre malheur que de

---

[1] *Ordonn. des rois de Fr.*, t. 1, p. 126. — Du Cange,

rançonner les peuples pour subvenir aux frais d'une armée qui ne peut se nourrir à ses dépens, comme cela se pratiquait lorsqu'elle n'était que l'agrégation des cortéges seigneuriaux réunis au ban du roi pour l'intérêt général [1].

La guerre n'était donc, il y a deux siècles, qu'une partie de plaisir, puisqu'elle se vidait entre gens dressés tout exprès, et qui mettaient leur devoir à combattre, leur honneur à mourir. Race de braves, dévoués dès le berceau à courir les hasards de l'épée qu'ils recevaient de leurs pères, qu'ils transmettaient à leurs fils; l'épée, hochet de leur enfance, gloire de leur vieillesse, et témoin dans tous les âges pour déposer de leurs exploits. Quant aux soldats de circonstance, offerts imprudemment par les communes à des princes avides d'instrumens de pouvoir, ils quittent

Dissert. 5 sur Joinville. *Rec. des hist.*, t. XIV, p. 387. — Hallam, *l'Europe au moyen âge*, t. 1, ch. II, in fine.

[1] Duchesne, *Script. rerum gallicarum*, t. v, p. 558. — Daniel, *Hist. de la milice française*, p. 72. — Carpentier, suppl. au *Gloss.* de Ducange, v° *Hostis*. — De La Roque, *Traité du ban et de l'arrière-ban.*

avec regret leurs foyers, et n'y rentrent qu'avec répugnance. Celui qui était forgeron revoit sa forge refroidie, ses vêtemens enfumés, ses outils épars et poudreux ; il referme la boutique, et va de taverne en taverne jusqu'au coin du bois, où s'assemblent les *cottereaux*. Celui qui était laboureur trace un sillon de travers, rompt le lien dont il veut lier la gerbe, et fait jaillir hors de la cuve la vendange qu'il foule à ses pieds. Celui qui était baigneur sert un bain bouillant ou glacé, et, s'indignant de la réprimande, quitte l'étuve en laissant les robinets ouverts. Celui qui était parcheminier se fait des querelles avec les maîtres-ès-arts, parce que son parchemin revêche désespère la plume obstinée qui disperse en éclaboussures le grimoire de l'écolier. Oisifs et paresseux, tous fatiguent du récit de leurs campagnes une famille dans le besoin, qui meurt de faim en admirant. Honteux d'avoir quitté l'armure, artisans fanfarons, aventuriers sédentaires, ils désertent le ménage, et à la première occasion se font brigands par orgueil et rebelles par nécessité.

Je cheminais en faisant ces réflexions, lorsqu'à deux lieues du Falgoet je fus assailli par plusieurs de ces bandits, sortant de l'armée du roi; ils me demandèrent mon cheval. Je leur répondis par un coup d'épée; mais mon arme se brisa, et j'étais en grand péril, quand des serfs du manoir voisin vinrent à mon secours.

Près de Lanhouarneau je vis le seigneur de ce bourg sous un chêne dont le vent frais faisait doucement murmurer les rameaux, assis gravement sur une chaise de pierre, ayant deux chiens à ses côtés. Le seigneur de Kerjean, qui était son vassal, l'aborda en lui présentant avec respect la rente annuelle qu'il lui devait, en outre un morceau de pain, deux œufs durs et une bouteille de vin; quand il eut bu et mangé à sa convenance, le seigneur de Lanhouarneau se leva de son trône rustique, fit siéger à sa place le sire de Kerjean, et le servit comme il en avait été servi lui-même.

Le feudataire du Lanhouarneau, m'ayant aperçu, me fit signe du doigt d'approcher.

---

[1] Ogée, *Dict. de Bretagne*, t. II, p. 337.

« Vous êtes étranger, et je vois à vos éperons d'or que vous êtes chevalier; venez, s'il vous plaît à mon logis passer le reste du jour, la nuit prochaine, et plus long-temps, si tel est votre bon plaisir. »

Je le suivis, pénétré de respect pour ses cheveux blancs, et l'air vénérable qui respirait dans toute sa personne. Des fourches patibulaires, emblème de sa haute-justice, s'élevaient à l'entrée de son domaine; mais elles étaient vermoulues, des buissons croissaient au pied et le lierre alentour, ce qui me parut un bon témoignage de l'innocence des habitans de Lanhouarneau. Je ne me trompais guère. L'amour qu'ils ont pour leur seigneur et leur dévotion pour la châsse de saint Hervé[1] rendaient les tribunaux superflus. Tous s'arrêtaient au passage de leur maître, ou plutôt de leur père. Il interrogeait les uns sur les travaux publics qu'il entreprenait avec le fruit de ses épargnes; il donnait aux autres des ordres pour la moisson; plus loin, il terminait le litige que lui soumettaient amiable-

[1] Ogée, *Dict. de Bretagne*, t. II, p. 337.

ment deux voisins qui s'en allaient réconciliés.

Arrivés tous deux vers le pont-levis de son château, il me fit remarquer avec affectation que les cigognes faisaient leurs nids sur les créneaux de ses tours. Je lui en fis sincèrement mon compliment; car on sait que ces oiseaux portent bonheur aux maisons où ils veulent bien se fixer. « Les cigognes, me dit le seigneur breton, s'établissent de préférence dans les lieux libres; voilà pourquoi elles se perchent volontiers sur nos donjons féodaux. » Puis, se retournant du côté de la campagne, il me montra les chemins seigneuriaux, les vergers, les prairies où l'on avait mis au vert les chevaux de sa maison, au retour de mainte et mainte expédition glorieuse. A moitié cachées dans les pommiers, s'élevaient çà et là des cabanes couvertes de chaume, asiles de paix, où la santé, la simplicité des besoins, la piété et la foi assuraient un bonheur facile. « Ces gens sont heureux, lui dis-je, et ils le sont par vous. — Vraiment, c'est mon devoir de les rendre tels, répondit-il; ils m'ont été remis pour être soutenus loyalement. Leurs chaumières ne croulent pas, car elles sont appuyées à mon château; et peu leur importe la guerre où la trève, car en tout temps ils trouvent la paix à l'ombre de nos boucliers. C'est à nous à les défendre; ils n'ont d'autres soins que de cultiver les champs et de vaquer à leurs professions tranquilles; leurs jours sereins passent doucement en emportant les parfums de la nature. Ils vivent et meurent sous les saintes lois des croyances et des dévotions du temps passé. L'âge d'or règne encore pour eux; et nous, armés pour la guerre et le pouvoir, nous, colosses d'airain dressés sur la montagne pour nous charger de la foudre et la détourner des vallées, nous n'avons en indemnité de nos soucis et de nos rudes travaux que ce rayon de gloire qui vient frapper sur nous, et qui lui-même n'est parfois qu'un trait détaché de l'orage. »

Je m'étonnai que cet excellent suzerain pût allier à ces idées élevées l'exercice de quelques pratiques minutieuses, telles que le devoir à lui rendu par le seigneur de Kerjean. J'osai le lui faire entendre poliment, et il me répondit avec douceur :

« Ces cérémonies, qui vous semblent surannées et bizarres, non-seulement furent consenties volontairement en retour d'avantages concédés à ceux qui les observent, mais elles sont presque toutes d'antiques paraboles qui rappellent, sous mille formes diverses, soit un contrat de protection, soit une alliance indissoluble, soit tout autre pacte découlant des mœurs patriarcales de la féodalité. La démarche du seigneur de Kerjean est un symbole d'égalité, puisqu'il me rend des devoirs que je lui rends moi-même ensuite. Le mystère dont sont enveloppées ces pratiques ont le double avantage d'attacher l'imagination éprise de tout ce qui est mystérieux, et d'entretenir l'obéissance et l'amour, qui, de même que la foi, doivent agir sans raisonner et sans comprendre. Du moment où l'homme ne voudra faire que ce qu'il pourra définir, le royaume courra bien des risques. »

Nous entrâmes dans le château : les fenêtres en sont vitrées, et le chauffoir a des tuyaux. L'aumônier, le sénéchal, les chambellans, les écuyers, allaient et venaient par les cours et par les dortoirs. Ils se réunirent en un instant autour du seigneur. Leurs visages étaient ouverts et rians, et ce cortége féodal méritait bien le beau nom de *librée*. Nous prîmes place dans une salle au milieu de laquelle était une table permanente, sur laquelle on avait cloué un petit chantier composé de deux solives, et propre à placer une barrique, laquelle est vidée sans faute chaque fête et dimanche [1]. Au fond de la salle reluisait l'étain des buffets. Sur des meubles voisins étaient les bassins où les sangsues prédisaient l'orage, et le bocal où la grenouille des bois annonçait le beau temps en sortant de l'eau limpide, et la pluie en y rentrant.

Au-dessus de la cheminée, dont le fronton de pierre représentait en relief le siége d'Antioche, étaient placés, sur des crans à étages, les lances, les masses d'armes et les glaives. Dans les angles de cette vaste salle étaient des meules de fruits verts, et les sacs de mouture qu'attendait le moulin banal. Des faisceaux

---

[1] Il y a trente ans on voyait encore ces sortes de tables chez les nobles bretons, et les vieillards regrettent ce bon temps.

de colonnes finement sculptées ornaient l'embrasure des fenêtres, dont les vitrages blancs découpés en losanges, étaient encadrés dans d'autres vitrages couleur de pourpre. Sur le rebord de ces fenêtres aux fraîches haleines, les colombes venaient becqueter le millet versé d'une main distraite par les beaux pages rêvant à la vue du soleil qui disparaissait au loin derrière les combles du monastère des Ursulines de Lesneven.

Les solives de la salle étaient peintes d'azur et d'or. Des anneaux d'acier y tenaient suspendues les couronnes de feuilles d'argent gagnées depuis quatre générations dans les tournois, les armures conquises sur l'ennemi, les palmes rapportées de l'Égypte et de la Syrie par les ancêtres du sire de Lanhouarneau qui avaient suivi Pierre de Dreux aux dernières croisades. L'un d'eux était si grandement révéré, que dans les archives de sa paroisse on conserve sa bannière et son épée, que l'on porte aux fêtes solennelles.

Le fauteuil du suzerain était plus élevé que les autres siéges. D'un côté était le poteau échelonné des éperviers et des faucons, de l'autre s'endormaient, en tournant sur eux-mêmes, les levriers fidèles. C'était sur ce trône que le sire de Lanhouarneau rendait la justice et recevait la foi et hommage. Je vis le soir même cette cérémonie qui liait le vassal à son seigneur. Ses formes variaient selon les lieux et les avis des anciens. Les uns soutiennent que le vassal devait faire hommage à genoux, les mains jointes dans celles de son seigneur, et lui baisant les pouces [1]; d'autres disent qu'il doit tenir le bout de la robe seigneuriale, en disant : *Je vous l'amende*. Le vassal du seigneur de Lanhouarneau se présenta sans *chapel* et sans manteau. Ce seigneur le prit par son gant, le baisa à la joue [2], puis lui donna une terre en fief, moyennant quelque redevance, et notamment à la charge que, lorsque le fils aîné de la famille de Lanhouarneau serait fait chevalier, ledit vassal porterait l'épée devant lui; que de plus, aux jours

---

[1] Boutillier, *Somme rurale*. — L'auteur du livre des *Tenures*, l. II, ch. 1. — Crag., l. I, t. II. — Rageau, *Gloss.*, édit. de Laurière, t. 1, p. 172.

[2] *Coutumes de la Marche*, art. 189, 190, 197. — *Du Poitou*, art. 111 et 112. — Rageau, lieu cité.

de cour plénière et de mariage, il servirait à cheval ou à pied, selon que la fête le requerrait; pour raison de quoi il prendrait deux plats et quatre assiettes d'argent de seize marcs [1].

Après la cérémonie, il l'invita à sa table; car la table est, suivant le proverbe, *l'entremetteuse de l'amitié* [2]. Les hommes, confondus par la communion à la même coupe, s'unissent comme les grains d'un épi ou d'une grappe; car l'épi et la grappe défraient nos banquets, et y consacrent l'emblème de notre union [3].

Le repas fut assaisonné de courtoisie et de facéties agréables. Tous les serviteurs du suzerain étaient à sa table et sur le même rang que ses propres fils, qui eux-mêmes leur

---

[1] De pareilles clauses étaient assez fréquentes. (*Voy.* Salvaing de Boissieu, *Traité des droits seigneuriaux*, ch. iv. — Du Cange, *Dissert. sur Joinville.*)

[2] C'était aussi un proverbe grec. — M. de Maistre, *Soirées de Saint-Pétersbourg*, t. ii, p. 254.

[3] C'est ainsi qu'on disait autrefois. (*Voy.* saint Augustin, *Serm.*, inter. opp. ult. Ben. Paris, 1683, t. v, part. i, p. 11. — *Antichita di Ercolano*. Napoli, 1779, in-f°, t. vii, trav. ix, p. 42.

disputaient l'honneur de se lever pour servir leur père.

Il me faudrait une liasse de parchemin pour mentionner les louables coutumes, les bons gestes et les *dires* dont je pris connaissance à Lanhouarneau. Si le bonheur est quelque part, il est certainement là, et dans le ressort de ce fief, circonstances et dépendances. Cette petite cour me parut de beaucoup préférable à celle du duc de Bretagne, où l'on voit des gentilshommes tellement libertins, qu'ils ne font pas difficulté d'abandonner leurs femmes quand elles sont lépreuses; en telle sorte qu'ils en ont parfois trois ou quatre vivantes [1], ce qui est un grand péché. J'en causai avec mon hôte, que je louai de la majestueuse simplicité de sa vie privée. « Ce que vous observez, me dit-il, tient à la différence d'une petite à une grande cour. Dans les grandes cours, telles que le sont en Bretagne celles des seigneurs de Dol, de Dinan, de S. Pol-de-Léon, de la Roche-Bernard,

---

[1] *Voy.* les pièces du procès de l'église de Dol contre celle de Tours. — Le P. Martenne, t. III, *de Ritibus*. — D. Lobineau, *Hist. de Bretagne*, t. I, l. VI, p. 204.

et, avant toutes, celle de notre grand-duc, il y a grande affluence de passions, d'intérêts, de désirs, qui, en se mêlant, fermentent de manière à aigrir les mœurs. Dans les petites, au contraire, les choses restant à peu près toujours à leur place, ne donnent guère accès au luxe, aux modes étrangères, à ces grandes émotions qui soufflent du dehors comme ces vents chargés de semences empoisonnées. Si l'on pouvait, par supposition absurde, admettre que les trois cents cours de Bretagne, petites et grandes, fussent fondues en celle du duc, ce serait bien pis, vraiment, et l'on verrait les seigneurs bretons, aujourd'hui si heureux sur leurs terres souveraines, s'avilir en peu de temps, et contracter, au lieu de leurs habitudes patrimoniales, des goûts vicieux et des pratiques serviles. Poussant plus loin cette supposition inouïe, admettons qu'un monstrueux génie conçût la jalouse pensée de réunir en une seule cour (celle du roi notre sire) les mille et mille cours de toutes les provinces du royaume de France, pourrait-on sans rougir se figurer ce que deviendrait la noblesse dans ce gouffre brûlant, dans cet enfer superbe? L'abjecte flatterie, les intrigues, les bassesses, la dissimulation, auraient bientôt déshonoré cette race de preux que la rudesse des âges féodaux et chevaleresques avait saintement conservée, sous la poudre des guerres, dans l'ombre des amours pudiques et solitaires. La fière liberté des manoirs tomberait expirante sous le sceptre d'un seul souverain; nos châteaux inhabités s'écrouleraient avec le souvenir de notre gloire; nos terres, que n'illustreraient plus la fidélité de nos amés et féaux et les vertus hospitalières, seraient dépecées et vendues pour satisfaire au despotisme d'un luxe spoliateur ou à l'avidité de quelques beautés mercenaires. La foule des braves et loyaux gentilshommes, expulsée des charges honorables qui, de père en fils, et depuis un temps immémorial suffisaient, dans nos cours agrestes, à leur naïve ambition, irait mendier, sous l'habit doré des favoris et des mignons, des places, des emplois et de vains honneurs. Le concours de ces courtisans rendrait ingénieux et rampant l'art des sollicitations; le choix des fonctionnaires et des hommes d'état serait l'œuvre d'un hasard que tôt ou tard expierait la chose publique. La noblesse, à la fois ruinée et avilie, sans vassaux, sans priviléges, sans aucune supériorité sociale, et, ce qui serait plus fâcheux encore, sans indépendance et sans mœurs, deviendrait méprisable et méprisée. Ne se détachant plus, par des distinctions raisonnables, des autres classes de la société, celles-ci auraient honte d'une inégalité que rien en effet ne pourrait justifier. Toutes se précipiteraient ensemble sur les offices, les charges publiques et les lambeaux d'un pouvoir dont ils feraient curée sans satisfaire leur appétit insatiable. Alors quel gouvernement pourrait résister à cet effroyable conflit d'élémens impurs, à ce déplacement brusque, imprévu, de prétentions et de désirs qui excèderaient l'avoir du royaume? Mais, tandis que le dogme de la noblesse, vide de son essence première, et réduit à des titres passifs, dégénèrerait ainsi en puérilités risibles, un danger plus grand menacerait l'état. Toutes les ressources du pouvoir, ses volontés, son génie, son administration, se concentrant dans un seul foyer, au lieu d'être répartis, comme aujourd'hui, dans une foule de suzerainetés fédératives, qui, en mille lieux de notre sol vivant, font fleurir, non par la tige, mais par la racine, une des palmes de la force publique, il arriverait qu'aussitôt qu'une guerre ou un acte de félonie ou de révolte populaire aurait porté le coup de mort à la capitale, et aurait livré la machine à gouvernement aux intérêts illégitimes du vainqueur, la France, désorientée et stupéfaite, n'aurait plus qu'à obéir. »

Malgré sa longueur, ce discours du seigneur de Lanhouarneau me causa beaucoup de plaisir, et je ris de bon cœur des singulières suppositions qui en faisaient l'objet.

Le lendemain matin, me promenant dans les cours du château, je vis à la roue du puits un des serfs qui m'avaient sauvé des mains des *cottereaux*. Ne sachant comment lui témoigner ma reconnaissance, il me vint en idée de lui proposer son affranchissement, que son seigneur m'eût volontiers accordé; mais, malgré mes instances, l'homme du fief de Lanhouarneau ne voulut jamais l'accepter. Je ne pus réussir à lui persuader qu'il était malheureux, et il ne comprenait guère ce que je lui disais de la liberté, que d'ailleurs il eût pu, dit-il, s'il n'eût pas craint d'en être embarrassé, acquérir depuis long-temps avec le produit du champ et du troupeau dont son maître lui abandonnait la jouissance pour prix de ses labeurs.

Après avoir demandé la bénédiction du vieillard au feudataire de Lanhouarneau, je le quittai les larmes aux yeux, et me mis en route pour Saint-Pol-de-Léon.

CHAPITRE XXII.

Les mœurs des riverains bretons sont âpres et sauvages. La vue d'une mer toujours sombre nourrit dans leur âme une sorte de tristesse rêveuse. Ils ne sortent de cette lugubre disposition qu'aux approches de la tempête, qui doit les enrichir de naufrages. Alors ils poussent des cris de joie, et courent attendre sur les rochers de la côte les vaisseaux qui vont s'y briser. Je vis sur les grèves de Pontusval et de Saint-Pol-de-Léon les habitans des villages voisins chanter processionnellement les litanies de la Vierge, et adresser des prières à tous les saints pour que l'année fût heureuse en naufrages. Leur cruelle avidité ne se déploie que sur les débris poussés sur les flots; en toute autre occasion, ils se montrent humains et désintéressés comme les Bretons de l'intérieur. Mais, lorsqu'il s'agit d'avaries et de sinistres présages, ils restent sourds aux exhortations, bravent les défenses de leurs seigneurs, se soulèvent contre les ordonnances du roi [1]. Le prêtre qui dans un sermon gourmande la rapacité des riverains perd aussitôt leur confiance. Cette obstination à maintenir une coutume barbare tient aux plus vieilles traditions, soit qu'on adorât autrefois sur ces mêmes rivages la divinité des tempêtes, soit que la doctrine des druides, jaloux de conserver sans altération le caractère national, eût lancé des anathèmes de ruine et de mort sur les étrangers que leur amenait l'orage [2], soit que les Romains, dont le fisc effronté apprit aux Bretons comment le naufrage était un de ses droits, eussent laissé ce honteux exemple, qui, recueilli par les seigneurs, fut ensuite abandonné par eux et ressaisi par la gent populaire.

Tant de réminiscences confuses ont perpétué sur les plages de la Bretagne cette croyance opiniâtre, que tout ce qui échoue est envoyé

---

[1] Brodeau sur Louet, lettre R, n° 27. — *Répert. de jurisprud.*, v° *Naufrage*.

[2] Cæs., *de Bello gall.*, l. VI, ch. XIV et XVI. — Pline, l. XXX. — Pelloutier, *Hist. des Celtes*, l. IV. — Marcel, *Hist. des Gaules*, t. I, ch. VII. — D. Martin, *Relig. des Gaulois*, t. I.

par la Providence, et qu'on doit s'en emparer comme un don de sa grâce particulière.

Des haines, des rivalités nationales ont encore fortifié cette erreur superstitieuse. Armés depuis plusieurs siècles contre les Anglais, qui souvent ont ravagé leur pays, les Bretons croient voir sur tous les navires le pavillon détesté de ces insulaires. Ignorant s'il est à peine d'autres peuples que ceux de France et d'Angleterre, tout étranger est un Anglais à leurs yeux.

Je fus témoin d'un naufrage pendant mon séjour à Saint-Pol-de-Léon. Espérant l'obtenir, Kermakou, pêcheur des côtes de Plouescat, avait fait dire plusieurs messes, et souvent, dans la nuit, il avait suspendu une lanterne au cou d'un taureau dont il avait lié les jambes pour le faire boiter, et imiter ainsi les mouvemens du fanal d'un navire de manière à en attirer d'autres sur les écueils. Dès le matin Kermakou, plein de confiance dans ses prières, a deviné l'orage, même sous un ciel paisible. Il gravit le fameux rocher qu'un seigneur de Léon préférait autrefois au plus beau joyau de la couronne de France, parce qu'il avait fait échouer à son profit plus de cent vaisseaux.

Sur la cime de ce lieu d'observation, il se tient immobile et attentif. Je l'avais vu le matin en allant chasser aux environs de Plounevez; le soir, en revenant, je le vis encore à la même place. J'observai quelque temps cet homme de proie. Une toque bleue couvrait à demi la chevelure épaisse qui couvrait son cou nerveux; ses larges chausses descendaient à peine à ses genoux, et laissaient dans toute leur nudité ses jambes robustes, où s'entrelaçaient de fortes veines. Sa persévérance avait quelque chose d'effrayant, parce qu'elle acquérait des droits sur la tempête, que néanmoins rien n'annonçait encore. Le soleil, radieux et superbe, était descendu à l'horizon, et se couchait derrière un léger voile de pourpre-violet. Tout à coup ce rideau, lacéré par les brises, laisse échapper à flots pressés une lumière étincelante, et les airs en sont inondés : elle roule comme le flux des grandes marées sur les grèves d'or que figurent les brillantes vapeurs du soir. Pénétrés des derniers rayons du jour, et les emportant en triomphe, des nuages lumineux erraient sous un firmament dont l'azur déjà rembruni par le crépuscule faisait encore mieux ressortir leurs couleurs resplendissantes. Mais bientôt leur vif éclat s'éteignit, des nuages sombres s'amassèrent dans les cieux, et s'y confondirent en une nuit sombre et terrible.

Cependant la mer grossissait, et les vents furieux faisaient jaillir son écume jusque sur le rocher où Kermakou rendait grâce à Dieu. La grêle frappe et meurtrit son visage, le tonnerre gronde sur sa tête; mais rien ne peut l'arracher à sa pensée; on dirait que, par un effet magique, son regard dût attirer les vaisseaux sur la plage homicide. A la lueur d'un éclair, je le vis cruellement sourire; il avait aperçu un bâtiment bondissant sur les ondes et luttant contre les élémens conjurés. Les efforts de l'équipage pour échapper au courant l'ont un moment troublé; il s'agenouille sur le rocher sillonné par les torrens d'une pluie glacée : « Dieu des Bretons, dit-il, Ker-
« makou est pauvre; que l'Océan soit sa mé-
« tairie! que les vagues soient pour lui un
« troupeau de génisses pleines, et prêtes à
« mettre bas sur le rivage! »

C'en est fait, le navire est entré dans le courant inexorable, comme dans un gouffre de perdition et de mort. Kermakou pousse un cri qui ne ressemble à aucun son connu : c'est le cri des siècles passés, le cri que fit entendre le premier Celte lorsqu'il découvrit une proie; c'est le cri qui perce la nuit et la solitude pour appeler au pillage et au meurtre les farouches habitans du rivage.

Tous l'ont entendu, et ils accourent en foule. Hommes, femmes, enfans, vieillards, tous se répètent l'affreux signal; ils se pressent sur la plage où le navire s'est fracassé. Les matelots sortent des vagues; et, tout ruisselant de l'onde amère, ils implorent la pitié; mais leur langage est celui de l'antique ennemi des Bretons, et les Bretons s'écrient : *Jauson!* Ce nom, qui désigne l'Anglais, est devenu son arrêt de mort.

Mais voilà que les baies sinueuses de Saint-Pol-de-Léon et de Roscoff se festonnent de toutes les richesses de l'Inde et du Bosphore. Chacun fait son lot, et respecte celui de son voisin, placé à côté du sien sur les sables couverts de trésors.

Le pillage a cessé, et les riverains regagnent les chaumières, emportant les précieuses liqueurs, les belles étoffes et les aromates de l'Orient. Le lendemain on voit de tout côté les lambeaux des tapis de la Perse suspendus aux buissons des sentiers étroits, la cochenille remplit l'auge des pourceaux, les essences et les parfums sont répandus sur le seuil des cabanes par la ménagère, qui réserve leurs flacons à l'huile de la lampe et à l'eau des fontaines miraculeuses.

A Saint-Pol-de-Léon le peuple se livre avec ardeur au jeu du *rédadec*. C'est une course amoureuse et plaisante. Les filles se rangent d'un côté, et de l'autre les garçons. Ceux-ci s'avancent vers celles qu'ils préfèrent, les provoquent en les touchant avec un bouquet de fleurs : puis se sauvent pour être suivis. Les filles viennent à leur tour agacer ceux-là qui leur sont agréables, et prennent également la fuite afin d'être ressaisies. Mais il arrive souvent que ce jeu finit par des chagrins et des dépits; car la jeune fille ou le jeune garçon après qui l'on court se croit dédaigné, si on ne le poursuit que lentement, ou si l'on refuse d'aller jusqu'à lui.

Durant mon séjour à Saint-Pol-de-Léon j'allais souvent à Roscoff, et j'en revenais toujours triste et rêveur; car ce pays me semblait encore plus lugubre que le reste de la Bretagne. Les champs y sont séparés par des clôtures en terre, élevées de six pieds, et qu'on prendrait pour les lignes d'un camp fortifié. Ces éminences sont plantées de joncs marins. Du sein de leur verdure épineuse et noirâtre s'élèvent par intervalles quelques masses de granit, monument que le culte des druides façonna en grossiers obélisques. Çà et là sont d'indigentes chaumières recouvertes d'un schiste noir. Près d'elles, et dominant leurs humbles toits, sont d'énormes monceaux de joncs flétris amassés pour le chauffage.

Du côté de la mer, les aspects sont encore plus sinistres. Roscoff est hérissé de rochers où les grandes eaux viennent sans repos ni trêve se briser avec un fracas épouvantable. C'est dans cette bruyante région que *l'homme rouge* commande aux élémens[1], et précipite

---

[1] Cambri, *Voyage dans le Finistère*, t. 1, p. 140.

souvent dans les ondes le voyageur qui trouble sa solitude.

J'entendis dans les cavernes de ces bords sauvages un missionnaire revenu de Palestine. Il prêchait les pauvres riverains sur les tourmens de l'enfer. A ses désespérantes peintures l'auditoire poussait des cris de douleur, renvoyés d'échos en échos jusqu'aux grèves désertes et mouvantes de l'affreux Plouescat.

De Roscoff je vins à Lannion, où je visitai la chapelle de saint Thèque. On faisait tourner une troupe de jeunes enfans autour de la statue de ce saint, pour leur apprendre à marcher sans lisière [1]. Près de là est le petit ermitage de Lokeltas, où un bon anachorète vivait, âgé de cent douze ans, à la porte d'une petite chapelle sans clocher. Quand il mourait de faim, il frappait sur une *pierre sonnante* avec le bourdon qu'il avait jadis rapporté de Palestine ; et cette pierre, sonore comme l'airain, avertissant les paysans d'alentour que leur bon vieux ermite était en dé-

[1] Toutes ces pratiques superstitieuses, et celles dont le récit va suivre sont encore pratiquées en Basse-Bretagne.

faillance, ils accouraient avec des fruits, des gâteaux, du cidre, et d'un jour d'agonie faisaient un jour de fête. Je trouvai le bourg dans l'attente d'un grand événement. Un fermier, nommé Pierre Marie, avait fait un pacte en bonne forme avec le diable pour le temps et durée de seize années. Suivant les clauses de cette damnable association, le diable s'était engagé à lui fournir de l'argent monnayé tant qu'il en voudrait : et le susdit Pierre Marie, d'autre part, avait consenti à se livrer après les seize ans au démon, en toute propriété, corps et âme, sans en rien excepter ni réserver. Le terme de ce bail devait expirer la nuit même qui allait suivre le jour de mon arrivée. Toute la population de Lannion était à la porte de Pierre Marie, qui déja éprouvait de fortes convulsions. La foule, impatiente de connaître l'issue d'un pareil contrat, ne doutait point que le diable ne vînt chercher son homme; mais on était curieux de savoir sous quelle forme il viendrait en faire la revendication.

La plupart de ces bonnes gens se persuadaient qu'il viendrait de préférence sous la forme d'un chat noir. C'est parce que le démon affectionne cette métamorphose qu'aucun ménage ne veut garder des chats de cette couleur; on ne veut pas non plus leur donner la mort, pour ne point se mettre mal avec les suppôts de l'enfer, en telle sorte que les chats noirs sont en Bretagne des espèces de bêtes sauvages exclues des foyers de l'homme. Ils rôdent la nuit sur le penchant des toits, et autour des masures inhabitées, où le voyageur voit avec terreur étinceler dans l'ombre leurs prunelles magiques.

Il ne me prit pas l'envie d'attendre ce qu'il adviendrait de Pierre Marie, et je continuai ma route. Je vis près d'un petit ruisseau quelques centaines de paysans qui se battaient avec une sorte de fureur en criant *torreben*[1] : ils se disputaient une petite banderole que les deux partis, tour à tour vaincus et vainqueurs, allaient planter alternativement sur l'une et l'autre rive du ruisseau. Étonné d'un combat aussi meurtrier, j'interrogeai un vilain qui

---

[1] C'est le jurement des Bretons, qui l'emploient encore aujourd'hui comme du temps de César.

sortait de la mêlée avec les yeux enflés et la bouche sanglante. Il me répondit que le sujet en valait bien la peine, puisque cette année la fertilité resterait au côté du ruisseau où l'on parviendrait à retenir la banderole.

A mi-chemin de Lannion à Péros, je vis les champs encombrés de masses de granit, que toutes les forces humaines ne pourraient ébranler, et qui furent cependant lancées, on ne sait comment, sur un sol auquel elles sont étrangères. Ces masses, grosses comme de bonnes cathédrales, sont posées sur un gazon frais. Les unes gardent leur équilibre sur leur base étroite et mobile; les autres sont groupées ensemble, et présentent des configurations bizarres. Un nain, que les Bretons appellent *Cornandon*, habite volontiers ces monumens gigantesques. A certains jours de l'année, ce nain de bonne rencontre compte au soleil des pièces d'or luisant, dont le passant peut s'emparer, pourvu que le matin il ait entendu la messe, et qu'il soit muni d'un denier percé.

Je pris à Péros un bateau de pêcheur, et je me fis conduire aux Sept-Iles, à trois ou quatre lieues de la côte. Ces îles sont désertes, et l'absence de l'homme est pour les autres animaux l'assurance d'une paix qu'ils viennent y chercher. Le grand pingouin se montre quelquefois autour de ces îles : il n'a pas d'ailes suffisantes, mais il nage et plonge, et c'est ainsi qu'il vient en nos climats des extrémités du monde [1]. Voyageurs non moins hardis, les macareux ou perroquets de mer arrivent d'aussi loin pour déposer leurs œufs en ces doux asiles de verdure et de fleurs. Le macareu pond dans un terrier qu'il défend courageusement avec son bec fort et tranchant. Là les bernaches s'abattent en nuées immenses. Le bruit de leurs ailes ressemble au mugissement des vents orageux sur les flots ou dans les forêts d'automne. Elles sont en si grand nombre, qu'elles répandent une profonde obscurité sur les mers l'espace de plusieurs lieues. Les mouettes et les goélands sont aussi fort communs dans les Sept-Iles ; vivant loin de l'homme, ils ignorent la crainte ; et quand le hasard pousse vers eux

[1] Valmont de Bomare, *Dict. d'hist. naturelle*, t. x, v° *Penguin*, ou *Pingouin*, p. 234 et suiv.

le nautonnier, ils voltigent familièrement à sa portée.

D'autres enfans de la nature partagent avec ces volatiles expatriées la paisible possession des Sept-Iles. Dans quelques-unes sont des lapins qui, également exempts de peur, se laissent prendre à la main. Mais ils sont maigres et tout-à-fait soucieux, parce que les perroquets de mer usurpent leurs terriers pour s'épargner la peine d'en creuser eux-mêmes.

La mer, resserrée entre la côte et les Sept-Iles, est toujours houleuse et couverte de brume. Sur la pointe des rochers où ses lames se brisent, on voit le cormoran solitaire qui semble méditer au bruit des flots et des vents.

CHAPITRE XXIII.

De Peros je vins à Treguier. J'envoyai un messager à la dame de Pontrieu pour lui offrir mon salut, et lui dire qu'ayant à lui remettre une lettre close de son allié le seigneur de Lanhouarneau, j'irais lui demander, en passant, l'hospitalité. Une lieue avant d'arriver à son manoir, je rencontrai son fils à cheval, qui m'attendait pour me faire honneur avec deux écuyers et grand nombre de *varlets*. A cent pas au devant du château se tenaient très-gracieusement ses deux demoiselles, portant une aiguière d'eau parfumée et des serviettes pour me donner à laver. Elles étaient vêtues de drap noir, et parées de rubans violets. Plus loin, et sur les degrés du perron, était la dame de Pontrieu, qui me présenta l'eau bénite.

La dame de Pontrieu était veuve. Au décès de son mari, elle avait porté respectueusement à son fils aîné les clefs de la maison; et celui-ci, remplaçant le père et commandant à sa place, était le chef de la famille, qui avait pour lui une vénération profonde. Ses frères et sœurs ne s'asseyaient jamais avant lui, et sa mère elle-même lui demandait ses ordres; mais il lui répondait : « Agissez à votre guise, car toute sagesse est en vous, et jamais il ne peut m'arriver *méchef* par votre faute. »

C'était là une maison de grandes mœurs et austérités. On y regardait comme un luxe trop profane d'y vitrer les fenêtres, et de substituer des tuyaux de cheminée à la simplicité du chauffoir commun, exhalant librement sa fumée à travers l'ouverture des toits [1].

La dame de Pontrieu, après avoir fait le signe de la croix, nous pétrit elle-même un gâteau, quoiqu'elle eut là bien des gens qui n'eurent autre chose à faire qu'à battre les œufs, verser l'eau de fleur d'orange, et mettre le feu au four.

La maison était riche, mais sans luxe et sans vanité; on s'y conduisait comme au temps

---

[1] Paulmy, t. III, p. 133. — Beckmann, *Hist. of invent.*, t. I. — Hallam, *l'Europe au moyen âge*, t. IV, ch. IX, 2ᵉ partie.

des rois de Bretagne, alors que les saints du pays faisaient jaillir des fontaines d'eau douce en des cantons où l'on n'avait jamais bu que des eaux amères [1]. Au lieu de bancs pour s'asseoir à table, il n'y avait que des sellettes, dont on ne se servait plus depuis Foulques, comte d'Anjou, sinon dans les humbles monastères [2]. Au lieu des dressoirs de vaisselle d'or, ou pour le moins d'argent, ainsi qu'il convenait aux seigneurs de Pontrieu, il n'y avait sur le buffet que des coupes d'étain, et une outre de cuir pleine de vin de Touraine. On avait conservé le vieil usage de couvrir la table d'une litière de fleurs en guise de nappe, et d'en faire porter des couronnes aux convives durant le repas; et les autres usages de ne servir qu'un seul gobelet, qu'on passait à la ronde; de boire chaud, et de faire porter les santés au son de la vielle ou de la bombarde, quand on ne tenait pas assez grand état pour avoir des trompettes.

Après le dîner, les hommes, montés sur de

[1] Le P. Albert de Morlaix, *Hist. des saints de Bretagne.*
[2] Le Grand d'Aussy, *Vie privée des Français*, t. III, ch. IV, 8ᵉ section.

beaux palefrois, et les dames sur leurs haquenées ou en litières, allèrent ensemble à la Roche Derrien faire visite au connétable Bertrand Duguesclin, qui depuis quelques jours se trouvait à celui-là de ses châteaux avec sa femme Jeanne de Laval, fille unique du sire de Chatillon. A ce moment le bon connétable était sous un appentis, dans l'arrière-cour de son château, avec ses gens, qui dépeçaient un *verrat*, et faisaient les portions que Bertrand voulait envoyer par civilité à ses voisins. Je fus émerveillé de la simplicité de ce hardi capitaine, l'appui de la France et le libérateur de l'Espagne. Mais, s'il était modeste en sa personne, il y avait autour de lui encombrement d'une vaillante noblesse venue là par volontaire hommage et service gratuit. En la première salle des tapisseries de riches couleurs, faites non en fabrique et par l'art du foulon, mais bien sous les navettes et blanches mains des dames, représentaient au vrai l'origine de monseigneur Duguesclin, que les uns font descendre d'un roi maure [1], mais

---

[1] Voy. le *Triomphe des neuf Preux*, ou *Hist. de Bertrand Duguesclin, duc de Molines*; Abbeville, Gérard,

qui, bien certainement, provient de l'alliance des maisons de Dinan, d'Avaugour, de Laval, de Rohan et de Craon [1]. En la même salle, sur des vitraux peints, se voyait dans une grande ressemblance l'enchanteur Merlin, prophétisant à la naissance de Bertrand, et d'autres habiles nécromans expliquant pour le mieux le merveilleux songe de sa mère [2].

Dans cette salle des gardes étaient des cornes de cerf plantées en la muraille, et aux anneaux de ces ramures les pages et les écuyers suspendaient leurs écharpes à franges d'or, leurs dagues et leurs ceintures.

Le bon connétable, m'ayant reconnu, vint à moi, et m'embrassa avec courtoisie. Il se disposait à partir pour la Gascogne, où les Anglais, battus en Bretagne, se flattaient en vain de prendre leur revanche. Il me dit

---

1487. Paris, Le Noir, 1507, in-f°. — *Hist. des prouesses de Bertrand Duguesclin*; Lyon, 1429, in-4°. — Le *Livre des faits d'armes de Bertrand Duguesclin*, in-folio, goth.

[1] Le *Triomphe des neuf Preux*, ou *Hist. de Bertrand Duguesclin*, lieu cité.

[2] *Hist. de Bertrand Duguesclin*, publiée par Mesuard. — Villaret, *Hist. de France*, p. 41, 45 et 46.

qu'une guerre entreprise contre eux lui agréait bien plus que la guerre de Bretagne, attendu que la Bretagne était son pays, et que beaucoup de gens sages lui avaient reproché d'y être venu en ennemi : mais il ajouta qu'il ferait encore ce qu'il avait fait, si le cas échéait, parce que le service du roi l'emportait sur toutes ses autres affections. Il fit un éloge sincère de ce prince, tout en se plaignant d'être quelquefois desservi près de lui par des gens de loi, qu'il appelait dédaigneusement des *chaperons fourrés* [1], et par le sieur Bureau de La Rivière, ce favori perfide, qui obtenait plus de faveurs par son astucieuse adulation que n'en avaient jamais obtenu les chevaliers de *la table ronde* et les preux du camp de Godefroi de Bouillon.

A chaque instant arrivait chez lui, pour lui faire honneur, toute sorte de Français et d'*aubains* [2], de gentilshommes et de trouvères; et à tous il faisait fête, se dépouillant souvent plusieurs fois par jour de la robe dont il était

---

[1] *Hist. de Bertrand Duguesclin*, publiée par Mesnard.
[2] Vieux mot qui signifie *étrangers*.

vêtu, pour la donner à ceux qui lui apportaient bon message et plaisir [1]; et ceux-là, émerveillés de sa magnificence, vidaient autant de fois leur coupe en son honneur qu'il y avait de lettres dans son noble nom.

Il y avait bien là cent quarante à cent cinquante enfans, tous cadets de bonne maison; car la courtoisie ne permet pas au grand seigneur que les gentilshommes choisissent, pour y faire nourrir ceux de leur nom, en école de bonne vie et mœurs, de refuser cette marque de confiance [2]; plus il recevait de ces jeunes damoiseaux, et plus il se trouvait honoré; tel suzerain, renommé par sa bravoure et ses belles qualités, en a de pleins dortoirs; il les emploie à divers messages, voyages et ambassades; ceux qui restent en son logis le servent en qualité de pages et d'écuyers; car, selon la vie de nos anciens, *il convient que le jeune gentilhomme soit subject avant d'être seigneur: car autrement ne cognoistroit-*

---

[1] Muratori, *Dissertat.* XXIX, t. II, col. 831 et suiv. — Jehan Chartier, en ses *grandes Chroniques*, 4 février 1435.

[2] Froissart, l. I, p. 97.

il point la noblesse de sa seigneurie, quand il seroit grand et maître de ses actions. De même que celui qui veut apprendre à estre cousturier ou charpentier doit avoir un maître en ce métier; de même aussi celui qui veut être expert en fait de chevalerie et de bon commandement, doit premièrement avoir un maître qui soit courtois chevalier [1].

Ces jeunes apprentis de bravoure et d'honneur trouvent aisément l'occasion, soit dans le métier des armes, soit dans les services de paix, de se faire distinguer de leur patron, ainsi que des autres suzerains qui fréquentent sa cour. Ces protecteurs généreux leur prêtent l'appui de leur crédit pour les établir convenablement, et leur fortune dépend toujours de leur bonne conduite [2]. Ainsi, quelque nombreuse que soit sa famille, le gentilhomme n'était jamais inquiet de l'avenir de ses enfans. A l'aîné il laissait le meilleur de son bien, pour qu'il restât à jamais la providence,

---

[1] *L'Orden. de chevalerie*, f° 2, v°. — *Le Chevalier sans reproche*, par Bouchet, f° 106, v°.

[2] Montaigne, *Essais*, t. III, p. 175. — La Curne de Sainte-Palaye, 1re partie, p. 6 et 7.

hospitalière de son sang et de son nom. Quant aux puinés qui n'entrent pas dans les ordres, il les envoie frapper à la porte des plus nobles manoirs que désigne la renommée, et on les y reçoit comme les fils de la maison.

Tandis que j'étais à la Roche-Derrieu, moi et beaucoup d'autres convives, il arriva un messager de Henri Transtamare, roi de Castille, par la grâce de Dieu et l'épée de Duguesclin. Il apportait des lettres que Bertrand donna à lire à un sien secrétaire; car c'est un fait que cette âme forte et nourrie dans le feu n'avait souffert aucun maître pour l'endoctriner. Les lettres mandaient au connétable qu'en échange des possessions que Henri lui avait baillées en Castille, ce roi lui abandonnerait le comte de Pembroc, lequel étant pour lors prisonnier en Espagne, offrait pour sa rançon cent vingt mille florins, lesquels, en conséquence, revenaient à Duguesclin.

Le connétable, satisfait, fit remettre au messager un gobelet d'argent, avec soixante livres dedans. Tous ses gens étaient fort aises de voir que cette fois la fortune venait en si noble lieu. Leur maître, par suite des largesses de deux rois qu'il avait affermis sur leurs trônes ébranlés, avait un état de prince. Il possédait le comté de Longueville, le vicomté de Pontorson, les seigneuries de Saint-Sauveur-le-Comte, de Montreuil-le-Bonin, de Fontenay, de Montfort-Lamaury, de la Roche-Tesson, la forêt de Cinglas, la châtellenie de Tuit, et beaucoup d'autres biens : il recevait en outre, de sa charge de connétable, 24,000 liv. par an, c'est-à-dire le double de l'apanage d'un fils de France [1]. Enfin il avait touché, tant de sa part du butin enlevé à l'ennemi que de la rançon des prisonniers qu'il avait faits personnellement, et des présens dont il fut comblé en mainte occasion, plus de cent mille marcs d'argent [2] ; et pourtant, si riche qu'il était, il n'avait jamais rien en ses coffres, parce que ses trésors et ses revenus étaient, comme chacun sait, le patrimoine de ses compagnons d'armes. Sa libéralité eût épuisé les finances de Crésus ; et, lorsque le roi

---

[1] En 1374 l'apanage de Louis, second fils du roi, fut fixé à 12,000 liv.

[2] La valeur du marc était alors de cent sols tournois : elle est aujourd'hui de cinquante francs.

Charles V, mal conseillé par les gens de robe et autres mangeurs de chrétiens, retenait par-devers lui tous les deniers des gabelles et autres impôts, lui, pour nourrir son armée, vendait sa vaisselle, et sa femme vendait ses bijoux. Quand il faisait de si grandes dépenses pour les autres, il était simple en sa personne; il portait une jaquette noire ou grise, sans or ni broderie, et mangeait de préférence des soupes au vin et de la chair de sanglier.

Il avait conservé, quoiqu'elle fût quasi toute vermoulue, la table de ses père et mère; cette table, où sa mère injustement fâchée d'avoir mis au monde un enfant aussi laid qu'il était, ne voulait pas qu'il prît place au-dessus de ses frères, bien qu'il fût leur aîné; mais Bertrand, qui pour lors avait six ans, menaça ses frères de renverser la table et tout ce qu'il y avait dessus, s'ils prétendaient l'empêcher de prendre le rang qui lui appartenait; et messire Olivier Duguesclin, frère de Bertrand, racontait souvent avec respect cette aventure, comme un signe du grand caractère de celui qu'il révérait comme l'aîné de sa famille et le sauveur de sa patrie.

Il y avait alors au château de la Roche-Derrien Jean d'Estouteville, qui depuis fut capitaine de Vernon-sur-Seine. Tout jeune qu'il était, il avait fait la guerre en Normandie et en Bretagne, sous les ordres de Duguesclin. Émerveillé des hauts faits de ce vaillant capitaine, il avait résolu de les célébrer. Deux autres rimeurs, l'un nommé Cuneliers, et l'autre Trueller, étaient là avec un semblable dessein, et pour voir par eux-mêmes celui dont, à son insu, ils voulaient chanter la gloire [1].

Après dîner le connétable manda un de ses secrétaires pour écrire au duc d'Anjou et au roi de Castille. Il laissa donc sa compagnie au frais, sous les érables, plantés naturellement dans les haies de ses jardins. Quelques-

---

[1] D'Estouteville fit faire une traduction de l'ouvrage que Trueller composa en vers, de 1381 à 1386, sous le titre *du Roumant de Bertrand du Glaicquain, jadis chevalier et connétable de France*. La traduction en prose, faite par ordre d'Estouteville, parut en 1387 : elle a été publiée en 1618, par Claude Mesnard. Paris, in-8º.

Quant à Cuneliers, son manuscrit, composé de dix-huit mille quatre cents vers, parut à la fin du xive siècle. L'auteur mourut en 1389.

uns jouèrent aux échecs au pied du perron; d'autres, assis sur l'herbe, parlaient des prouesses du maître de la maison. J'étais de ceux-là avec Jean d'Estouteville, et les deux rimeurs Cuneliers et Trueller. Ces trois derniers, trouvant l'occasion favorable, interrogèrent Jean Bigot, l'un des écuyers de Bertrand, qui l'avait suivi en Espagne, afin de connaître en détail les merveilleuses aventures que ce héros y mit à fin. Mais Jean Bigot dit modestement qu'il avait été trop peu de chose en cette guerre pour oser en entreprendre le récit, surtout en présence du brave chevalier breton Carenlouët, lequel y fit merveille, et pourfendit en deux Jean de Mayeul, favori de Pierre-le-Cruel [1].

D'Estouteville et les deux rimeurs prièrent donc Carenlouët de leur dire quelque chose de ces batailles étranges, où la fortune eut des caprices divers, mais où la gloire n'en eut pas et resta fidèle à notre Duguesclin. Certes, dit le Breton, je ferai volontiers ce que vous

---

[1] Ce fut à cette occasion que Le Bègue de Vilaines dit à Carenlouët : *Bénoite soit la mère qui te porta.*

désirez; mais, par saint Yves, écoutez rapidement, car il nous faut profiter du moment où le connétable ne peut nous entendre; celui-là ne veut point ouïr parler des victoires passées, mais seulement des victoires à venir. Il a d'ailleurs mauvaise idée de toute écriture, et presque tous les livres lui semblent de brillans mensonges : il vous enverrait donc promener avec vos écritures, et laisserait aux peuples à perpétuer de siècle en siècle le souvenir de ses hauts faits.

CHAPITRE XXIV.

Carenlouet continua en ces mots : « Vous saurez donc, braves gens ici réunis pour le plus grand honneur de monseigneur Duguesclin, qu'après les démêlés de Montfort et de Charles de Blois, il y eut des trèves au déplaisir de beaucoup d'aventuriers et de soldats qui, après avoir goûté la guerre, ne voulaient plus rien faire. Fatigués de leur oisiveté, ils se mirent à courir la campagne, prenant les châteaux pour les revendre, et rançonnant la noblesse de France. Il y avait entre eux des hommes d'une grande résolution ; tels étaient Matthieu de Gournay, Arnaud de Cervolle, dit l'archi-prêtre, Perducas d'Albret, le chevalier Verd, frère du comte d'Auxerre, le Bègue de Vilaines, le seigneur de Presle, Jean d'Évreux ; et, s'il faut vous le dire en toute vérité, j'y étais moi-même : car, ne pouvant plus dormir sur la plume, il me fallut le régime des camps et le bruit des trompettes. Beaucoup de Flamands, d'Anglais et de Brabançons, vinrent se réunir à nous ». — « Or çà, dirent-ils, après avoir fait la guerre pour les autres, n'est-il pas juste que nous la fassions pour notre propre compte, et que nous voyions un peu quelle chair on fait rôtir dans les cuisines flamboyantes de tous ces beaux châteaux. Cela fut trouvé raisonnable, et Robert Lescot ajouta que, si Dieu s'était fait gendarme, il eût été pillard tout comme un autre ; mais ce propos fut blâmé par notre aumônier [1]. Après nous être formé en grandes compagnies, nous commençâmes nos courses, et le denier du soldat fut levé hardiment sur la Champagne, le Barrois et la Lorraine. Chacun criait *merci*. Les pucelles chantaient des cantiques latins pour que la glorieuse mère de Dieu les préservât de notre rencontre [2]. Le pape nous lançait coup sur coup des excommunications, nous faisait notre procès par contumace, et défendait qu'on nous mît en sépulture [3]. Les gens du peuple nous mau-

---

[1] Villaret, *Hist. de France*, t. x, p. 15.

[2] Œuvres mss. de Guillaume de Machault, bibl. du roi, n° 7609.

[3] *Trésor des Chartes*, p. 239 et suiv.

dissaient, et nous donnaient les vilains noms de *malandrins* et *cottereaux*. Les suzerains nous eussent fait la guerre de grand cœur, si ce n'eût été l'amer souvenir de la bataille de Brignais, près de Lyon, où de braves aventuriers, tels que nous étions, firent mordre la poussière à Jacques de Bourbon, au comte d'Usez et à plus de cent de leurs chevaliers [1].

« Pour ne pas mentir, cette vie licencieuse et païenne commençait à nous peser ; car, au fond, nous n'étions pas mauvaises gens. Nous aurions volontiers laissé redresser nos courages dans la voie d'une guerre loyale ; nous prêtâmes un moment l'oreille aux propositions du roi de Hongrie, qui désirait nous lâcher contre les Valaques et les Tartares, encore plus diables que nous ; mais Robert Briquet nous dit qu'il connaissait le pays où il y avait de tels détroits, que, si une fois nous y étions engagés, on nous y ferait tous mourir de mort traîtresse [2]. Le roi de Chypre désirait aussi nous avoir pour nous mener en

---

[1] L'abbé de Choisy, *Histoire de Charles V*, l. 1, p. 86.
[2] Froissart, *Chron.*, an 1365.

Terre-sainte contre les Sarrasins ; mais nous appréhendions que ses nochers nous fissent, par une belle nuit, chavirer au fond de la mer, et nous étions de si redoutables garnemens, que c'était à qui se déferait de nous, et que, haïs de tout le monde, nous avions tout le monde à craindre.

« Henri Transtamare disputait à son frère Pierre la couronne de Castille; Pierre disait qu'Henri, étant bâtard, ne devait pas en hériter; et de son côté, Henri disait pour ses raisons que Pierre était le plus cruel et le plus avare de tous les hommes ; qu'il avait arraché plus de cent cinquante millions à ses sujets par une sanglante tyrannie [1]; qu'il avait fait périr la fleur de sa noblesse, et fait assassiner Blanche de Bourbon, sa belle et vertueuse épouse, sœur de la reine de France. Son sang criait vengeance, et le roi de France l'avait entendu. Il promit donc secours à Henri, qui pour le moment n'était pas le plus fort, et il imagina fort sagement d'envoyer nos compa-

---

[1] *Mariana, Ferreras*, et tous les historiens d'Espagne, parlent de cette forte somme, qui pour le temps est presque fabuleuse.

gnies en Espagne, sous la conduite de Duguesclin, dont le nom seul nous inspirait pleine confiance.

« Ce vaillant Breton était pour lors à Niort, où Jean Chandos l'avait mené comme son prisonnier après la bataille d'Aurai. Il devait encore sur sa rançon trente mille francs; le roi Charles V les paya, et Duguesclin, mandé en sa cour, s'obligea, par acte authentique, d'emmener hâtivement, sans séjour et sans exaction, les compagnies hors de France.

« Nous étions pour le moment campés dans les environs de Châlons-sur-Saône, au nombre de trente mille combattans sans peur, mais, hélas! non pas sans reproche. Je reconnus le premier le héraut d'armes de Bertrand à sa casaque armoriée d'un aigle : « Voici, criai-je à mes compagnons, des nouvelles de la grosse tête ronde ; et tous accoururent pour savoir de quoi il s'agissait. » Le héraut d'armes demandait un sauf-conduit pour son maître, qui voulait, disait-il, venir goûter des vins que nous buvions si bien sans avoir vendangé. « Qu'il vienne, qu'il vienne, nous écriâmes-nous avec joie, et faites-lui nos sincères complimens. » Bientôt il arriva : la table était mise, et tous les chefs des compagnies s'y étant assis avec lui, il commença à nous sermoner le mieux qu'il put [1].

« Or çà, nous dit-il, nous avons assez fait tout ce qu'il fallait, vous et moi, mais vous, bien plus encore que moi, pour nous damner corps et âmes ; laissons le démon, et revenons à Dieu, car il faut toujours finir par-là. Je sais bien que la guerre est pour vous un métier, et que vous vivez de votre sang ; mais, par saint Yves, il y a guerre et guerre ; la bonne est là où se trouve la gloire, et non pas là où sont les malédictions des pauvres gens. Que me donnerez-vous, pillards que vous êtes, si je vous mène en un pays où vous aurez à la fois, gloire, profit, et par-dessus le marché de bons coups de lance et d'épée à échanger tant qu'on voudra ? Mais avant tout versez-moi à boire, quoique vous ne méritiez guère, bandits et malandrins, qu'on boive à votre santé... A ta santé, Aymon d'Ortige,

---

[1] *Anciens Mém. sur Duguesclin*, publiés par Lefebvre, dans la *Collection des Mémoires relatifs à l'hist. de France*, t. IV, p. 324 et 325.

qui combattis si joliment pour ta dame au tournoi de Rennes;... à ta santé, *archiprêtre* maudit : combien t'ont valu tes méfaits et pilleries en Alsace, où tu aurais fait plus grosse fortune, si l'empereur Charles IV t'eût laissé faire en paix la guerre?... à ta santé, Perrot de Savoie, que le ciel eût dû confondre quand tu volas les monastères du Dauphiné;... à votre santé, vaillans hommes d'armes de tous pays, à qui Dieu donna la valeur pour en faire un meilleur usage dès que vous en trouverez l'occasion; eh bien, votre frère d'armes vous la fournit aujourd'hui, et qui m'aime me suivra sans plus tarder. » A ces mots, le brave Hugues de Caurelée se jeta au cou de Bertrand, et après l'avoir embrassé par trois fois, il lui dit qu'il le suivrait en tout lieu, pourvu que ce ne fût pas contre le prince de Galles, son seigneur. — Moi, de même, s'écria Jean d'Évreux, pourvu que je ne porte pas les armes contre le roi de Navarre, mon seigneur. — Moi, de même, dit le chevalier Verd, pourvu que nous laissions en paix le duc de Bourgogne, mon seigneur. — Moi, de même, dis-je à mon tour, pourvu que nous tournions les talons au duc de Bretagne, mon seigneur et maître.

« Bertrand, ayant fait apporter encore à boire, remplit nos coupes de sa propre main, et ajouta : — « Je savais, vaillans guerriers, qu'il était facile de vous ramener au chemin de l'honneur; aucun de vous ne combattra contre sa foi jurée, contre ses devoirs ou ses amours. Nous irons en Espagne, où Pierre-le-Cruel, couvert du sang de sa femme, Blanche de Bourbon, s'est jeté dans les bras des Juifs et des Sarrasins. Purgeons le trône de Castille d'un prince renégat et meurtrier; Henri, couronné à sa place, sera notre ami et notre trésorier. — *Ainsi soit-il*, s'écrièrent tous nos compagnons. — De plus, continua Bertrand, le roi de France va déferrer ses coffres pour fournir à vos besoins ; et, si le pape Urbain n'est plus fâché contre nous, il nous donnera bien aussi quelques sommes à notre passage par Avignon. »

« Ainsi devait se vérifier cette parole de l'enchanteur Merlin : « qu'un aigle de la petite Bretagne prendrait son vol par la France et au delà des Pyrénées, et qu'un nombre presque infini d'étourneaux l'accompagneraient [1]. »

« De ce moment nous portâmes des croix blanches sur l'épaule gauche, et on nous appela les blanches compagnies. Vingt-cinq d'entre nous se rendirent à Paris, afin de plier un genou devant le redouté et puissant seigneur Charles V. Pour nous mettre à couvert des ressentimens du peuple dont nous fûmes trop long-temps l'effroi, on nous logea dans le palais du Temple qui est fortifié. Le roi nous reçut gracieusement à l'hôtel Saint-Paul, et nous ayant pardonné le passé, nous exhorta à nous conduire en gens de cœur contre les Sarrasins d'Espagne; puis en forme de péroraison de ce royal discours, il nous fit compter deux cent mille francs pour nos équipages.

« De son côté Bertrand avait vendu ses meubles pour avoir des soldats, et il vint avec bon nombre de chevaliers bretons, auxquels se joignirent une foule de seigneurs

---

[1] *Notice sur les Mémoires de Duguesclin*, Collection des Mémoires relatifs à l'hist. de France, t. IV, p. 17.

renommés, tels que le sire Jean de Bourbon, comte de la Marche, le sire de Beaujeu, le sire d'Albret, le maréchal d'Andreghen, les sires de Mauny et d'Auberticourt.

« Selon sa promesse, Duguesclin nous conduisit par Avignon; le pape Urbain, nous croyant fort irrités de ses procédures contre nous, eut grand'peur de notre arrivée, et envoya un cardinal à notre rencontre pour nous prier poliment de changer de route, sous peine d'excommunication. — Vous voyez, lui dit Duguesclin, trente mille braves gens croisés contre les infidèles d'Espagne, cela mérite considération. Ils viennent demander humblement au saint-père, l'absolution de leurs péchés, et une petite aumône de deux cent mille francs. — Quant à l'absolution, repartit le cardinal, vous pouvez y compter, mais quant à l'argent je n'en réponds pas[1]. Écoutez, répondit Duguesclin, en tirant le cardinal par sa manche d'écarlate, ces gens que vous voyez ne sont pas encore bien fermes dans la bonne voie : cela viendra, je

---

[1] *Hist. de Duguesclin*, publiée par Mesnard, p. 176.

l'espère, avec la miséricorde de Dieu; mais soyez assuré que pour l'instant la plupart songent moins à l'absolution qu'à l'argent; dites donc au saint-père que je ne puis les emmener d'ici que quand ils auront touché la somme en question.

« Le pape, instruit de ce débat, en fut irrité. «Quels étranges pèlerins sont ces gens-là! dit-il; tandis que les autres viennent humblement nous faire des dons pour être absous, il faut aujourd'hui que nous payions ceux-ci pour les absoudre. En vérité, cette gent maudite se donne grand'peine pour aller en enfer [1], et le diable pourrait bien les prendre à meilleur marché ». Le saint-père, ne voulant pas donner du sien, fit assembler les notables d'Avignon pour les engager à faire cotiser chaque habitant, et de cette manière il eut de l'argent, qu'il envoya à Bertrand Duguesclin; mais ce Breton jura qu'il n'en toucherait pas un sol, parce que c'était le pur sang du peuple, et qu'il fallait que le pape fouillât dans ses coffres. Le saint-père tira donc de son

---

[1] *Hist. de Duguesclin*, publiée par Mesnard, p. 176.

propre fonds environ cent mille francs, dont voulut bien à la fin se contenter Bertrand, auquel le secrétaire du pape remit en outre une bulle d'absolution pour toute l'armée.

« Ainsi déchargés de nos péchés, et munis d'argent, nous prîmes le chemin de l'Aragon. Il était temps; le pauvre roi Henri, pressé par son impitoyable frère, était réduit aux abois dans le dernier château qui lui restât. »

CHAPITRE XXV.

« Dès que nous eûmes le pied en Espagne, chaque pas fut une victoire. Grâce à nous, Henri de Transtamare soumit les villes de Calahorre, de Burgos, et toute la Castille. Pierre-le-Cruel, en apprenant que Duguesclin était en Espagne, s'était roulé dans la poussière en s'écriant : « Voilà donc le moment où va s'accomplir la prophétie selon laquelle ma couronne doit être enlevée par un aigle venu de la petite Bretagne[1] ! » Saisi de terreur, il passe de Castille en Andalousie, et d'Andalousie en Galice. Nous le suivîmes sans relâche, et de si près, qu'ici nous trouvions ses trésors, qu'il n'avait pas eu le temps de faire enlever, et plus loin des repas tout servis, dont il n'avait pu goûter. Tout allait selon nos souhaits, Henri se fit couronner, et il nous abandonna tant d'or et d'argent, que c'était merveille ; mais aussi, nous battions-

---

[1] *Anc. Mém. sur Duguesclin, Collection des Mém. relatifs à l'hist. de France*, t. IV, p. 334.

nous de bon cœur et sans regarder à notre sang.

« Henri manda sa femme à Burgos pour la faire couronner : elle fit son entrée avec beaucoup d'appareil. Nous fûmes au-devant d'elle; et quand elle sut que Duguesclin était là, elle descendit de voiture et l'embrassa. Bertrand voulut qu'elle remontât; mais elle répondit que c'était bien le moins qu'elle suivît à pied ceux qui l'avaient faite grande reine de pauvre reine qu'elle était, et durant cet entretien les trois sœurs de Henri, qui étaient jeunes, brunes et vives, parlaient du héros breton. L'une disait : « Il est très-laid, ce me semble; mais bonté vaut mieux que beauté : à quoi servit à Pâris de Troie d'être le plus beau des hommes ? » L'autre reprit : « Voyez, mes sœurs, comme ses poings sont taillés pour tenir ferme une épée, et c'est justice qu'il soit si fort, puisqu'il endure de si glorieux travaux. » Et la troisième ajouta : « Dieu le veuille sauver ! car c'est le plus fier batailleur qui soit en deçà et par delà la mer. »

« Cependant Pierre-le-Cruel s'était sauvé dans la Guienne, et implorait les secours d'Édouard, prince de Galles. Ce prince, qui avait raison d'aimer la guerre, car il y était heureux, et qui prenait ombrage de voir la Castille passer à un allié de la France, résolut de rétablir sur le trône l'assassin de Blanche de Bourbon. Tous ceux de nos compagnies qui étaient sujets de l'Angleterre vinrent embrasser Duguesclin en lui disant : « Cher sire, il nous convient de partir, car notre seigneur nous rappelle, et rien qu'un tel devoir pouvait nous séparer ; mais par saint Georges, en qui nous croyons, nous serons toujours amis, même en nous combattant.

« L'Anglais Hue de Carvalai, qui était le frère d'armes de Duguesclin, l'embrassa comme les autres, et de plus, lui dit : « *Gentil sire, nous avons vécu ensemble par bonne compagnie, comme il appartient à des prudhommes ; j'ai eu toujours du vôtre à ma volonté, et j'ai pris sur l'escarcelle commune, où nous mettions à nous deux les fruits de la guerre et les présens des rois. Jamais nous n'avons songé au partage ; mais comme je crois être de beaucoup votre redevable, voici le moment de compter ensemble, afin que je vous paie ce que je vous dois.* » Ce à quoi Bertrand répondit : « *Ceci n'est qu'un pur sermon ; je ne pense guère à ce compte, et ne sais si vous me devez ou si je vous dois : restons quittes et bons amis, puisque vient la départie, qui me semble piteuse et amère. Toutefois il est raisonnable que vous suiviez votre maître, ainsi doit agir tout bon prudhomme. La loyauté fit notre amour, et il reste loyal jusqu'à cette heure et par-delà ; car il vaut mieux être ennemis vertueux qu'amis sans honneur*[1]. » Et après cette entrevue, les Anglais furent ensuite faire galamment leurs adieux à Henri, qui, dissimulant son chagrin, les remercia le mieux qu'il put de leurs bons services, et voulut les en récompenser par de beaux présens; mais ces aventuriers autrefois si avides, n'eurent, en cette occurrence, aucune envie de richesses, et ce n'était pas en effet le moment d'en

---

[1] *Voy.* mille traits semblables, *Hist. de Bertr. Duguesclin*, ch. XXIV, p. 248 et 306. — *Hist. de Boucicaut*, publiée par Godefroi, p. 51. — *Hist. de Charles VI*, l. XXII, ch. X. — La Curne de Sainte-Palaye, *Mém. sur l'anc. chevalerie*, t. 1, 3ᵉ partie. — Nicot, *Diction.*, au mot *Compagnon*, p. 134.

recevoir; ils répondirent donc que le souvenir de lui avoir été agréables était leur plus douce récompense.

« Ils rejoignirent le prince de Galles, qui entrait en Espagne par la vallée de Roncevaux, avec une armée d'élite, où se trouvaient le duc de Lancastre, Jean Chandos, le captal de Buch et la fleur de la chevalerie anglaise. Édouard reçut un héraut d'armes de Henri Transtamare, qui lui mandait : « Vous avez la grâce et la fortune des armes plus qu'aucun autre prince, dites-moi donc de quel côté vous passerez, afin que je ne vous fasse point attendre la bataille que vous venez chercher. » Les deux armées se rencontrèrent à Navarette. Henri voulut combattre malgré l'avis de Duguesclin; et certes, pour que celui-ci appréhendât la journée, il fallait bien qu'il eût de bonnes raisons. Le prince de Galles, auquel les partisans de Pierre amenaient du renfort de tous côtés, demeura complétement vainqueur, malgré les prodiges de courage que firent Henri et Duguesclin. Les Espagnols, en voyant Pierre en face, s'étaient sauvés lâchement, craignant que, s'il était le plus fort, il ne les fit tous mourir. Henri, furieux de perdre en un seul jour toutes les terres qu'il avait gagnées, se jeta tout seul dans un gros de deux cents Anglais, frappant d'estoc et de taille, à droite, à gauche, et faisant tel carnage, qu'il perça de part en part l'escadron ennemi, et se trouva ainsi séparé de Bertrand. Nous autres, ses fidèles compagnons, nous restâmes avec lui les derniers sur le champ de bataille, où nous combattîmes un contre dix. En cet état désespéré, le maréchal d'Andreghen s'empara de l'étendard d'Angleterre, et le foula fièrement à ses pieds [1]. Bertrand déchargea sur la tête de Pierre un si furieux coup d'épée, que le tyran chancela, et ne fut sauvé qu'à grands efforts. Le prince de Galles, ému de tout ce qu'il nous voyait faire, ne se lassait pas de crier tant qu'il pouvait : « Remettez-vous entre nos mains, et nous aurons tous les égards que doivent attendre de braves gens tels que vous êtes. » Nous nous rendîmes à ce prince, qui nous remit au fameux captal de Buch. Celui-ci dit à Bertrand : « J'ai mon

---

[1] *Anc. Mém. de Duguesclin*, lieu cité, p. 421.

tour cette fois ; je fus votre prisonnier à la bataille de Cocherel, et vous voici le mien aujourd'hui. — Beau sire, reprit en riant Duguesclin, il y a bien quelque petite différence ; car à la journée de Cocherel je vous pris de ma propre main, et maintenant vous me tenez de celle du prince de Galles [1]. »

« Quand l'Anglais eut rétabli Pierre dans toutes les places de la Castille, ce roi félon se moqua de son libérateur, et le paya d'ingratitude et de mauvais procédés, si bien qu'Édouard ramena son armée à Bordeaux. Nous autres, prisonniers, nous chevauchions parmi les vainqueurs : le jour on nous laissait aller sur notre parole, et le soir nous allions coucher en prison.

« Un jour j'étais à l'église Notre-Dame pour entendre la messe de bon matin ; j'y vis plusieurs pèlerins portant l'écharpe au cou, et le bourdon à la main ; il me sembla les reconnaître pour des fuyards de Navarette, et je leur dis à voix basse : « Pèlerins vous venez d'un pays où nous avons eu bien du souci. »

[1] *Anc. Mém. de Duguesclin*, lieu cité, p. 422.

L'un d'eux me répondit : J'en eus ma bonne part; et comment se porte Bertrand? — Bien ; quoique sans espérance : ses compagnons seront bientôt rendus à la liberté; mais, quant à lui, l'Anglais a trop peur de déchaîner ce lion terrible. J'allais continuer, lorsque je reconnus dans le pèlerin qui m'interrogeait Henri de Transtamare [1].

« Il s'ouvrit à moi, et me dit qu'il fallait par or ou par argent gagner le geôlier de la prison pour qu'il parlât à Duguesclin. J'y réussis à force de stratagèmes, et les deux héros s'entretinrent long-temps de leurs affaires; mais tandis qu'ils étaient à table, le geôlier conçut des soupçons, et Henri se trouvait en grand danger, lorsque Bertrand, saisissant un bâton, étourdit ce geôlier en le frappant à la tête, lui ôta le trousseau de clefs, fit sortir le roi de Castille, et acheva tranquillement de souper avec moi [2].

« Le maréchal d'Andreghen et le Bègue de Vilaine furent mis à rançon et délivrés ; mais

[1] *Anc. Mém.*, lieu cité, p. 437.
[2] Mesnard, p. 288.

le pauvre Bertrand était toujours sous les verroux. Un jour que le prince de Galles tenait cour plénière, on parla de saint Louis, captif des Sarrasins ; et tout sarrasins qu'ils étaient, dit le sire d'Albret, ils consentirent à mettre le saint roi en liberté ; comment donc un chrétien, un chevalier, un noble prince tel qu'Édouard, retient-il Duguesclin dans les fers sans vouloir fixer le prix de sa rançon : on dirait qu'il a frayeur de son courage ? Ce discours, appuyé de tous les paladins, piqua le prince de Galles, qui, ne voulant point qu'on mît en doute sa générosité, leur ordonna d'aller chercher Duguesclin. Ce capitaine, pour se désennuyer, se faisait alors raconter par son valet comment la foudre du ciel tomba sur Daniot et Turquant, meurtriers de la reine Blanche de Bourbon [1].

« Bertrand fut amené par Hugues de Caurelée, le sénéchal de Bordeaux et le sire de Pommiers, en présence d'Édouard, qui se mit à rire en le voyant grossièrement vêtu de drap gris, mal peigné, et tel qu'un pauvre prison-

---

[1] *Anciens Mém.*, lieu cité, ch. xx, p. 388.

nier oublié. Il lui demanda comment il se portait ; à quoi le Breton répondit : « J'irai mieux quand il vous plaira : depuis longtemps je m'ennuie d'entendre les souris et les rats, le doux chant des oiseaux me réjouirait davantage [1]. — A cet instant même vous pouvez l'entendre en toute liberté, sans payer un seul florin, si vous jurez de ne porter jamais les armes ni contre l'Angleterre, ni en faveur de Henri. — J'aimerais mieux, répondit le vrai Breton, achever ma vie dans la captivité que de faire un tel serment », et il se mit à discourir sur la gentillesse du royaume des fleurs de lis ; et sur la bonne cause de Henri de Castille. Les chevaliers l'ayant approuvé, le prince de Galles lui dit : « Messire Bertrand, on prétend que je n'ose vous mettre en liberté, parce que j'ai peur de vous. — Il y en a qui le disent, et ils me font beaucoup d'honneur. — Ils se trompent, messire Bertrand, et vous pouvez fixer vous-même votre rançon. — Je la fixe à cent mille doubles d'or [2]. — Oh, oh ! voulez-vous donc vous

---

[1] *Anciens Mém.*, ch. XXVI, p. 449.
[2] Un double d'or valait un florin.

moquer de moi? et où pensez-vous trouver une si forte somme? Le roi de France ne l'a peut-être pas dans ses coffres. — Je m'adresserai au pape, au duc d'Anjou, à mes amis : les *fileresses* de mon pays feraient plutôt ma rançon avec leurs quenouilles que de me laisser prisonnier. — Partez donc pour chercher cette somme, que je réduis à soixante mille doubles d'or. — Sur lesquels, dit la princesse de Galles, qui pour lors était à Bordeaux, je paierai vingt mille francs, à condition que messire Bertrand viendra dîner aujourd'hui en notre compagnie. » Bertrand fléchit un genou devant cette noble princesse, et lui dit : « Je pensais être le plus laid chevalier du monde, mais je ne dois point me déplaire à moi-même, puisque j'ai le bonheur d'inspirer quelque intérêt aux dames [1]. »

« Duguesclin fut mis en liberté pour aller chercher le reste de la somme ; il me vit et me demanda combien il me fallait pour ma rançon. « Elle est fixée à deux cents francs, répondis-je. — Ce n'est guère ; et s'ils t'avaient

[1] *Hist. de Duguesclin*, par Duchastelet.

vu combattre devant Burgos, ils te feraient payer plus cher; tiens, voici deux cents francs, puis cinquante pour avoir un cheval, puis cinquante autres pour t'armer de pied en cap, puis encore cinquante pour payer les dettes que tu as pu faire en prison [1]. »

« Je suivis Bertrand, qui s'en vint droit en Bretagne prendre 100,000 francs qu'il avait laissés en dépôt; mais sa femme, aussi libérale qu'il était généreux, en avait disposé pour remettre en état des chevaliers bretons qui étaient retournés en Espagne avec le Bègue de Vilaine. Bertrand l'approuva, et alla demander la somme au pape et au duc d'Anjou, qui la lui comptèrent sur-le-champ.

« Il revenait à Bordeaux pour s'acquitter, lorsqu'il rencontra en son chemin dix chevaliers en piteux costume, et qui se plaignaient des mauvais traitemens qu'on leur avait fait éprouver dans la prison d'où ils étaient sortis, afin de chercher leur rançon, qu'ils craignaient bien de ne pas trouver. « Par saint Yves, leur dit Bertrand, vous la trou-

[1] *Histoire de Bertrand Duguesclin*, par Mesnard, p. 306.

verez plus tôt que vous ne pensez »; et aussitôt le généreux Breton ordonna à son chambellan de leur distribuer tout ce qu'il avait, de sorte qu'il arriva les mains vides à la cour d'Édouard.

« Eh bien, messire Bertrand, lui dit le prince, avons-nous l'escarcelle bien garnie? — Seigneur, je n'ai pas un double; j'ai donné le montant de ma rançon à de pauvres hères qui étaient grandement affligés. — Puisque vous faites si mal à propos le magnifique, il vous faut retourner en prison. » A peine Duguesclin était-il revenu sous les grilles, qu'il arriva un trésorier du roi de France, chargé de gros sacs pleins d'or et d'argent. Charles V apprenant qu'on avait fixé la rançon de Duguesclin, lui envoyait de quoi la payer largement. Édouard, tout émerveillé de voir tant de richesses, qui semblaient tomber des nues, demanda au trésorier d'où l'on avait tiré si promptement une telle somme. « Eût-elle été de dix millions, répondit le trésorier, que toute la France l'eût faite et parfaite, au seul nom de Duguesclin [1]. »

[1] *Anc. Mem.*, lieu cité, ch. xxxvii, p. 2.

« Bertrand, ainsi délivré, dit en reprenant sa bonne épée : «*De ce jour Henri est roi de Castille : en avant mes Bretons.*» Dès qu'on le sut libre, on vint à lui du fond de la Bretagne. Son frère Olivier, les deux Mauny et Guillaume de Launoy ne furent pas les derniers à se ranger sous son enseigne. Nous le suivîmes, au nombre de mille, en Espagne, et trouvâmes Henri de Transtamare qui se morfondait depuis long-temps avec le Bègue de Vilaine devant la place de Tolède. Il pleura de joie en revoyant Bertrand, dont il avait grand besoin ; car Pierre-le-Cruel avait signé un traité d'alliance avec le roi maure de Bennemarine, en Afrique, avec promesse de se faire musulman, ou juif si on l'aimait mieux, et sous cette condition il avait obtenu des infidèles un secours de dix mille hommes. Il marchait, avec cette armée grossie de juifs et de Castillans, pour faire lever le siége de Tolède : Duguesclin, ayant pénétré son projet, résolut de tomber sur ses derrières avec les Bretons, tandis que Henri l'attaquerait en face avec ses partisans espagnols. Tout réussit pour le mieux. En vain Pierre, gonflé de fureur, se laissa-t-il aller de toute la vitesse de son cheval à travers les bataillons ennemis, la lance au poing et le blasphème à la bouche; son courage forcené, tombant sur une foule obscure, ne fit chanceler aucun des nôtres. On dit que nous couchâmes sur la poussière les dix mille Sarrasins; mais nous ne les avons pas comptés[1], et nous poursuivîmes les juifs qui s'enfuyaient lâchement. Pierre, voyant cette déroute, se cacha dans des broussailles. La nuit il en sortit, ne sachant où porter ses pas tremblans. Au point du jour il rencontra deux de ses bons amis, Ferrand, comte de Castres, et le grand-maître de Saint-Jacques, avec quinze cents hommes d'armes. C'était à peine pour une de nos matinées, et cependant cette rencontre faillit m'être cuisante. Car, ne me doutant guère que les chevaliers de Saint-Jacques s'étaient mis en embuscade derrière un petit bois, j'avançais gaîment avec deux cents hommes, quand je me vis entouré de huit cents combattans, criant : *Mort au bâtard Henri de Transtamare.* Mais je m'écriai encore plus

---

[1] *Anc. Mém. sur Duguesclin*, dans la *Collection des Mém. relatifs à l'hist. de Fr.*, t. v, ch. xxxvii, p. 9.

fort qu'eux, *Mort à Pierre-le-Renégat*. Et pour débuter, je m'élançai si rudement contre le grand-maître, que le cheval et le cavalier furent renversés et tués sur la place [1]. Les miens tombèrent autour de moi; et, couverts de blessures, je me tapis sous la feuillée du bois, me couchant par terre dans mon sang, afin qu'on me crût mort et qu'on me laissât en repos. Quand le péril fut passé, je courus à toutes jambes vers Duguesclin, qui me dit que les armes étaient journalières, et qu'il allait prendre sa revanche. Il courut en effet du côté que j'indiquais, et bientôt il ne fut pas plus question des quinze cents soldats de Ferrand et du grand-maître que s'ils n'avaient jamais paru sous les bannières de Pierre-le-Cruel.

« Ce prince fugitif gagna le rivage, et comme il se jetait tout effaré sur un bâtiment qui faisait voile pour l'Afrique, le pilote lui dit : « Holà! mon bel ami, ne vous embarquez point avant de me dire votre nom; ne seriez-vous pas un des capitaines du méchant roi

---

[1] *Anc. Mém.*, lieu cité, p. 13.

Pierre[1]? A ces mots un juif s'approcha, et l'ayant reconnu, s'écria : « Vraiment, oui, c'est lui ; c'est ce traître, cet inhumain qui a ruiné tous ses pauvres sujets, voilà qu'il nous apporte son malheur, et qu'il faut nous attendre à de grosses tempêtes, s'il met le pied sur ce vaisseau : croyez-moi donc, compagnons, jetons à la mer cet être maudit de Dieu et des hommes. »

« Quatre matelots le saisirent par les bras et par les jambes, et lui donnèrent le branle pour le lancer au loin dans les flots, où les requins le voyaient déjà venir, lorsque Pierre demanda à dire quelque chose ; alors il se mit à deux genoux devant le pilote, lui promettant, ainsi qu'à tout l'équipage, de les combler de richesses, s'ils consentaient à l'épargner, et pour commencer il leur distribua ses diamans [2]. On le conduisit donc sain et sauf sur les côtes d'Afrique, et il alla tout droit à Samarane conter sa peine au roi de Bennemarine, auquel il renouvela l'engagement d'abjurer Jésus-Christ. Le roi maure le traita

[1] *Anc. Mém. de Duguesclin*, par Mesnard, p. 338.
[2] *Ibid.*

fort bien, lui donna une de ses filles en mariage, et fit équiper vingt mille hommes pour le reconduire dans ses états? Mais où étaient ses états? Duguesclin et Henri avaient tout conquis, et lorsque Pierre l'apostat revint en Espagne, Bertrand se mit à dire : « Nous sommes plus heureux que Godefroy de Bouillon, Tancrède, Richard Cœur-de-Lion, et tant d'autres preux qui furent obligés d'aller chercher les Sarrasins en Syrie; voilà que les mécréans veulent bien se donner la peine de venir jusqu'à notre porte, pour que nous en fassions ce que nous voudrons. J'en jure par le Dieu qui mourut en Croix et ressuscita le troisième jour, tous ces infidèles seront déconfits avant la fin du jour, et nos garçons s'en trouveront bien. »

« Le choc fut rude et la mêlée sanglante. Henri et Pierre se rencontrèrent deux fois, deux fois combattirent avec grande fureur, séparés par le flux et le reflux de ce carnage mouvant, comme une mer battue des vents et des tempêtes [1].

[1] *Anc. Mém. de Duguesclin*, lieu cité, p. 37. — Duchastelet, p. 166.

« Cette bataille, livrée dans les champs de Montiel, fut une de ces batailles qui décident sans appel du sort des couronnes [1]. Pierre, pressé dans sa fuite par le Bègue de Vilaine, rencontra le château de Montiel qui tenait pour lui, et s'y jeta avec quatre cents hommes, dernier débris de toutes les belles armées que sa mauvaise fortune avait successivement perdues. La place fut investie; elle manquait de vivres, et il fallait se rendre. Pierre résolut de s'en échapper la nuit avec ses serviteurs et ses trésors.

« Moradaz de Rouville et son écuyer Coppin, se promenant au frais sous les orangers en parlant de leurs maîtresses, entendirent quelque bruit à la brèche d'un mur; l'un d'eux courut avertir le Bègue de Vilaine, sous la bannière duquel ils servaient, et l'autre saisit au corps le guerrier qui passait la brèche, en lui disant : *Je ne sais qui vous êtes, mais vous ne m'échapperez pas.* Pierre voyant venir le Bègue avec des flambeaux,

[1] *Hist. d'Espagne*, t. v, p. 406. — Froissart, *Chron. anc.*, 1368. — Rymer, *Act. publ.*, t. III, part. 2, p. 148.

lui dit : « Gentil Bègue, je me rends à vous : aussi-bien mon jour est venu, et je crois qu'il me faudra bientôt mourir. — Sire, c'est à savoir, reprit le Bègue, et le vaillant roi, votre frère, aura pitié de vous [1]. — Tu vas voir qu'il n'en sera rien. » Il avait raison, dès que Henri l'aperçut, le rouge lui monta au visage, et tirant son épée, il semblait avoir tant de joie de le tuer, qu'il ne savait par quel côté commencer. « Un moment, lui dit le Bègue, il est mon prisonnier, et je ne le livre que si l'on me paie sa rançon. — Gentil Bègue, cela est trop juste, reprit Henri, je vous paierai ce que vous voudrez; mais dépêchons-nous, car il me tarde de l'avoir. » Le Bègue de Vilaine le lui laissa, et s'en fut. Alors Henri apostropha son frère. « Te voilà donc, juif, sarrasin, bourreau ? — Oui, me voilà, traître et déloyal bâtard; et, quoique dans tes fers, je te brave encore. » En vomissant ces grossières injures, ils se saisirent, luttèrent et tombèrent ensemble. Pierre, plus vigoureux, eut le dessus; et, arrachant le poi-

---

[1] *Hist. d'Espagne*, par Mesnard, p. 371.

gnard que Henri portait à sa ceinture, il allait l'immoler, lorsqu'un seigneur d'Aragon, le comte de Roquebertin, prenant la jambe de Transtamare, le remit sur Pierre. Henri profitant de cet avantage, désarma son adversaire, et le perça d'un coup de poignard. Ses gens l'achevèrent : sa tête fut portée à Montiel, pour que le gouverneur de cette place eût à faire ses réflexions, puis elle fut jetée dans le Guadalquivir.

« De cette sorte Henri demeura paisible possesseur du trône, il nous combla de biens et d'honneurs, et nous dit que c'était entre nous à la vie et à la mort : il tint parole, car jamais prince ne fut allié de la France plus généreux et plus sincère.

« Or çà, nous dit Bertrand, c'est assez combattre pour l'étranger. Allons voir du côté de la France si le roi notre seigneur a besoin de notre sang. » Nous vînmes à Paris, pour de là nous rendre en Bretagne ; mais ceux de la cour vinrent à Bertrand, en lui disant : « Vous ne passerez point par ici sans recevoir l'épée de connétable ; c'est le dessein du roi, qui pense à votre égard comme tout le royaume, dont vous êtes le plus ferme appui. » Paris était pour lors dans les angoisses, car la petite et la grande Bretagne avaient levé l'étendard contre la France ; la campagne était pleine d'Anglais, et en montant sur le clocher de Sainte-Geneviève, on les voyait aisément campés du côté de Saint-Cloud. Mais, quand on sut que Bertrand arrivait, on se mit aux fenêtres pour le voir entrer : le peuple allumait des feux de joie, et les dames criaient *Noel*, et les soldats criaient *Notre-Dame Duguesclin*.

« Le roi lui dit qu'il avait résolu de l'honorer de la plus éminente qualité du royaume. Mais Bertrand, pensant aux jaloux que lui ferait cette récompense, voulut une caution contre l'envie, et pria le roi de prendre l'avis de son conseil sur une affaire de cette importance [1]. Ce prince y consentit, et fit assembler des ducs, des comtes, des barons, des chevaliers, des magistrats, des notables, des bourgeois, des syndics de la communauté des marchands ; et, après avoir entendu la

---

[1] *Anciens Mémoires sur Duguesclin*, lieu cité, ch. XXXI, p. 70.

messe, il se rendit au milieu d'eux, requérant leur avis sur le choix qu'il désirait faire. Chacun ayant déclaré en son âme et conscience que le choix était bon, le roi fit venir Bertrand, et lui dit : « Duguesclin, prenez mon épée ; elle sera dans vos mains la terreur de mes ennemis. » Duguesclin voulut s'excuser sur son faible mérite et le peu d'éclat de sa naissance ; mais Charles ajouta : « Sachez, messire Bertrand, que je n'ai en tout mon royaume frère, cousin, neveu ou baron qui ne doive à l'avenir vous obéir; prenez donc joyeusement cet office [1]. — Eh bien, sire, je l'accepte, et ne remettrai dans le fourreau l'épée dont vous m'honorez qu'après avoir chassé les Anglais de la terre des lis. Mais pour Dieu, sire, pendant que je combattrai, ne croyez point aux rapports des envieux qui vous diraient du mal de moi, ou du moins attendez que j'aie fini avec vos ennemis pour venir confondre en votre présence les traîtres et les menteurs [2]. » Le roi

---

[1] Froissart, vol. 1, p. 404.
[2] *Anc. Mém. sur Duguesclin*, lieu cité, p. 71.

le lui promit, puis reçut son serment, et le baisa à la bouche, ensuite les hérauts d'armes crièrent à grande voix : *Vive Duguesclin, connétable de France* [1] ! »

[1] L'abbé de Choisy, *Hist. de Charles V*, l. III, p. 235.

CHAPITRE XXVI.

Le Breton Carenlouët ayant clos par ces paroles un récit qui, tout long qu'il fût, nous parut trop tôt fini, nous répétâmes comme d'inspiration ce cri solennel : *Vive Duguesclin, connétable de France !* En ce moment Duguesclin revenait à nous, et entendant ce bruit : « Qu'est cela? dit-il; le feu est-il donc au logis? ou les Anglais viennent-ils chasser en nos garennes ou boire en nos celliers ? — Nous écoutions, lui dis-je, le récit des guerres de la compagnie blanche en Espagne, et si vous n'étiez point venu sitôt, nous passions à vos guerres contre les Anglais. — Que vous servirait, dit-il, de les entendre conter, me répondit-il, vous qui les avez faites si loyalement? Je vous vis au siége de La Rochelle, de Dinan, de Brest, et partout où il y avait péril et gloire. — Je venais prendre de vos leçons, et mon plus grand honneur est d'avoir servi de mon mieux à l'ombre de vos étendards ; mais j'y serais resté toute ma vie, que je n'eusse été qu'un pauvre écolier. — Eh bien, messire Tristan, voyons si ce soir vous serez maître ? » A ces mots il fit apporter les échecs, et nous fîmes une partie que je lui gagnai ; mais peut-être le voulut-il bien.

Et après la partie il parut à la brune un grand homme blême, portant bonnet carré et vaste houppelande à galons noirs, serrée par une ceinture de parchemin vierge, où les douze signes du zodiaque étaient peints en cramoisi. « Quel est, demandai-je, ce grave personnage ? est-ce votre sénéchal ? ou serait-ce quelque docteur ès universités ? — Dieu me préserve, repartit Bertrand, de recevoir des docteurs en mon manoir ! ils s'ennuieraient avec moi, qui ne sais pas seulement écrire, et moi avec eux, qui le savent par trop. Celui-là est l'astrologue que monseigneur Charles V me donna le jour où il me remit l'épée de connétable, afin qu'il pût m'avertir des bons et des mauvais jours[1]. C'est un habile homme,

[1] *Notice sur la vie et les ouvrages de Christine de Pisan, dans la collection des Mém. relatifs à l'histoire de France*, t. v, p. 209.

qui lit dans les astres comme dans un livre;
mais quand je vais à l'armée je le laisse volontiers au logis, me souvenant que dom Pierre
se plaignait d'avoir dépensé plus de cinq
cent mille roubles d'or avec ses astrologues,
qui, pour une vérité, lui avaient débité vingt
bourdes. D'ailleurs j'aurais peur que celui-ci
ne me dît la veille d'une bataille qu'il y a
malheur à combattre, et que par cette vilaine
parole il ne refroidît mes gens. » Puis l'appelant, il lui dit : « Maître Philippe de Padoue,
je pars la semaine prochaine pour la Gascogne,
aurai-je dans mon voyage de la pluie ou du
beau temps? Monseigneur, repartit gravement l'astrologue, il est écrit au livre des jugemens que, si la lune parvient au degré ascendant à l'heure de sa conjonction avec le
soleil, et si à cette heure il pleut, il pleuvra
une bonne partie de la saison.— Et moi, dit
étourdiment un jeune page qui tenait deux
levrettes blanches en laisse, je crois qu'il fera
beau tout ce mois; car les montagnes voisines
semblent reculer à l'horizon, et la lentille d'eau
surnage dans les fossés, qui en sont tout verts
depuis le matin. »

Le lendemain le bon connétable vint me conduire à cheval avec un grand nombre de gentilshommes et de gentillesfemmes de sa compagnie. Chemin faisant, ils chassaient. S'échappant de leurs poings, couverts de gants brodés en or et en perles, les émérillons et les tiercelets attaquaient dans les airs les allouettes et les perdrix; les faucons arrêtaient dans son vol élevé le héron, dont les écuyers d'honneur venaient offrir les pates et l'aigrette à madame Jeanne de Laval.

Je me séparai de Duguesclin à Pedernec. C'est sur cette montagne que s'assemblèrent, au VIe siècle, les évêques de Bretagne, pour chanter les litanies de la malédiction contre Conobre, qui, par des cruautés inouïes, était devenu l'effroi du comté de Vannes.

J'arrivai à Guingamp : j'entendis une partie de la nuit beaucoup de bruit sous mes croisées; j'en demandai la cause : on m'apprit que depuis un temps immémorial le marché au fil se tenait hiver comme été, depuis minuit jusqu'à deux heures du matin, et toujours en plein air. Cette coutume remontait aux Gaulois, qui tenaient leurs assemblées la nuit, par déférence pour la nouvelle lune[1].

Je rencontrai à Guingamp une bonne dame, nommée Guillemette de la Rochelle, que le roi avait fait venir à Paris à cause de sa réputation de sainteté et de ses œuvres miraculeuses : c'était une femme solitaire. Des gens dignes de foi assuraient qu'en grande contemplation on l'avait vue soulevée de terre en l'air plus de deux bons pieds[2]. Le roi se recommanda à ses prières, la mit en la garde de son maître-d'hôtel, dont la femme était elle-même humble et dévote personne; il lui fit faire un bel oratoire et de beaux confessionnaux neufs, en plusieurs églises, notamment à Saint-Merry. Cette béate fut visitée par le sire de La Rivière, parce que son épouse ne pouvait avoir d'enfans qui vinssent heureusement à terme, et elle lui dit : « Quand votre femme sera en-

---

[1] Cæs., *de Bell. gall.*, l. II, ch. XVIII. — Tacit., *de Morib. Germ.*, ch. XI, et *Annals.*, l. I, ch. I. et LXV. — Strab., l. III et l. X. — Petr. Lescalop., *Theol. veter. Gall.*, ch. VII.

[2] Christ. de Pisan, livre des faits et bonnes mœurs de Charles V, 3ᵉ partie, ch. XXIII, dans le *Recueil des Mém. sur l'hist. de Fr.*, t. VI, p. 47.

ceinte, avertissez-moi »; et le seigneur de La Rivière étant revenu le lendemain lui dire qu'il pouvait bien à cette heure en être quelque chose, Guillemette de la Rochelle se mit en oraison, et au neuvième mois celle qu'elle avait recommandée à Dieu accoucha d'un bel enfant, qui vécut et vit encore[1]. Le roi et tous ceux de sa cour ne doutèrent pas que ce ne fût par l'impétration de la béate, qui reçut beaucoup de présens à son départ.

Elle était depuis un mois en route, car elle s'arrêtait là où la surprenaient les fêtes et dimanches et les jours de jeûne, restant, fût-ce dans la cabane d'un chevrier, plutôt que de troubler par les soins du voyage le recueillement de ces jours consacrés à la prière. Tous ceux qui avaient nouvelle de son passage venaient de loin la supplier d'avoir égard à leurs maux ou à leur mauvaise fortune; ils lui demandaient une oraison, les uns pour guérir de leurs infirmités, les autres pour obtenir le retour d'un absent, ceux-ci pour retrouver

---

[1] Christine de Pisan, lieu cité.

des effets perdus, ceux-là pour avoir bonne vendange.

Je l'avais vue souvent aux processions de la Rochelle, et mainte fois au manoir de mes pères, où l'on prisait ses dévotes paroles. J'avais même souvenance qu'un jour où l'on fêtait la Saint-Jean, elle vint nous apprendre qu'Humbert, dauphin viennois, était entré dans un couvent par le bon conseil d'un chartreux, et que le pape Clément, qui était pour lors à Lyon, l'avait fait sous-diacre à la messe de minuit, diacre à celle du point du jour, et prêtre à la dernière [1].

La bonne femme me revit donc avec plaisir, et me donna un rosaire de pierres bleues avec un reliquaire. Elle devait passer à Thouars, et s'y arrêter quelques jours. J'eus d'abord la pensée de la charger d'une lettre pour ma dame, et j'écrivis de mon mieux celle dont voici la copie :

« C'est donc à dire, ma chère dame et bonne
« amie, qu'on me fait courir le monde alors
« qu'il me serait si délectable de demeurer

---

[1] Le P. Racine, *Hist. ecclés.*, t. vi, p. 426 et 427.

« en place, et qu'on m'envoie étudier mille et
« mille choses quand mon bonheur est de
« n'en connaître qu'une seule qui vaut tout
« le reste, et bien plus encore. Néanmoins ce
« voyage, à part son objet, et à ne le consi-
« dérer que comme pure absence, ne sera pas
« perdu pour notre amour, dont tout au con-
« traire il nous fera, par de respectables épreu-
« ves, goûter les poignantes douceurs et le
« voluptueux martyr. Quel mérite aurais-je à
« vous aimer comme il faut, si je vous con-
« templais en présence réelle; si je vous voyais
« entre l'orage et la nuit rentrer de vos grands
« bois, suivie de vos filles d'honneur, et vous
« asseoir, en souriant, sur l'escabelle des foyers
« de Thouars; si j'entendais cette voix que le
« cœur reconnaîtrait d'abord, même dans les
« redites de l'écho, et dont le seul souvenir
« me cause à cette heure une telle émotion,
« que ma plume tressaillit dans mes doigts
« comme celle du cygne en la bonne saison
« des amours ! Certes, vous aimer si commo-
« dément avec tant de liesse et de plaisance,
« n'aurait pas été un digne hommage pour
« vos beaux yeux, véritable enseigne du pa-

« radis : mais, loin de vous, ma tendresse est
« devenue pieuse en sa fidélité, grave et triste
« en son bonheur, craintive en ses espérances,
« mystérieuse en ses désirs. Elle grandit sans
« cesse pour combler l'intervalle qui nous
« sépare; elle brûle sans alimens apparens,
« comme ces flammes magiques et solitaires
« que le souffle des vents attise au fond des
« déserts.

« Chère dame et bonne amie, conservez-
« moi vos pensées de jour et de nuit; car je
« suis à votre merci, me disant, comme de
« coutume, votre vassal en toute foi et hom-
« mage. Pour ce je vous baise les pieds et les
« mains. »

Je n'aurais point rappelé cette lettre, si elle n'avait pas été le sujet d'une incroyable aventure. Je la remis à la béate de la Rochelle; mais on rapporta qu'aussitôt qu'elle fut dans le sein de cette vénérable dame, elle se changea en papillon, et alla toute seule jusqu'à Thouars, où elle reprit sa première forme sur le prie-Dieu de ma dame par amour. Sans affirmer un tel fait, on peut tenir pour certain que la vicomtesse de Thouars, comme je le sus depuis, ne vit personne apporter ladite missive, qu'elle trouva à la place ci-dessus indiquée. Il paraîtrait donc qu'un miracle aurait sauvé à la béate l'embarrassant message d'une lettre d'amour.

Le seigneur de Carnaba est le suzerain des ville et château de Guingamp. Le plus beau de ses droits est celui qu'il exerce sur la foire de *Navalo*, ou foire des pommes, qui ouvre le 29 août et se prolonge jusqu'au 16 septembre. J'arrivai deux jours avant sa clôture, et je fus témoin d'une partie des cérémonies singulières qui font de cette foire fruitière un objet de curiosité pour toute la Bretagne.

Le seigneur de Carnaba vient avec ses sergens et les dignitaires de ses fiefs faire l'ouverture de la foire de *Navalo*, en un lieu appelé *la Maison-Blanche*. Il est d'usage de poursuivre son cortége en lui jetant des pommes, non par malice, mais pour se conformer à la tradition et perpétuer le souvenir d'une révolte qui aurait eu lieu il y a huit siècles, lorsque les seigneurs du temps voulurent percevoir un droit de quatre deniers sur chaque pochée de pommes qui se vendait à la foire de *Navalo*. Par suite de la même tradition, le feudataire du fief de Carnaba prend possession des portes de la ville, dont les clefs lui demeurent pendant dix-sept jours. Le quinzième jour de la foire, les aubergistes et pâtissiers de Guingamp lui doivent apporter, sur un brancard décoré convenablement, un pâté de deux pieds de haut et de large, lequel est rempli des meilleures viandes et gibiers, car telle est la coutume[1].

Comme les gens de petit état et les paysans se livrent, durant cette foire, à toute sorte de jeux et réjouissances, j'eus occasion d'observer derechef les pratiques populaires de la Bretagne; je vis qu'on huait tous ceux qui se servaient d'un âne, non pour le monter, car ils eussent été déshonorés, mais simplement pour porter leurs marchandises à la foire. Les serviteurs que leurs maîtres obligent à conduire cet animal se désespèrent durant tout le chemin, et s'ils voient venir quelqu'un, ils vont se cacher dans les champs pour n'être pas aperçus.

---

[1] Ogée, *Dict. hist. de la Bret.*, t. II, p. 185 et 186.

Parmi les antipathies inexplicables des Bretons, je remarquai celles qu'ils ont pour le fromage, antipathie d'autant plus singulière, qu'ils ont beaucoup de vaches, et qu'ils aiment le laitage et le beurre. Quant au fromage, il n'est pas de raisonnement humain qui puisse les engager à le pétrir.

Il est peu de fêtes où les Bretons ne luttent ensemble. Je vis un paysan d'une taille médiocre terrasser plusieurs gars d'une haute stature ; j'en parus étonné ; mais un vieillard me dit fort sérieusement : « Allez dans l'étable voisine, et vous y trouverez probablement sur la litière un pauvre cheval dont cet homme a pris la force, sauf à la lui rendre après la lutte. » Ce bon vieillard m'assura que certains lutteurs avaient aussi le secret d'emprunter la force des animaux, et que lui-même dans sa jeunesse s'était mesuré à Treguier avec un pâtre qui s'était appliqué sans scrupule la vigueur de deux taureaux et d'un étalon.

Quand les villageois voient venir aux foires et apports des compagnies de bourgeoisie ou de noblesse, ils s'informent d'abord s'il n'y a pas en ces compagnies une fille qui sache le latin, ce qui était plus commun autrefois qu'à présent. Rien n'égale l'aversion et l'horreur que leur inspirent les filles qui savent cette langue. On débite à leur égard les contes les plus absurdes. On prétend que leur science a fait éclore des monstres qui n'ont pu être détruits que par grâce de sainteté et force eau bénite. On rapporte qu'à Ploujean, une de ces filles savantes fit couver des œufs de vipère, et en fit sortir un serpent volant à trois têtes, qui ne se nourrissait que de sang humain.

Si un homme s'enrichit tout à coup sans qu'on en sache la cause, on assure qu'il a vendu à terme ses enfans au démon, ou qu'il a promis à cet esprit malin de se marier pour lui livrer à deniers comptans les fruits de ce futur mariage.

Dans le voisinage de *Navalo* est un château dont la citerne desséchée est, dit-on, le rendez-vous des sorciers. Un grand nombre de curieux regardaient au fond de cette citerne, et se montraient avec anxiété un objet blanc qui changeait de place à chaque instant. Un de ces paysans, plus hardi que les autres, s'y fit descendre par une corde; chacun se tint en oraison, dans la crainte qu'il ne pérît victime du démon; mais on se mit à rire lorsqu'on le vit remonter tenant un petit animal qui ressemblait à un lapin, et dont les yeux brillaient comme deux charbons enflammés. Vers le soir ses yeux jetèrent encore plus de lumière, et ceux qui étaient là commencèrent à se troubler. Alors les anciens le firent renfermer dans un coffre, dont on porta la clef en cérémonie chez le pasteur de *Navalo*, qui, le lendemain, vint avec une partie de ses paroissiens pour faire l'ouverture du coffre; mais on n'y trouva plus l'animal, qui était retourné au fond de la citerne.

CHAPITRE XXVII.

Je n'ai point lu cet Aristote qui fait tant de bruit dans nos universités; mais je parierais volontiers qu'il n'est rien en sa métaphysique et autres doctes ouvrages qui ne démontre mieux l'immortalité de l'âme que les désirs qu'elle éprouve sans consulter les intérêts du corps, et qu'elle cherche de préférence hors de la portée de celui-ci, qui n'y peut rien entendre. Leurs conditions sont distinctes, et ce qui plaît à l'un ne fait pas toujours l'affaire de l'autre; ce à quoi l'on peut dire qu'il y aurait en leurs penchans et appétits un plus parfait accord, s'ils étaient compagnons de même sorte, faits pour vivre et mourir ensemble.

Je raisonnais ainsi avec moi-même en apercevant de loin les premiers ombrages de cette tant célèbre forêt Brocéliande, le séjour des merveilles, la lice des anciens preux, le pèlerinage des romantiques amours.

Tout ce que j'avais remarqué dans les

bourgs et cités de la petite Bretagne n'était guère que la transpiration d'une vie grossière et le mouvement des intérêts journaliers. L'homme assis avec sa famille autour de la table nourricière et des foyers économes, ou bien vaquant à ses labeurs et à son industrie, m'avait offert l'accomplissement de cette règle de la Providence qui donne à l'homme des besoins pour lui épargner des passions.

Mais parfois notre imagination échappe à cette gestion terrestre, et, se prenant aux objets et aux sentimens qui s'éloignent le plus des choses matérielles, elle voudrait, en quelque sorte, anticiper la félicité qui l'attend ailleurs. Il lui faut des concerts aériens dans le fond des bois printaniers; il lui faut de virginales voluptés dans une région pleine de mystères; il lui faut de nobles et périlleuses aventures, qui ne laissent à la vie aucune espérance, et à la mort aucune crainte, de manière, que l'âme, plus voisine de sa délivrance que de son exil, puisse déjà prendre son essor victorieux; il lui faut des villes croulantes, des solitudes profondes, et toute la liberté du désert.

Sur les bords presque inaccessibles du torrent qui tombe dans les précipices il est une fleur brillante de célestes pleurs et toute hérissée de dards cruels. Elle s'effeuille souvent dans la main qui veut la saisir, et quelquefois les vents de l'orage emportent ses semences fécondes qui naissent tardivement sur les ruines et autour des tombeaux. Fleur divine! si c'est toi qu'on appelle la gloire, embaume le vague des airs lorsque le vaillant chevalier veille seul la nuit aux barrières du camp, devant l'armée ennemie, qui nourrit en de bruyans festins le courage qu'elle va montrer au retour de l'aurore.

Il est une autre fleur qui croît dans l'ombre des vallées. Émue par les zéphyrs et caressantes comme la liane qui embrasse l'arbuste, le rayon du jour l'intimide, un regard semble animer la pourpre qui la colore. Elle a aussi des larmes dans sa corolle et des épines sur sa tige flexible. Fugitive comme un songe heureux, ses feuilles tombent même avant les feuilles d'automne ; mais ses parfums sont durables. Rose charmante, si c'est toi qu'on nomme la rose d'amour, fleuris dans les lieux déserts, là où s'épaissit la feuillée, là où le jeune damoisel, fatigué du repos de son cœur, s'en va rêvant loin du manoir, et disant aux ruisseaux qui murmurent et aux oiseaux qui chantent : *Votre doux bruit ressemble à ma pensée, et vous devinez mon secret !*

Oh ! qui pourra, à moins qu'il n'y ait une amie, consentir à rentrer aux lieux habités par le vulgaire, quand une fois il aura pénétré dans les labyrinthes de verdure, et descendu les pentes ténébreuses de la forêt Brocéliande ?

A chaque pas dans cette forêt, si chère aux preux et aux amans, se découvre le monument de quelque touchante histoire, le témoin de quelque événement merveilleux. Ces tourelles couvertes de mousses, et dont les portes sont closes par de verts buissons qui croissent sur les dégradations du seuil solitaire, c'est le réduit où vit une jeune amante qu'on ne pourrait, ni par or ni par argent, racheter de l'esclavage où elle est retenue loin des vivans par force de nécromancie ; elle n'est nourrie que de ce que lui apportent les colombes ; elle dort le jour, et chante la nuit d'une voix si mélodieuse et si plaintive, que la fauvette aime mieux se taire que de se faire entendre après elle.

Ces pierres, couvertes de mousses et de lichens, sont les restes du palais de Gaël, où le roi Arthur avait établi sa superbe résidence, et d'où les chevaliers de la table ronde partaient pour leurs belliqueuses entreprises.

Près de là est la fameuse fontaine Barenton. A l'un des rameaux de l'érable qui fait vaciller au-dessus d'elle ses ombres folâtres, est un bassin d'or vermeil. Si l'on puise avec ce vase de l'eau de cette fontaine, et qu'on la répande sur un perron voisin, aussitôt la terre tremble et se fend. De ses crevasses sulfureuses il sort des spectres et des démons ; une fumée infecte couvre la face du jour, et cette nuit funèbre est sillonnée des feux empruntés à l'enfer. Plus loin est *le Val périlleux*, à côté du *carrefour des douze Croix sanglantes*, qui conduit à *la Clairière des injures et des pardons*. Il n'est pas un de ces lieux renommés qui n'ait été et qui ne soit fréquemment encore choisi par les chevaliers errans pour y tenir leurs pas d'armes[1]. C'est là que les rivaux viennent triompher ou mourir; c'est là que, par suite d'un vœu de chevalerie ou d'amour, les preux viennent s'exposer aux épreuves les plus étranges; c'est là que des amans qui n'ont pu trouver sur toute la terre un refuge inviolable et discret peuvent enfin se reposer un moment ensemble et sans témoin sur de muettes fougères.

Au bout d'une longue avenue de chênes centenaires est un rempart d'églantiers et d'aubépine. C'est la clôture odorante qui ferme les bosquets consacrés où, depuis leur sortie de l'île de Saine, les neuf vierges fatidiques ont transporté l'art des prodiges, qui, dans les premiers siècles, occupaient l'océan Britannique. Il est des jours sereins et des nuits claires où ces fées se rendent visibles encore. Elles ont des apparitions de faveur et des apparitions de colère; elles en ont d'amour et de haine. Souvent on voit errer autour de leur magique enceinte des lions, des tigres,

---

[1] La Colombière, *Théâtre d'honneur et de chevalerie*, t. I, ch. IX, p. 149; ch. X, p. 170.

des léopards, des dragons et des vautours [1]. D'autres fois on respire dans les détours verdoyans et embaumés de la forêt un air si pur et si doux, qu'on se plaint d'être sans amour. C'est à ce moment de volupté que les neuf sœurs se révèlent aux paladins, et que, sans paraître les voir, elles les attirent par le charme de leur démarche et de leur chevelure. L'enceinte fleurie qui défend leur asile s'entr'ouvre, et se referme bientôt sur les pas des amans, qui se trouvent dès lors condamnés à une éternité de délices, et contraints à un bonheur inévitable. Hors de cet enclos mystérieux, je lus sur des rochers de granit les aventures des preux qui furent ainsi ravis par ces fées amoureuses. On y apprend comment Ogier le Danois fut enlevé dans un char par l'une d'elles, la belle et séduisante Morgain; comment Thomas le Rimeur fut transporté par un cerf jusqu'au lit de fougères où l'attendaient ces beautés immor-

---

[1] Chrétien de Troyes, dans ses *Romans de la table ronde*. — Hugues de Méry, dans son poëme *du Tournoiement de l'antechrist*. — Gautier de Metz, dans son poëme intitulé *l'Image du monde*.

telles[1]. Par suite d'une aventure de ce genre, la famille de Jacques Brian de Compalé se croit autorisée à se glorifier de sa parenté avec la fée Morgain[2]. Les fées de la forêt Brocéliande reçurent à sa naissance Tristan *le Restoré*, pour l'élever jusqu'à l'âge de sept ans[3]. Elles accueillirent gracieusement Érec, fils du roi Lac, et brodèrent pour le couronnement de ce prince, qui eut lieu à Nantes, un manteau où leur aiguille avait représenté l'arithmétique, l'astronomie et la musique, avec leurs attributs[4]. Au plus épais de la forêt sont les buissons d'aubépine dont la triple clôture renferme au milieu de ses parfums et de sa verdure épineuse le château magique où Viviane retient, dit-on, depuis des siècles, dans une amoureuse captivité, l'enchanteur Merlin, dont elle est tendrement

---

[1] Thomas d'Ercerdonne, dit *le Rimeur*, poëte et prophète, vivait à la fin du XIIIe siècle. La fable de son enlèvement s'est perpétuée en Écosse.

[2] *Voy.* un petit poëme du XIIIe siècle, intitulé *les Priviléges aux Bretons.*

[3] Roman de *Brun de La Montagne,* ou du *Petit Tristan le Restoré.*

[4] Chrétien de Troyes, roman d'*Érec.*

éprise[1]. On assure également que ces fées retiennent encore dans leurs grottes de cristal, dans leur palais d'albâtre le roi Arthur, qui, blessé au combat de Camblan, leur fut amené par Merlin et Thaliessin pour médeciner ses plaies. Non-seulement elles le guérirent, mais elles lui donnèrent un philtre magique dont la vertu a prolongé son existence depuis des siècles. C'est du moins l'opinion des Bretons, qui attendent son retour, et sont persuadés qu'il reviendra régner sur eux[2]. J'avais entendu un jour mon aumônier me lire les explications des prophéties de Merlin par le savant Alain de l'Isle, et j'en avais retenu ces mots : « On serait lapidé en Bretagne, si l'on osait dire qu'Arthur est mort[3]. » Je me suis assuré de la vérité de cette assertion. La croyance du retour de ce prince est tellement accréditée, que, lorsque le duc de Normandie,

---

[1] Roman de *Merlin*, *Bibl. des Romans*, juillet 1775, et les *Mélanges*, tirés d'une grande bibliothèque, lettre H, p. 144 et suiv.

[2] Galt. Monemuth., *Vita Merlini.* — M. l'abbé de La Rue, *Recherches sur les ouvrages des bardes de la Bretagne armoricaine dans le moyen âge*, p. 50 et 51.

[3] *Explan. in proph. Merlini*, lib. 1, p. 19.

Henri II, tint sur les fonts de baptême l'enfant de son fils Geoffroy, les Bretons s'opposèrent à ce qu'il le nommât Henri, et exigèrent qu'on l'appelât Arthur, prétendant qu'il pourrait bien être le prince de ce nom qu'ils attendaient [1].

Les trouvères et les gabeurs plaisantent tous les jours dans leurs vers sur cette persévérante crédulité; et lorsqu'on veut exprimer qu'on espère en vain, on dit en forme de gentil proverbe : « C'est *un espoir de Breton* [2]. »

Grand nombre de personnages recommandables sont venus en la forêt Brocéliande pour admirer ses merveilles; les uns les ont vues, et les autres non. Entre ceux-ci est le poëte Robert Wace, fort dépité d'avoir entrepris un long voyage sans avoir trouvé ce qu'il cherchait. Plus heureux que lui, messire Yvain, surnommé *le Chevalier au Lion*, affronta les prodiges de la forêt; et, après mille périlleuses aventures, il s'en revint cou-

---

[1] Guill., *Newbrig.*, lib. III, cap. VII. — Roger, *de Hoved.*, p. 790. — *Histoire de Philippe Auguste*, t. 1, l. 1, p. 77 et 78. — M. de La Rue, lieu cité.
[2] M. l'abbé de La Rue, lieu cité, p. 52.

vert d'une gloire éternelle [1]. Hugues de Méry, suivant les bannières de saint Louis avec sa harpe et son glaive, combattit sous les ordres de ce roi contre le duc de Bretagne : dès que la trève fut conclue, il se rendit à la forêt Brocéliande ; il y vit la fontaine Barenton ; il arrosa de son onde enchantée le perron des enfers, et fut témoin de toutes les merveilles racontées par les romanciers de la table ronde [2].

Si les uns voient ce que ne voient pas les autres, c'est que les prodiges ne sont pas faits pour le vulgaire et pour les esprits incrédules. Jamais le merveilleux ne viendra jusqu'à vous, si vous n'allez au devant de lui avec la croix et la bannière, je veux dire avec la solennité de vos pensées et la pompe de vos sentimens. De même que l'air attire vos parfums, que l'amour appelle l'amour, que la valeur aspire la victoire ; de même aussi la vivacité d'une imagination brillante mérite la

[1] Chrétien de Troyes, dans *le Chevalier au Lion*, bibl. du Roi. Paris, mss. fonds de Cangé y 600.

[2] Hugues de Méry, dans son poëme du *Tournoiement de l'antechrist*.

faveur des fées. Je pense que l'instinct est l'âme des jours ouvrables, et que l'imagination est l'âme des jours de fête. Ce n'est point par les éclats d'une joie qui s'ignore, ce n'est point par les lourdes inspirations d'une orgie qu'on s'apprête à être initié aux choses surnaturelles et à l'intelligence des extases et des prophéties. Le bonheur, dont les racines s'attachent trop familièrement à la terre, n'est pas non plus la meilleure préparation aux douces visions. Quant à moi, qui voyageais éloigné de ce que j'aimais le plus au monde; moi qui, passant comme une ombre à travers les cités et les attroupemens des hommes, ne m'arrêtais volontiers qu'en de romantiques solitudes; moi le bras encore en écharpe, d'une blessure que l'on me fit au siége de Brest, et dont j'ai oublié par inadvertance de parler à sa date précise; moi qui tout récemment avais senti battre mon cœur en voyant dans la chapelle du connétable les armures sanglantes et les drapeaux que les mains victorieuses de ce grand capitaine avaient enlevés aux armées de Pierre-le-Cruel et du duc de Lancastre; moi, enfin, qui venais dans la forêt Brocéliande au moment où les premiers soupirs de l'automne faisaient murmurer de pâlissans feuillages, j'aurais vu peut-être en cette forêt tout ce qu'y virent messire Yvain et Hugues de Méry. Mais mon vœu et ma tendresse pour la vicomtesse de Thouars ne me permettaient guère d'approcher du sanctuaire des neuf sœurs, et de tenter des aventures dont je n'aurais pu me tirer avec honneur que par une infidélité. Pour ne pas mentir, j'avouerai donc n'avoir eu en cette forêt, pour toute et unique aventure, que la trouvaille d'un bracelet de saphirs, que je vis briller entre des fougères; et plus loin un voile brodé d'or, que je vis arrêté à l'épine du mûrier sauvage. Ces objets, que je laissai dévotement en place, me donnèrent de bonnes et de mauvaises pensées.

Il y a forces abbayes, monastères, ermitages et chapelles aux environs de la forêt Brocéliande ; et cela, comme le disent les clercs, parce que, cette forêt ayant été autrefois le centre de l'idolâtrie, on ne put y convertir les peuples que par la résidence d'un grand nombre de saints et vigilans ouvriers [1].

Tout près de l'une de ces abbayes, je fus témoin d'un événement qui fit grand bruit en Bretagne, et que je ne puis me dispenser de rapporter ici.

---

[1] L'abbé Déric, *Hist. ecclés. de Bretagne*, t. IV, p. 557, 561, 567. — M. Poignand, *Antiq. hist. et monumens de Montfort à Corseul*, etc., p. 40, 41 et 48.

CHAPITRE XXVIII.

Il faisait nuit; la bise soufflait avec une telle violence, qu'à chaque instant les arbres se brisaient avec fracas. Je me rendais à l'abbaye de Begard pour y visiter la sépulture du barde Guenclan, le plus fameux des prophètes et des enchanteurs de la France après Merlin et Thaliessin. Les cloches du monastère sonnaient une agonie; leurs tintemens funèbres, prolongés par les vents, me causaient un frisson d'horreur et d'effroi. Hors de l'enceinte sacrée, et sur le seuil que couronne la croix des salutaires douleurs, était un chevalier qui avait perdu l'usage de ses sens. Autour de lui les valets de l'abbaye le regardaient en silence et avec surprise; puis, rappelés à leur service, ils abandonnèrent l'inconnu.

L'Église était éclairée, et de fortes voix y faisaient retentir le chant des morts. Le reflet des vitraux lumineux me permit de distinguer les traits et le costume de l'étranger. Il me parut jeune et d'une beauté accomplie. Un sablier brisé était peint sur ses armes noires; son écharpe, de même couleur, et parsemée de violettes, indiquait deuil et souffrance. Il rouvrit enfin les yeux; mais il donna les signes du plus sombre désespoir en entendant le bruit des cloches et des chants lugubres. « Est-il donc irrévocable, s'écria-t-il, cet arrêt qui me poursuit à outrance pour m'ensevelir tout vivant? Non, rien de pareil ne s'est vu et ne se verra jamais.... »

J'entrepris de le consoler, et je voulus pénétrer dans l'abbaye pour y demander aide et secours; mais il m'arrêta en disant : « Par le souvenir de votre mère, ne vous éloignez-pas; il se passe dans cette maison des choses incroyables. L'ouragan m'avait forcé à y chercher un refuge; la chapelle était ouverte; cent flambeaux brûlaient autour d'un cercueil : le sacristain me donna le rameau bénit pour asperger le défunt; je m'approchai, et je restai anéanti en reconnaissant que ce cadavre était ma propre ressemblance. Il portait mes armes, ma devise; il avait même sur la poitrine un signe que j'ai moi-même. J'eus néanmoins la hardiesse de demander à l'un des pères qui psalmodiaient les litanies le nom de celui dont on célébrait les obsèques ; il me répondit : C'est le chevalier Évran. A ce nom, qui est le mien, je sentis mes genoux faiblir sous moi, un nuage couvrit mes yeux, et je perdis l'usage de la raison. »

Les cloches et les chants, qui avaient un moment cessé, firent entendre de nouveau le glas de la mort. Évran se jeta dans mon sein. « Cachez-moi, dit-il, et parlez; car la voix d'un vivant me fera du bien ; laissez-moi tenir vos mains, pressez les miennes, et que mon cœur reprenne, en s'approchant du vôtre, la chaleur dont il est privé. » Tandis qu'il me serrait dans ses bras, je sentis un froid glacial pénétrer jusqu'à mes os; toutes les parties de mon corps qu'il touchait semblaient s'engourdir. Alors mes cheveux se hérissèrent, et ma langue épaissie ne pouvait plus articuler un seul mot. Croyant être à ma dernière heure, l'instinct de ma pensée se replia sur les doux souvenirs du château de Thouars ; j'insistai pour vivre, mon sang reprit son cours, et ma stupeur s'étant en partie dissipée, je crus que ce qui m'arrivait, ainsi qu'au chevalier Évran, pouvait être l'effet d'une imagination frappée des sombres images de la nuit et des bruits du plaintif aquilon.

Je fis part de cette réflexion à Évran, qui me dit : « Croyez-vous... Oh ! si je pouvais revoir encore une fois l'aube du matin ! mais la lune n'est pas au tiers de son cours, et la sentence de mon trépas a peut-être toute la nuit pour être exécutée. Cependant, si nous nous éloignons des lieux où la malédiction a été lancée, ce sera déjà beaucoup. » Nous dirigeâmes donc notre marche vers l'anse de Saint-Brieuc. Mon compagnon reprenait son assurance : « Oui, disions-nous, tout ceci n'est sans doute qu'une pure vision propre à grossir le nombre des fables dont s'amusent les hameaux. » Nous cheminions depuis trois heures, lorsque, arrivés non loin du château de Landren, le malheureux Évran me fit remarquer qu'on entendait toujours les cloches et les litanies des moines de Bégard aussi distinctement que si l'on se trouvait dans le préau de cette abbaye, bien que nous en fussions éloignés de quelques lieues. Je les entendis comme lui; mais je lui persuadai que le vent pouvait envoyer jusqu'à nous ces sons effrayans.

Nous poursuivîmes notre route, abattus l'un et l'autre en de profondes rêveries. Évran le premier força le silence : « Vous croyez sans doute, me dit-il, que j'ai en ce bas monde toute espèce de biens à regretter, puisque je crains ainsi la mort? Si je n'étais qu'heureux, je tiendrais moins à la vie, car la fortune n'a que de trompeuses jouissances ; mais coupable comme je le suis, il me serait dangereux de décéder avant d'avoir réparé mes fautes et requis absolution et miséricorde. Si je ne saurais mourir à présent, ce n'est pas que j'espère vous goûter encore, innocentes voluptés des amours, ravissantes illusions de la gloire, et vous, délicieux passe-temps des foyers paternels! Non, je ne verrai plus ces grands chênes du pays natal sous lesquels j'entendis un jour raconter la touchante histoire de la reine Genèvre et de son ami Lancelot; je ne verrai plus les prairies de la Gacille, où je rencontrai pour la première fois celle qui m'est si douce et si amère. Elle cueillait alors la fleur de la paquerette avec ses dames d'atour, et elles chantaient toutes ensemble un lai de Marie de France.

« Je chassais vers ces prairies; l'émérillon lancé par un de mes gens avait laissé choir de ses serres une colombe qui tomba aux pieds de la belle Yvelinde de Malestroit. « Sire, me dit-elle, faites grâce à ce pauvre oiseau; s'il est blessé, nous saurons peut-être le guérir. — Oh! repris-je, si vous savez guérir, prenez donc aussi mon cœur. » Elle baissa la tête, et s'éloigna. Immobile à la même place, je la poursuivis de mes regards, sentant bien qu'elle entraînait avec elle mon repos et ma vie. J'admirais de loin ses blanches épaules, sa chevelure noire, et cette démarche tant gracieuse, qui faisait tressaillir son vêtement virginal. Nous nous revîmes ailleurs, puis encore en d'autres lieux. La verdure qui s'échappe en bouton de la sève printanière, et qui bientôt couvre toutes les forêts de sa mystérieuse obscurité, était une faible image de l'étendue de notre amour chaste et solitaire.

« Et quand la lune se rendait au ciel pour

la plus grande satisfaction des amans, je me promenais le long de la haie fleurie qui fermait le verger des seigneurs de Malestroit; car à cette heure de la nuit, et peu avant la dernière prière, Yvelinde y venait le front couvert d'un voile bleu, à cause de la rosée du soir, et, assise sur la pierre d'une fontaine, elle chantait à rendre le rossignol jaloux. Sa voix était si tendre, que les vassaux, chaque fois que le temps tournait à l'orage, lui disaient les mains jointes : « Noble demoiselle, s'il vous plaisait de chanter ? Le ciel n'attend que cela pour se radoucir. » Telle était celle que j'aimais plus que tout, et bien plus encore. Rien ne manquait à notre amour, pas même les larmes et les chagrins dont il est assaisonné. Il arriva qu'Yvelinde fut promise par son père au sire de La Roche-Bernard.

« Le seigneur de Malestroit était un vieillard d'une haute vertu, mais il avait le commandement sévère. Ce que put lui dire Yvelinde ne changea pas sa volonté. Le jour des fiançailles fut célébré par une grande fête. Je laissai mon écuyer sous les murs du château de Malestroit; et, me servant de la nuit, je pénétrai dans le verger, bourrelé de désespoir, et cherchant à m'approcher de la fête, dans l'espoir d'en mourir. Le château résonnait des éclats de la joie et du bruit des instrumens. A travers les issues j'entrevoyais la danse, ce mouvement de la grâce avivé par l'harmonie, et je me figurais Yvelinde disparaissant pour moi dans un tourbillon de plaisirs. Des projets tumultueux venaient tour à tour s'amonceler et se briser dans mon cœur. J'aurais voulu devenir un effroyable géant, un spectre furieux, un de ces monstres dont la seule vue cause la mort, afin d'apparaître à cette foule odieuse, et de la disperser dans les ombres de l'horreur et de l'épouvante. L'excès de ma rage eût difficilement épargné Yvelinde; car pourquoi se trouvait-elle au milieu de mes ennemis, le témoin, ou plutôt l'objet d'une fête où peut-être elle souriait enfin, lasse d'un amour réprouvé?

« Tandis que je l'accusais de perfidie, elle ne pensait qu'à moi. Profitant du tumulte des danses et des jeux, elle se dérobe à la compagnie pour venir en liberté répandre des pleurs trop péniblement retenus. Elle descend au verger, et se trouve dans les bras de son ami. Mes baisers savouraient ses larmes, et jamais de plus célestes voluptés ne s'étaient fondues dans nos âmes au temps de notre paisible félicité. Ma maîtresse m'avait jusqu'alors refusé la moindre faveur, mais un amour malheureux semble avoir de sacrés priviléges : le plaisir sanctifié par lui n'est plus qu'un pacte généreux qui lie un être tendre à un être infortuné. « Dis-moi, fille adorée, ah! dis-moi, m'écriai-je, si du monde enchanté où nous venons de gémir ensemble, tu pourrais consentir à retourner parmi ces fêtes funèbres qui vont célébrer ton sacrifice et ma mort? Vois l'astre des nuits sortir des nuages, et répandre des clartés qui nous livrent la solitude; fuyons : demain, je le jure, tu seras mon épouse. »

« Elle résistait encore, lorsque plusieurs personnes sortirent du château, où l'on avait remarqué son absence. Alors je la pris dans mes bras, et la transportai jusqu'à la poterne extérieure. Confiant ce précieux fardeau à mon écuyer, qui s'éloigna rapidement, je m'arrêtai pour faire face à ceux qui me suivaient de près. L'un d'eux, l'épée à la main, m'attaqua rudement; je ripostai de même, ne sachant à qui s'adressaient mes coups. Frappé de part en part, mon invisible adversaire trébucha en disant : « Évran, mon sang criera contre toi; mais je te pardonne ma mort, si tu épargnes l'honneur de ma fille. » Ces paroles me bouleversèrent, et de ce moment je sentis bien que j'étais un être maudit entre les hommes. Je rejoignis cependant Yvelinde, qui m'attendait sur la montagne. Elle tremblait, tout agitée de sanglots. Du sommet du rocher elle avait vu, disait-elle, dans le verger de Malestroit, apparaître *la femme blanche*, ce fantôme de sinistre présage, qui se montre toujours au moment où le chef de la famille de Malestroit doit périr. Je lui persuadai que c'était la lueur des lumières du château vacillante sur la pelouse des jardins.

« Puisque je ne dois rien redouter de mon amour, reprit-elle en souriant, sois donc à jamais l'époux de mon cœur. » Ce mot me fit frissonner; car il me rendait parricide par alliance. Elle me prit la main pour y glisser son anneau; elle la sentit humide de sang.

D'où vient ce sang? cria-t-elle... » Je lui assurai qu'en traversant la haie du préau, des ronces m'avaient légèrement blessé. Son anneau resta donc à un des doigts de la main qui avait tué son père, à cette main qu'elle pressait amoureusement sur son cœur. Je la conduisis près de Corseul, au château de Plancoët, en face de la montagne où les bardes gaulois exhalèrent leurs derniers chants sous l'épée des Romains qui les égorgèrent. Nous y fûmes reçus au point du jour. Yvelinde pâlit en voyant sa ceinture et son voile ensanglantés. Elle s'était couverte du sang qui semblait jaillir de mes mains, quoiqu'il ne sortît pas de mes veines ; je voulus effacer celui qui teignait mon épée et mon anneau ; plus je l'essuyais, plus il coulait en abondance. Saisi d'effroi, je quittai ces objets accusateurs ; et dès qu'il fit nuit, je m'empressai de les enfouir sous la bruyère ; mais bientôt je vis des fenêtres de Plancoët des flammes sinistres sortir de l'endroit même où était caché le dépôt du meurtrier.

« Yvelinde me pressait en rougissant d'accomplir mes promesses au pied des autels, je m'y refusais sous différens prétextes : cette conduite l'affligea, et ne me voyant plus son anneau, elle me réputa infidèle. Le chagrin qu'elle en ressentit, la confusion qu'elle éprouvait d'être éloignée de la maison natale, et l'idée d'être maudite et désavouée d'un père qu'elle chérissait tendrement, allumèrent dans son sein une fièvre mortelle. La fleur coupée de sa tige ne se flétrit pas plus vite que la beauté; et pourtant, quoique pâle et souffrante, Yvelinde me souriait encore avec amour. Ce sourire, divine émanation des cieux, cette tendresse des regards qui n'avait rien perdu de son enchantement, me prouvaient que sur les ruines d'un corps expirant on voit errer déjà les clartés d'une âme immortelle. Oh! que de fois, se relevant inspirée de la couche où elle semblait exhaler le dernier souffle, elle m'étonna par la force de ses discours, par le poétique délire et la magie de son imagination florissante. Elle prédisait l'orage et les beaux jours; elle avait des pressentimens admirables, et disait sur le présent et l'avenir, sur la vie et la mort, des choses pleines de clairvoyance.

« Non, jamais les Veleda, les Aurinie, jamais les Morgain et les Viviane, qui, le front ceint de verveine et de feuilles de chêne, vinrent souvent aux mêmes lieux enflammer le courage des guerriers par l'espoir d'une éternité de bonheur, ne furent plus ravissantes que ma chère Yvelinde, quand, parmi les tombes romaines et les illustres débris dont les champs de Corseul sont couverts [1], elle me disait que le ciel était dû à ceux que la terre n'avait pu contenter. Souvent encore, fatiguée de son essor sublime, elle retombait dans cette vallée de larmes. Son âme, veuve pour quelques instants du ciel, se prenait encore à aimer, comme si l'amour eût été le seul bien qu'elle trouvât digne d'elle ici-bas. Elle me disait alors : « Yvelinde a cessé de te plaire, parce qu'elle n'est plus belle; mais patiente quelques mois, attends le nouveau printemps, je reprendrai pour toi l'éclat et les attraits qui t'ont su charmer. » Puis d'autres fois elle pleurait en abondance, et me

---

[1] Aujourd'hui même on trouve encore à Corseul des vestiges de la ville romaine. M. Poignand, lieu cité, § 7, p. 31 et suiv.

conjurait de la rendre à sa famille, puisqu'elle ne pouvait plus rien pour ma félicité. Le devoir, l'honneur, m'eussent en effet ordonné de rappeler sur ses derniers momens les bénédictions d'une mère et l'amitié fraternelle; mais comment eût-elle pu apprendre que son père avait expiré sous mes coups?

« Un jour elle me parut plus découragée que de coutume, et le changement que je remarquai sur ses traits m'effraya. Le lendemain elle me fit remettre un billet où je lus ces lignes à travers mes larmes :

« Je ne puis ni vivre près de toi qu'im-
« portune ma tendresse autant que mes dou-
« leurs, ni mourir près de mes parens, aux-
« quels je veux épargner cette nouvelle peine.
« Mes nuits me sont ennemies, et le som-
« meil lui-même se soulève contre moi avec
« le supplice de ses songes incompréhen-
« sibles. Je crois pourtant qu'il me reste un
« espoir. Ma nourrice m'a souvent parlé des
« miracles obtenus par un pèlerinage que
« j'aurai encore, s'il plaît à Dieu, la force
« d'entreprendre. Je m'en vais seule, fai-
« ble, mourante, c'est ainsi qu'on gagne la

« pitié du ciel ; et si tu m'accompagnais, ce
« voyage ne me serait plus compté pour une
« œuvre de pénitence. Dans trois mois j'espère
« être de retour, dans les ruines de Corseul,
« où j'ai tant gémi ; mais si Dieu en ordonne
« autrement, tu y trouveras du moins mon
« tombeau ; voulant, en quelque pays où je
« rendrai mon dernier soupir, être ensevelie
« aux lieux où je t'aurai vu pour la dernière
« fois ; car c'est bien là que j'aurais dû réelle-
« ment mourir. Reçois, ami, avec la présente
« l'écharpe que j'ai ouvragée pour toi. Le
« charme de ce travail a souvent amorti les
« élancemens de mes souffrances, et si les cou-
« leurs en sont moins belles que je l'eusse vo-
« lontiers souhaité, c'est que mes larmes les
« ont plus d'une fois effacées. »

« La broderie de cette écharpe faisait allusion au moment où je rencontrai Yvelinde
dans les prairies de la Gacille, alors qu'inter-
cédant pour l'oiseau des amours, elle se sentait elle-même atteinte : l'aiguille avait figuré
une colombe traversée d'une flèche, dont la
pointe allait percer un cœur couronné d'une
flamme d'où s'échappait le nom d'Yvelinde,

avec cette devise, *le cœur plus que tout*, comme pour signifier que son cœur était plus fortement blessé que le gentil oiseau lui-même. Peut-être voulait-elle aussi dire que son cœur devait l'emporter sur ses appas, reproche touchant qu'elle m'adressait en pensant que mon amour s'était enfui avec sa beauté. Le voilà, ce tissu précieux que depuis j'ai toujours porté dans mon sein. » Évran le développa à mes yeux ; mais, soit que la clarté des étoiles fût trop incertaine, soit que déjà la broderie eût perdu son éclat éphémère, je ne pus distinguer de tout cet ouvrage que ces mots tracés en fils de pourpre, et qui seuls étaient indélébiles, *le cœur plus que tout*.

« Ce fut en vain, reprit le chevalier Évran, que je voulus suivre les traces d'Yvelinde : on ignorait de quel côté elle avait mené ses pas. Je pris la résolution de mettre à profit les trois mois de son absence pour aller moi-même en pèlerinage, ayant plus besoin que tout autre d'implorer miséricorde et guérison du cœur.

« Je couvris de ce voile noir mon écu, où

est peinte une mort aux ossemens dorés, ayant pour devise, *telle est la gloire!* armoiries que mes ancêtres possèdent depuis la victoire que l'un d'eux remporta près du Gave contre un géant sarrazin qui en avait paré son bouclier [1]. Je pris le bourdon et la panetière, et partis pour visiter les reliques miraculeuses de saint Martial, dont l'*ostension* devait se faire en présence d'un grand concours de fidèles [2]. Je vis en cette contrée un vieil ermite, auquel je confessai mes péchés, et qui me dit : « Retourne d'où tu viens, sans plus tarder ; c'est là que tu auras quittance de ta faute, et que, par une convenable expiation, tu trouveras l'oubli de tes peines. » Je repris donc le chemin de Corseul, et j'en étais tout près lorsque vous m'avez rencontré à l'abbaye de Bégard. Vous voyez quel intérêt me ramène, et combien je serais à plaindre si je trépassais avant l'expiation de mes péchés et le pardon à moi promis. Trois mois ne se sont pas encore

---

[1] *Le Romancero general.* — Ginez Perez della Hita, dans son *Hist. des Maures de Grenade.*

[2] *Hist. de saint Martial, apôtre des Gaules*, par le P. Bonaventure de Saint-Amable.

écoulés; mais j'attendrai Yvelinde, et le même tombeau unira bientôt les dépouilles de deux amans infortunés. Ainsi le rêve fugitif du bonheur aura passé dans notre vie agitée, comme l'arc-en-ciel qu'on voit briller et s'évanouir aussitôt à travers l'humide vapeur du torrent qui tombe du rocher dans l'abîme. »

Évran cessa de parler, et moi j'essuyais les larmes que m'arrachait son triste récit.

CHAPITRE XXIX.

Le jour avait reparu; mais quelle fut notre surprise lorsque nous nous retrouvâmes devant l'abbaye de Begard. Évran demeura pétrifié à cet aspect. J'avais beau lui répéter que, marchant pendant la nuit par des chemins inconnus, nous avions pu nous égarer et revenir par un détour au point dont nous étions partis; que tous les jours des voyageurs se fourvoyaient ainsi, sans qu'on pût attribuer leur mésaventure à une cause surnaturelle. Le meurtrier du sire de Malestroit ne pouvait pas même m'entendre. Je voulus l'arracher de ces lieux, et reprendre notre route sur la foi d'un plein soleil; mais il se mit à crier comme un enfant que ses pieds semblaient enracinés à la terre, et que, par un prodige inconcevable, il lui était impossible de faire un pas. « Quel funeste penchant, lui dis-je, avez-vous donc à trouver de l'extraordinaire dans tout ce qui peut s'expliquer très-naturellement! La frayeur a glacé votre sang, et vos membres engourdis semblent privés de mouvement et de vie; mais dites un *pater*, et vous marcherez comme moi.

«—Vous avez raison, reprit-il, et je sens qu'à présent je pourrai marcher. Profitons-en pour nous éloigner au plus vite. » Nous avions déjà fait quelques pas lorsque les portes de l'abbaye s'ouvrirent. Il en sortit un chevalier richement armé, qui appela Évran par son nom, et le somma de s'arrêter. Celui-ci l'attendit fièrement en disant : « Je ne crains que le père Éternel, créateur de toutes choses, et nul homme sur la terre ne saurait m'arrêter impunément. — Si tu crains Dieu, répliqua l'agresseur, redoute aussi celui qui vient exécuter sa sentence... Mais déjà ma voix a suffi pour enfoncer dans ton âme coupable l'épouvante et le remords. Reconnais-moi tout entier, et que ma vue soit ton premier châtiment. » Il dit, et lève sa visière. Évran recule en couvrant de ses mains son visage, plus pâle que celui des morts ; car il a reconnu Robert de Malestroit, frère d'Yvelinde, et fils aîné du seigneur auquel il arracha la vie.

« Eh, bonjour, mon cher Robert! m'écriai-je

à mon tour en m'élançant vers lui, et serrant ses mains dans les miennes, car nous avions chevauché plus d'une fois ensemble dans l'avant-dernière guerre, et peu s'en fallut que nous ne devinssions frères d'armes en bonne forme, tant notre amitié était loyale. Ce brave chevalier m'embrassa par deux fois, et me demanda des nouvelles du sire de La Garraye, qui nous amusait souvent au siége de la Rochelle par ses propos facétieux. Je lui racontai qu'il avait failli s'étrangler en imitant du gosier le chant du rossignol sous la fenêtre d'une belle qui, prétextant la fantaisie d'ouïr la mélodie de cet oiseau, laissait le lit conjugal, et venait causer la nuit, au clair de la lune, avec celui qu'elle aimait. Robert me donna à son tour des nouvelles de plusieurs chevaliers nos anciens compagnons, et me fit grand plaisir en me disant qu'il avait tout récemment visité le seigneur de Thouars en son château du Poitou. Pendant notre entretien, Évran avait repris un peu d'assurance, espérant, à la tournure de cette rencontre, qu'elle finirait pour lui de gré à gré; mais il n'en devait pas être ainsi.

« Comment, me dit Robert, vous trouvez-vous en la compagnie de ce pécheur? — C'est par hasard, répliquai-je; mais je vous assure qu'il est malheureux à faire compassion. — Et moi-même, continua le fils de Malestroit, ne suis-je donc pas aussi malheureux? j'ai vu mourir mon père traversé par le fer du ravisseur de sa fille. Cette fille, enlevée dans une province éloignée, où elle fut ensuite délaissée par son infâme séducteur, mourut de fatigue et de chagrin dans une cabane voisine de Corseul, alors qu'elle s'était mise en chemin pour aller accomplir un vœu de pénitence. Sa nourrice, après lui avoir fermé les yeux, vint achever, par son lamentable récit, la désolation de ma famille. Je suis accouru pour rendre les derniers devoirs à cette sœur, si pleurée de ceux-là mêmes qu'elle avait tant affligés. Elle nous avait quittés du milieu d'une fête où chacun contemplait sa grâce et sa beauté : hélas! je ne devais plus la revoir que glacée par le trépas, et si méconnaissable, que, sans les longs cheveux dont elle était enveloppée comme d'un linceul, j'aurais douté que ce fût là notre chère Yvelinde. Je la fis transporter à l'abbaye de Bégard, où depuis deux jours je gémissais sur sa tombe; je partais enfin pour aller consoler, s'il se peut, une mère éplorée, quand le ciel m'a fait rencontrer le perfide assassin que requérait ma vengeance.

— Cette vengeance est légitime, dit Évran avec calme; tu peux la prendre sans profaner par la colère et l'injure la solennité des arrêts célestes. Et toi, noble inconnu que le hasard seul, comme tu t'empresses de le dire, a mis quelques instans à côté d'un infortuné, rassure-toi; le malheur n'est pas si contagieux que le disent ceux qui s'en éloignent. Songe plutôt à te rendre digne des confidences de celui qui va mourir, en prenant soin de sa dépouille. Tu m'entends : que mes soupirs et mes vœux ne soient pas tombés sur ton cœur comme sur un sable stérile. » A ces mots il tira son épée, mais ne s'en servit que pour paraître se défendre contre Robert, et donner à un pur sacrifice l'apparence d'un combat. Cette lutte inégale ne pouvait être douteuse, Évran tomba, et n'eut que le temps de me dire : « L'ermite avait raison; c'est près de Corseul que je devais expier ma faute et gagner la fin de mes peines. » Puis il ajouta : « Accueillez mon dernier soupir, ombre chérie de mon Yvelinde. — Non, elle n'est point ton Yvelinde, lui cria l'implacable Robert. » Mais heureusement qu'il ne pouvait plus entendre cette dure parole. « Vous voyez bien, dis-je à l'aîné des Malestroit, qu'il vient de rendre l'âme; vous ne pouvez plus séparer ceux qui se sont rejoints dans l'éternité. — *Ainsi soit-il*, reprit Robert »; et il s'éloigna.

J'avais bien compris les dernières paroles qu'Évran m'avait adressées, et je résolus de le faire inhumer le plus près possible de son Yvelinde, puisqu'elle était sienne, en effet, par le droit sacré du trépas. Je me rendis près de l'abbé, et lui demandai une place dans les caveaux de Bégard pour très-haut et très-puissant seigneur d'Évran, Trefumel, Plemangat et autres lieux, dont le corps gisait sans sépulture près des fossés de l'abbaye. « Nous l'attendions, me dit le vénérable père. Hier soir un vieillard, vêtu de blanc, vint nous commander sa tombe. » Voilà, me dis-je à moi-même, qui est encore plus extraordinaire que tout le reste. Serait-ce donc l'ombre du sire de Malestroit? Mais peut-être aussi n'est-ce qu'une simple méprise. L'abbé me conduisit dans les souterrains de son monastère, où, à la débile clarté d'une lampe, je lus sur une pierre de grès : *Cy-gît Yvelinde de Malestroit; priez pour elle.* Je priai, et mon cœur, étroitement pressé par la douleur, semblait s'échapper en sanglots. Quand nous eûmes descendu dans ce sépulcre les restes d'Évran, et que la pierre fut rabaissée sur son dernier asile, je me mis encore en fervente oraison, puis je remontai sans goût pour la lumière et la vie; je partis vers le soir, plein d'une tristesse qui, pendant quelques jours, donna à mes paroles et à mes actions je ne sais quelle gravité funèbre.

Je passai sous les murs de Jugon, l'une des plus fortes places de la Bretagne, ce qui a donné lieu au proverbe : *Qui a Bretagne sans Jugon, a chape sans chaperon*[1]. Je vis là une famille de pêcheurs aussi ancienne que la plus noble maison de France : elle se vantait de descendre de la fée Morgain, et il y

---

[1] Ogée, *Dict. hist. de Bretagne*, v° *Jugon*. — M. Poignand, lieu cité, p. 47.

avait de fortes preuves à cet égard. Elle marquait ses générations par des entaillures faites sur un morceau de bois de cormier. Le chef de cette antique et simple famille n'avait guère moins de cent ans. C'était le dépositaire de mille traditions locales qu'il tenait de ses pères, et qu'il transmettait à ses enfans, qui devaient les léguer de même à leur postérité. Ainsi perpétuées de race en race, ces traditions remontaient jusqu'aux siècles celtiques. Ce patriarche m'apprit que sur le terrain où le fort de Jugon fut construit en 1109, il y avait un château bâti par les Romains ; que ce château lui-même avait été élevé sur un emplacement où l'on voyait deux piques plantées en terre, et une troisième placée en travers, espèce de joug sous lequel l'armée romaine fit passer les vaincus après le siége de Corseul. Le même vieillard me raconta quelques particularités remarquables sur une peste qui ravagea la Bretagne aux vi^e et viie siècles, et qu'on appelait en breton *gnal vellen*, peste jaune [1]. Je ne sais par quelle incom-

---

[1] Les actes du temps la nomment *pestis flava*.

préhensible analogie les habitans de l'Armorique se persuadent que la peste est une jeune fille habillée de blanc, qui tient une baguette, dont elle frappe ceux qui doivent mourir.

De Jugon je me rendis à Corseul. Les fondations religieuses, multipliées dans les environs, prouvent, comme en la forêt Brocéliande, que ce lieu fut autrefois le centre de l'idolâtrie de nos pères, et qu'il devint nécessaire, pour en combattre les erreurs opiniâtres, de le couvrir de zélés monastères et de chapelles vigilantes [1]. Malgré cette sainte précaution, le peuple se presse encore vers les fontaines, les lacs et les grands bois [2]. Si Corseul fut, sous les druides, la capitale des Corsulites, elle fut plus tard l'une des plus grandes métropoles des colonies romaines. Il n'est guère possible d'en douter à la majestueuse étendue des ruines dont le pays est encombré. Des temples, des théâtres, des palais sont encore debout et presque entiers. Mais les habitans des villes voisines en enlèvent tous les jours les

[1] Déric, *Hist. ecclés. de la Bretagne*, t. IV, p. 557, 561, 567, etc.

[2] Thiers, *Traité des superstitions*, t. 1, ch. I, II, III, etc.

matériaux pour les faire servir à de nouvelles constructions. Presque tous les châteaux forts et les monastères d'alentour sont bâtis avec ces débris. Je m'indignai de voir devant le temple de Mars des ouvriers occupés à broyer les briques romaines pour en faire du ciment, qu'ils devaient employer à réparer les fortifications de Saint-Malo [1]. Je demeurai une partie du jour au milieu de ces ruines, rencontrant à chaque pas des statues mutilées, des vases, des bustes d'empereurs et des urnes cinéraires. Les pourceaux allant à la glandée au travers des rues désertes de cette ville délabrée font surgir frequemment du sol qu'ils remuent des médailles, des fers de lance, des bracelets et des anneaux [2].

De Dinan à Saint-Malo il y a cinq lieues, en naviguant sur la rivière de la Rance. Ce voyage par eau est fort plaisant. On le fait sur de grandes barques aux armoiries des seigneurs de Dinan, et conduites par des

[1] M. Poignand, *Antiq. hist. et monum. à visiter de Montfort à Corseul*, etc., p. 31 et 32.
[2] Ogée, *Dict. hist. de Bretagne*, v° *Corseul*. — *Le Journal de Brest* et le *Censeur européen*, du 19 avril 1820.

bateliers, qui sont les hommes de ces magnifiques seigneurs.

Tantôt le lit de la rivière est resserré, tantôt il s'élargit et ressemble à un vaste lac. Les bords en sont variés. Ici ils offrent de gracieux paysages, ailleurs des roches sourcilleuses et d'affreux précipices; là des châteaux forts, qui sont pour les nochers l'inépuisable sujet des récits merveilleux dont ils amusent le voyageur; plus loin sont des monastères d'où partent de brillantes sonneries qui font tressaillir les ondes, des pierres druidiques, des ruines celtiques et romaines.

Sur les sommets des montagnes on voit ordinairement une table et un siége de pierre où les chefs armoricains venaient autrefois rendre la justice, et où maintenant vient chaque année le sénéchal pour le même office. On voit aussi le long du rivage des grottes creusées naturellement dans le roc, et qui, primitivement occupées par des Druides, puis par les apôtres et les confesseurs de la foi, le sont maintenant par de bons ermites. Les matelots m'ont assuré que ces ermites tournaient à volonté les rochers qui les abritaient, afin de n'avoir jamais le vent en face.

Les passagers qui font pour la première fois ce trajet sont invités à payer le droit d'un baptême. Quand les barques reviennent de Saint-Malo à Dinan, on rencontre à une demi-lieue de cette dernière ville les enfans des bateliers, qui viennent en nageant au devant de leurs pères, et qui escortent, comme de jeunes tritons, la flotille retentissante des chants de l'arrivée. Cet usage ancien est une école de nageurs qui forme de bonne heure au péril de la mer, et assure à la Bretagne des marins d'une incroyable intrépidité [1].

Nous débarquâmes à Saint-Servan, ville bâtie, selon quelques-uns, sur l'emplacement d'Aleth, qui, dit-on, ce qui n'est pas clairement prouvé, existait avant la naissance de Jésus-Christ. On dit aussi que de sa citadelle part un souterrain qui conduit à Saint-Malo, en passant par dessous la mer. Saint-Malo

---

[1] *Voy.* M. Poignand, lieu cité, p. 68, dans la note.

est si près de Saint-Servan, que l'on dirait la même cité divisée en deux portions, l'une assise sur la terre ferme et l'autre sur les eaux. Cette dernière a un port en pleine mer ; on m'y fit remarquer l'endroit où une jeune fille retint avec ses dents un vaisseau de la flotte des Anglais, pour se venger de ce que ces insulaires avaient tué son amant.

Dol, où les seigneurs de ce nom tiennent leur cour, est la dernière ville de la Bretagne; ce fut donc là que, vers la fin de septembre et aux approches du *mois noir*[1], je fis mes adieux à cette contrée, où je puis dire, en toute vérité, avoir pleinement éprouvé des émotions mélancoliques, et partout des réminiscences amoureuses plus qu'en aucun lieu de la France. Quand je m'éloignai de ces champs fidèles et pieux, l'automne dispersait les feuilles jaunissantes, et le vent du nord soufflait sous un ciel grisâtre. Adieu donc, me pris-je à dire, terre des souvenirs et des

---

[1] Les Bretons appellent ainsi le mois de novembre, *mis du*.

tombeaux ; adieu, bonne gardienne des premières coutumes. Si un jour les nobles sentimens et les saintes pratiques se perdent parmi nous, on reviendra les chercher sous tes cabanes plus durables que les brillantes demeures où le siècle suspend pour un jour ses guirlandes inodores.

CHAPITRE XXX.

En sortant de Dol, et me dirigeant vers le mont Saint-Michel, je ne trouvai qu'un sol visiblement bouleversé par quelque grand phénomène. Tout, dans ce pays, atteste que la mer, forçant la barrière imposée à ses fureurs, fit une invasion mémorable, et submergea l'immense forêt qui s'étendait depuis Coutances jusqu'aux rochers de Cesambre, et depuis Dol jusqu'à Châteauneuf [1]. Cette forêt, que les chroniques appellent la forêt de Scicy, disparut au VIIIe siècle avec tous les villages qu'elle recelait, et les monumens des Celtes qui s'y étaient élevés autour des autels du druidisme. Aujourd'hui les vagues brumeuses roulent sur cet antique sanctuaire des superstitions mythologiques. Par un temps calme et pur on aperçoit encore à travers la transparence des flots le feuillage des chênes sacrés. Le mouvement du flux et reflux cache et dé-

---

[1] Ogée, *Diction. histor. de la Bretagne*, t. II, p. 40, v° *Dol.*

couvre tour à tour ces arbres séculaires, dont la végétation merveilleuse semble se perpétuer sous l'onde amère, en telle sorte que les vastes marais de Dol deviennent alternativement chaque jour des plaines liquides ou des bois profonds dont le soleil se hâte de faire étinceler les tiges humectées [1].

Depuis plus de cinq cents ans les habitans des pays voisins fouillent, sans les épuiser, certaines parties des marais que créa cette inondation fortuite, et en retirent pour leurs constructions journalières des troncs d'arbres d'une grandeur prodigieuse [2].

Il y aurait témérité de se hasarder sans guides dans ces contrées dévastées. Les guides eux-mêmes refusent d'y conduire le voyageur dès que le soleil a disparu; car, alors, des milliers de feux mobiles s'agitent sur la sur-

[1] *Chron. de l'abbaye de Saint-Michel.* — Poignand, *Antiq. hist. et monumentales de Montfort à Corseul, par Dinan,* etc., § xv, p. 84, 85 et suiv. — Ogée, lieu cité, p. 40 et 41.

[2] Les habitans de Dol et de Châteauneuf tirent encore des arbres magnifiques de ces marais, surtout dans la partie qui a conservé, malgré sa métamorphose, le premier nom de *plaine de la Bruyère.*

face des eaux assoupies. Ce sont les émanations de toutes les dépouilles végétales et animales qui fermentent dans le fond des abîmes, et qui s'échappent en vapeurs enflammées [1]. Ces feux bizarres se croisent, s'entrelacent, s'élancent en gerbes, en pluie d'étincelles. Le paysan tremble à la vue de ces peuplades de folets; il dit que c'est le bal des lutins et la noce d'une fée.

J'arrivai au mont Saint-Michel le jour même de Saint-Michel. Cette célèbre abbaye s'élève sur le haut du rocher, qui domine d'un côté l'Océan britannique, et de l'autre de vastes grèves mouvantes où plus d'une fois ont disparu les pèlerins égarés. Ses murs à la fois religieux et chevaleresques offrent le hardi mélange des créneaux et des parvis sacrés, de la forteresse et du sanctuaire, des étendards et de la croix. Quand de loin on voit les hautes murailles de cet immortel édifice, on sent d'abord, je ne sais à quelle impression de gloire et de piété, que c'est ainsi qu'il le fallait bâtir pour oser le dédier au belli-

---

[1] Ogée, *Dict. hist. de la Bret.*, t. II, p. 40, v° *Dol.*

queux archange qui combattit dans les plaines du ciel sous les bannières du Tout-Puissant.

C'est sur la cime d'un mont, c'est sur le point le plus rapproché du ciel, là où la prière et l'encens ont le plus tôt monté à Dieu que devait être assis l'autel de cet hôte brillant du firmament, qui n'eût peut-être pas voulu s'éloigner trop tôt de sa patrie, en abaissant son vol jusqu'au fond de nos obscures vallées, et souiller le bout de ses ailes radieuses en descendant sur une terre détrempée de sang et de larmes. Aussi, dans tous les lieux où saint Michel est invoqué, son temple repose glorieusement sur les hauteurs, soit-au-dessus des nuages et des tempêtes, soit au-dessus des flots tumultueux et des naufrages.

Une fois par jour la mer inonde la plaine sablonneuse qui s'étend autour du mont Saint-Michel. On profite du reflux pour pénétrer sur ce mont, qui, d'un côté, est défendu par la roche escarpée; de l'autre, une porte fortifiée livre le seul accès de la place, où par un sentier rapide que bordent les cabanes des pêcheurs et des matelots, on monte à l'abbaye, dont les plates-formes et les combles tracés en galeries planent sur l'immensité des flots.

La fête de Saint-Michel y conduisait une foule nombreuse de pèlerins. Je me confondis avec eux, et nous bûmes ensemble à la fontaine d'eau douce que saint Aubert, évêque d'Avranches, fit jaillir du rocher en le frappant de son bâton pastoral [1]. Nous cueillîmes le fruit savoureux des figuiers qui, s'élançant de toutes parts des fentes de ce rocher miraculeux, s'élèvent à la hauteur des plus grands arbres, confiant sans crainte leurs tiges frileuses à l'âpreté des vents [2].

Un religieux nous raconta tous les miracles de l'archange, qui apparut dans cette contrée au VIIIe siècle. « Dieu, nous dit le religieux, voulant abolir l'impure idolâtrie dont la forêt de Scicy était le repaire, ordonna à saint Michel d'aller chercher la mer, et de la conduire

---

[1] On voit encore au mont Saint-Michel et à Avranches des figuiers d'une beauté surprenante, et aussi grands que les plus grands arbres à fruit.

[2] *Chron. du mont Saint-Michel.* — Le P. François Fenardent, *Hist. de la fondation de l'église et abbaye Saint-Michel, au péril de la mer.* — Dom Lobineau, t. I, l. III.

sur cette forêt du parjure et de l'apostasie. » Tandis que les flots obéissaient, le séraphin s'était réfugié sur le mont Dol, et concevait l'idée de faire élever un temple pour perpétuer le souvenir de cet événement. Alors Satan osa se présenter devant lui pour disputer les droits qu'il revendiquait sur ces rivages. « Celui de nous deux, dit l'ange des ténèbres, qui le premier arrivera sur ce rocher que nous apercevons au loin, restera le maître d'y faire bâtir un temple. » En même temps il prit son essor et tomba dans le gouffre des mers, d'où s'exhalèrent des vapeurs bruyantes ; l'archange, au contraire, déploya ses ailes, et descendit sur l'heureux sommet qu'allait sanctifier son nom. Il apparut à saint Aubert, qui alors priait sur les hauteurs, et lui donna mission de construire une abbaye et une chapelle où seraient déposés, comme preuves de son apparition, le bouclier et le glaive avec lequel il vainquit le dragon d'Irlande. On nous fit voir ces armes célestes dans le reliquaire de l'abbaye [1].

[1] *Chron. de l'abbaye de Saint-Michel.* — Le P. François

Saint Aubert obéit; mais les ouvriers ne pouvant asseoir les bases du monument, parce que la sommité du rocher se divisait en deux pointes ardues, que nul art humain ne pouvait aplanir, saint Michel se fit apporter un enfant encore au berceau, et appuya le pied de cet enfant contre le rocher, qui aussitôt se détacha de sa base et roula au bas de la montagne, où il est encore, ayant conservé l'empreinte du pied de l'enfant [1].

Notre guide nous fit également remarquer une portion de la pierre où l'archange se reposa pendant son apparition, et d'où il regarda avec une compassion sublime le triste séjour de l'humanité [2].

Avant la submersion de ce pays, le mont Saint-Michel était environné de bois et de bruyères. Son rocher servait d'asile à des prêtresses gauloises. Comme celles de l'île de Saine, elles menaient une vie solitaire, et défendaient par toute sorte de prestiges leur de-

---

Fenardent, *Hist. de la fondation de l'église et abbaye du mont Saint-Michel.*

[1] *Chron. de l'abbaye de Saint-Michel.*
[2] *Chron. du mont Saint-Michel.* — *Neustria pia*, p. 383.

meure mystérieuse, évoquant à leur gré les météores, les vents et les tempêtes [1].

Ces fées portaient une couronne de verveine, une ceinture étoilée et un carquois d'or rempli de flèches magiques, auxquelles on attribuait la vertu de calmer les orages, lorsqu'elles étaient lancées dans les airs par le bras nerveux d'un jeune homme dont le cœur vierge encore n'avait point connu l'amour [2]. Les rois, les conquérans, les héros, avant d'entreprendre des expéditions maritimes, avaient soin de se munir de ces flèches précieuses. Ils ne pouvaient se les procurer qu'en députant vers les jeunes druidesses l'être virginal et robuste qui seul pouvait être admis près d'elles. Il arrivait avec des présens au pied du rocher; alors, soit que les fées de ces rivages fussent consacrées au culte de Sfionne, déesse de l'amour [3], soit que la soli-

---

[1] Pomponius Mela, l. iv. — Pline, l. xxiv, c. xi, p. 65. — Borlase, *Hist. ant. of Cornwall.* — Montfaucon, *Antiq. expliq.*, t. iv. — D. Rivet, t. i, p. 322.

[2] Déric, *Introd. à l'hist. ecclés. de Bretagne*, p. 312 et 313. — Saint-Foix, *Hist. sur Paris*, t. v, p. 60.

[3] Son fils se nommait Sifionne. M. Bernardin de Saint-

tude allumât dans leur sein le besoin d'aimer, l'une d'elles entraînait l'adolescent dans les bois; et, lorsqu'en marchant à ses côtés, belle de sa grâce et de ses attraits surnaturels, elle l'avait rempli d'une émotion brûlante, elle arrivait au bord des mers ou dans une rade ignorée, elle se plongeait dans les flots, et invitait le jouvencel épris de ses charmes à venir y folâtrer avec elle. La nuit ils pénétraient ensemble en des grottes odorantes que tout l'art des enchantemens avait embellies. Lorsque le jeune initié s'en revenait parmi les hommes, il attachait à ses vêtemens autant de coquilles qu'il avait passé de nuits dans les bras de la prêtresse voluptueuse[1].

Tel est l'empire des traditions qu'aujourd'hui même certaines pratiques rappellent encore au mont Saint-Michel quelques-uns des usages qui y florissaient bien des siècles

---

Pierre place son culte sur les côtes de la Normandie. (*Voy.* ses *Fragmens sur l'Arcadie*, l. 1.)

[1] Strab., l. IV. — Pomp. Mel., l. IV. — Pelloutier, *Hist. des Celtes*, l. IV, note 208. — De Saint-Foix, *Essais historiques sur Paris*, t. V, p. 61. — Déric, *Introd. à l'hist. ecclés. de la Bretagne*, p. 312 et 313.

avant l'introduction du christianisme. Les pèlerins que j'y vis ont conservé l'habitude de rapporter de petites coquilles d'argent qu'ils suspendent autour de leurs collerettes par un ruban rouge, symbole des feux du désir. On prétend même que ces pèlerins sont de nouveaux mariés qui se feraient scrupule d'habiter avec leurs femmes avant d'avoir entrepris ce voyage[1]; souvenir altéré des âges druidiques où l'on ne recevait en ce lieu que ceux dont l'heureuse ignorance apportait en tribut les prémices de l'amour.

On assure que, toutes les fois que les Anglais se sont approchés du mont Saint-Michel, on a vu l'archange protecteur exciter des tempêtes qui poussaient les vaisseaux ennemis sur les écueils[2]; croyance antique, et qui remonte, en effet, aux temps reculés où l'on supposait aux prêtresses de ce lieu le pouvoir d'allumer l'orage.

Je vis dans les mains des pêcheurs quelques

---

[1] M. de Noual de La Houssaye. Voyage au *mont Saint-Michel*. Paris, 1811, p. 28.

[2] De là cette devise de l'ordre de Saint-Michel : *Immensi tremor Oceani*.

pièces de monnaie à l'effigie de Saint-Michel. La vénération des ducs et barons de Normandie est si grande pour cet archange, qu'ils ont frappé des médailles et des pièces de monnaie en son honneur, ce dont ils sont loués comme il convient.

Les religieux de l'abbaye profitent de ce respect et savent le mériter par une vie exemplaire. On me rapporta que, Thomas de Saint-Jean leur ayant enlevé de vive force des terres qui leur appartenaient, ils composèrent contre lui une litanie qu'ils chantaient pendant la messe. Un jour que cet avare seigneur venait avec ses archers pour braver les religieux jusque dans leur cloître et convoiter quelque nouvelle spoliation, il entendit, en passant près de l'église, les chants accusateurs qui retentissaient au préjudice de son âme. Tout à coup frappé de terreur, il alla se jeter aux pieds de ceux qu'il avait opprimés, et leur cria miséricorde [1].

Tout près du mont Saint-Michel est un

---

[1] *Chron. de l'abbaye de Saint-Michel.* — Lobineau, t. 1, l. VI, p. 202. — *Gallia christiana*, t. XI, p. 105. — *Neustria pia*, p. 383.

autre mont en partie éboulé dans les flots qui le heurtent sans cesse. On le nomme *Tombelaine*.

Les paysans disent qu'une jeune fille du nom d'Hélène, n'ayant pu suivre Montgommery, son amant, qui allait avec le duc Guillaume conquérir l'Angleterre, mourut de chagrin sur ce rivage, où elle fut ensevelie. Les pêcheurs ont observé que chaque année, le jour et l'heure où l'on dit que trépassa cette fille de Châtelaine, quand elle eut perdu de vue dans la vapeur de l'Océan le vaisseau qui emportait sa vie, une colombe vient le soir sur les genêts de *Tombelaine*, et ne s'envole que le lendemain à l'aurore; mais, en dépit de cette amoureuse tradition, les clercs affirment que ce mont était autrefois consacré à Bélénus, dieu du soleil, et que de là lui vient le nom de *Tombelaine*[1].

A Essé je vis la roche aux fées. A croire ceux du pays, les fées auraient élevé les uns sur les autres ces blocs de rocher, après les

---

[1] Noual de La Houssaye, *Voyage au mont Saint-Michel*, p. 82, 83 et 84.

avoir apportés sur leurs têtes et dans leurs poches en tournant leurs fuseaux. La quantité de ces blocs prodigieux par leur grosseur varie, dit-on, sans cesse, et ceux qui les comptent une seconde fois ne parviennent jamais à trouver le même nombre que la première [1].

Je passai par Avranches, petite ville charmante, à moitié cachée sous le voile de ses hauts et larges figuiers. Elle est bâtie sur le plateau d'une montagne, d'où l'on voit la Bretagne et la Normandie, les terres et les mers, précédées de leurs grèves sillonnées par vingt rivières qui s'entrelacent en de nombreux détours. Robert Porte, évêque de cette ville, était un des confidens de Charles-le-Mauvais, roi de Navarre et comte d'Évreux. Ce prince venait de lui envoyer un messager pour qu'il eût à se rendre sans délai à sa cour. J'aurai occasion d'en parler ailleurs.

D'Avranches je marchai vers Granville, qui

---

[1] Déric, *Hist. ecclésiast. de la Bretagne.* — Noual de La Houssaye, lieu cité, p. 83.

voit dans la brume de son port de hardis pêcheurs monter sur des barques légères pour aller affronter au loin la tempête. Je pénétrais ainsi dans les belles campagnes de cette Normandie, moins sauvage que la Bretagne, moins originale et moins fidèle peut-être dans ses vieux usages, mais aussi célèbre par ses trouvères, et plus célèbre par les conquêtes de ses intrépides enfans.

CHAPITRE XXXI.

C'est une chose qu'il ne faut pas se lasser d'admirer en France que la variété de chacune des contrées appelées provinces, et les avantages particuliers qui leur sont diversement départis. Toutes se distinguent par des aspects, des cultures et des mœurs qui leur sont propres. J'en conclurai volontiers que Dieu a voulu limiter chaque gouvernement à une certaine étendue au delà de laquelle ne se trouvent plus au même degré les causes de sympathie et de bonne intelligence. En effet, l'amour du pays ne se composant que des traditions héréditaires, des fables apprises au sortir du berceau, des coutumes locales, des sentimens éprouvés à l'ombre des arbres qui croissent autour des foyers paternels, il en résulte que cet amour du pays est inhérent au lieu natal, et que le Normand ne pourra pas davantage le ressentir pour la Bourgogne que le Bourguignon pour la Picardie ou la Saintonge. Les climats, les sites, les alimens influant aussi, comme on l'apprend d'Hippocrate dans nos universités, sur l'esprit, le caractère et l'humeur d'un peuple, ceux qui naissent dans les mêmes espaces auront une harmonie de besoins, de désirs, de vœux, que n'auront assurément point les êtres disparates répandus par le hasard sur la surface d'un vaste royaume.

Il est encore à savoir que tout ce qu'il y a de chaleur dans notre âme s'évapore bientôt en se dilatant. Les petites armées ont plus de courage que les grandes, et les coutumes restreintes à certains lieux ont plus de force que les lois générales.

Il n'est pas surprenant que ces réflexions m'aient occupé en parcourant la Normandie, qui, au lieu d'être gouvernée par un souverain particulier, comme le sont tant de nobles provinces de France, se trouve réunie au domaine du roi [1]. Par bonheur elle a pu garder ses lois, ses usages, priviléges, franchises et libertés, ce qui lui vaut un simulacre

[1] La Normandie fut réunie en 1204 à la couronne, par suite des victoires de Philippe-Auguste.

d'indépendance; tant il est vrai que, long-temps encore après le changement des vieilles formes du gouvernement féodal ou municipal, ce qu'il y aura de bon dans le royaume des fleurs de lis sera précisément le reste précieux de ce gouvernement, qui, par une heureuse combinaison, avait su composer un tout de diverses parties, en les liant ensemble au moyen d'un pacte fédératif ou d'un pacte de foi et hommage, et en même temps conserver à chacune de ces parties son indépendance, son régime particulier et son allure nationale. Il n'est pas surprenant qu'un pareil gouvernement soit favorable à la prospérité d'une province, puisqu'il tend à concentrer sur un même point les sentimens, les talens, le courage et les passions. Tous ces élémens civiques, mis en action aux lieux où ils ont pris naissance, ne sauraient produire que des choses généreuses, touchantes et naturelles. Dans ces cercles étroits où le pouvoir ne peut guère s'écarter des obligations primitives qui l'ont rendu nécessaire, l'ambition est bornée, la vertu seule ne l'est pas ; on peut tout pour le bien, et le mal n'a pas assez de place pour agir et de tumulte pour se cacher; les constantes relations du voisinage agrandissent la parenté; les familles, celles même qui sont les plus roturières et les plus pauvres s'illustrent par une sorte de vétusté sédentaire. Là s'exerce une espèce de censure et de surveillance mutuelle qui ne permet guère au vice et à l'intrigue les chances d'un succès. L'opinion publique n'y peut être abusée, et chacun, se rendant justice parce qu'il ne pourrait l'éviter, mesure ses prétentions sur ses droits. Les bons sont naturellement indiqués, et leur élection aux emplois est unanime sans être concertée. Les mauvais craindraient d'autant plus de briguer des suffrages, qu'ils provoqueraient des réflexions désobligeantes. Là encore le fils ne rougit pas de la profession de son père, parce qu'il lui est impossible de la dissimuler, et que dès lors il a davantage à gagner en cherchant à se faire estimer dans cette profession qu'en aspirant à un changement de condition où le souvenir de ce qu'il était n'amènerait que le ridicule et le mépris. Ainsi, dans les petits gouvernemens, l'état habituel de modestie, d'honnêteté, de concorde, est un état forcé, puisqu'on ne pourrait s'y dérober par pudeur, si l'on n'y vivait point par nature.

Toute la Normandie appartient à la couronne; mais, je le répète, ses diverses parties ont retenu des nuances de féodalité ou de gestion communale qui suffisent pour y nourrir encore une ardeur d'émulation et un amour du bien public. Ces avantages s'y seraient éteints, si elles eussent été purement et simplement réunies au domaine royal, sans rien conserver qui leur fût propre et inné. Quelques-unes de ces parties, telles que Rouen et d'autres villes, sont gouvernées par des maires et des notables, gardiens des priviléges et compétences, où l'active bourgeoisie retrouve l'héritage moral et politique des ancêtres. Quelques autres parties vivent sous la domination des seigneurs, qui, bien que relevant du roi, n'en ont pas moins, sous beaucoup de rapports, une sorte d'autorité indépendante. Le comté d'Évreux, donné en apanage par les rois au sang de France, était passé par alliance au roi de Navarre, Charles-le-Mauvais.

Entre tous ces gouvernemens divers rattachés au trône des Valois, il faut distinguer comme un phénomène unique en son genre la terre d'Yvetot, érigée en royaume il y a bien des siècles. On rapporte que Clotaire, aussi crédule qu'injuste et cruel, prêtant l'oreille aux insinuations de ses courtisans envieux, crut qu'il était trahi par Gauthier d'Yvetot, son chambellan et son favori. Ce fidèle sujet évita sa colère en s'enfuyant, et décora son exil par des exploits et des vertus dont il attendait sa justification. Confiant en sa renommée, protégé par sa gloire, il reparut à Soissons, où Clotaire avait sa cour. Il choisit, pour se présenter devant ce prince, le jour du vendredi-saint, alors que le christianisme dispose tous les cœurs à la pénitence et à l'amour des hommes, qu'un Dieu racheta par sa mort. Mais l'erreur et le courroux de Clotaire ne s'étaient point dissipés; dès qu'il aperçut Gauthier d'Yvetot, il courut sur lui l'épée à la main, et lui arracha la vie.

Ce meurtre parut à la cour de Rome un acte barbare et impie. Le pape signifia à Clotaire qu'il eût à le réparer, sous peine d'excommunication. Le roi, déférant aux injonctions de l'Église, et cédant surtout à ses remords, ordonna que les héritiers de Gauthier, et tous ceux qui à l'avenir posséderaient Yvetot, seraient entièrement affranchis de la juridiction et de l'hommage des rois de France, ce qui érigeait cette terre en principauté absolue [1].

L'érection de la seigneurie d'Yvetot en royaume fut toujours respectée, et l'est encore aujourd'hui. Un grand nombre de lettres patentes, d'ordonnances et arrêts, font mention du roi d'Yvetot, et consacrent ses priviléges [2]; aussi les vers suivans sont-ils devenus un dicton populaire.

« Au noble pays de Caux,
Sont quatre abbayes royaux,
Six prieurés conventuaux,

---

[1] Rob. Gaguin, *de Francor. Gestis.*, l. II, fol. 17.—Robert. Cenalis, év. d'Avr., *de Re gallicâ, perioche tertia.* — Fulgose de Gennes, *Traité des faits mémorables*, l. VI, fol. 322. — Nic. Gilles, *Chron. de la Fr.*, fol. 40 et 41.— Du Haillan, fol. 54. — Cæs. Baronius, *Annales*, t. VI, fol. 31. — Sponde, *Épitome*, 2e partie. — Gabriel du Moulin, curé de Maneval, *Antiq. de Norm.*, fol. 32. — Chassanée, *Catalog. glor. mundi*, cons. 42.—Masseville, *Hist. de Norm.*, t. I, p. 313.

[2] Chopin, *de Regulis juris*, lib. I. — *Lettres patentes*

Six barrons de grand arroi,
Quatre comtes, trois ducs, un roi [1]. »

Cette petite seigneurie est considérée comme un état indépendant qui a son code coutumier et sa monnaie. Elle n'a jamais fourni de troupes et d'argent soit aux ducs de Normandie, soit aux rois de France; on n'y connaît pas le ban et l'arrière-ban, non plus que les assignations à la cour du parlement de Paris ou à l'échiquier de Normandie. Trop peu étendue pour être convoitée, elle doit à l'humilité de ses frontières les douceurs d'une paix éternelle, et n'entretient pas à grands frais des forteresses et des soldats. L'ombre de Gauthier suffit pour défendre cet heureux pays, que ne trouble point le bruit des armes et des trompettes. Pour compléter son bonheur, le ciel lui concéda le privilége de la beauté. Ses

de Charles VI, du 18 mars 1401; de Charles VII, du 14 juillet 1450; de Louis XI, d'octobre 1464; de Louis XII, du 30 août 1503; de François Ier, de mai 1543; de Henri II, du 26 décembre 1553; de Charles IX, des années 1572 et 1573; de Henri III, du 1er mars 1578; de Henri IV, de l'an 1600, etc., etc.

[1] De Bourgueville, *Rech. de la Normandie*, fol. 53.

femmes sont toutes remarquables par la grâce de leur taille, la régularité et la finesse de leurs traits, la fraîcheur de leur teint, la mystérieuse douceur de leurs yeux bleus, et l'amabilité de leur sourire. Leur chevelure d'un blond cendré, relevée en tresses sur un front dont elle couronne la pudeur, pourrait, en retombant de toute sa longueur, voiler de leurs ondes de soie le corps le mieux fait que *onc* chevalier courtois ne pressa sur son cœur avec permission d'hymen ou d'amour.

Ce que je dis du pays de Caux, où se trouve situé le royaume d'Yvetot, a été remarqué de tous les voyageurs, et même des clercs et ecclésiastiques, ne pouvant faire autrement de proclamer la vérité telle qu'elle. Toutes les femmes et filles de ce gentil pays sont de fait d'une nature accomplie, et celui qui les yeux fermés en saisirait une laide, serait né bien malheureux pour encourir un hasard qui n'a pas une chance sur mille. D'où vient donc que cette beauté des anges, montrée ailleurs comme par grâce, est ici prodiguée ? Un ermite à qui je le demandai, parce qu'il était compétent, puisqu'il y avait en quelque sorte une question de miracle, me répondit que, pendant les guerres qui ont ravagé la Normandie, les familles de cette province ont profité de l'inviolabilité assurée au petit royaume d'Yvetot pour conduire dans ses vallées tutélaires les vierges les plus belles, afin de les soustraire à la brutalité des ravisseurs. Ce concours de filles jolies qui s'établirent à Yvetot fut la source d'un sang pur, d'où découla naturellement la beauté, comme s'il eût fallu peupler le paradis terrestre. De là ces races angéliques perpétuées sous des ombrages de paix et d'amour, à l'abri de toute révolution, sans orages, sans passions, sans chagrins. Les femmes sont belles par émulation de naissance, car les regards de leurs mères ne se portent que sur des objets charmans, dont l'empreinte marque le fruit qu'elles ont dans leur sein; elles sont belles encore par les habitudes d'une vie heureuse, par la mansuétude de leur esprit et de leur cœur : en un mot, elles sont belles parce qu'elles respirent un air vivifiant pour la beauté.

Il est impossible, en passant de Bretagne en Normandie, de ne pas être frappé du contraste de leurs campagnes. Celles où les fiers Scandinaves ont daigné accepter le bonheur pour cesser un moment de poursuivre le cours de leurs sanglantes victoires [1] sont riches de leurs pâturages et de leurs vergers. Ces pâturages, où paissent les coursiers de la chevalerie, retentissent de hennissemens qui rappellent les combats à la foule et les cris du tournoi. Ces vergers, les plus beaux peut-être de l'univers, sont plantés de pommiers odorans, dont la culture aérienne se concilie avec les rampantes moissons du blé noir et du maïs. Le pommier est l'arbre favori de l'antique Neustrie; il y croît sur les coteaux et dans les vallées, au bord de l'inculte bruyère, et autour des villages, dont il voile de ses tiges fécondes les fraîches demeures, que le voyageur ne devine qu'à la cime de leurs toits, ou à l'azur vaporeux de la fumée qui monte au-dessus du feuillage hospitalier.

---

[1] *Chron. Fontanell.*, ap. D. Bouquet, t. VII, p. 40. — *Chron. de gest., Nortm.* ap. Chesn., t. II, p. 524. — *Bibl.*, P. P., t. XIV, p. 817, ed. Lugd. — *Will. Gemetic. mon. hist. Nortm.*, l. II. — *Chron. Adem.* — Cordemoy, *Hist. de Fr.*, t. II, p. 444. — Velly, t. II, p. 194.

Je traversai le pays dans la saison même où l'on récolte ces fruits, qui, amoncelés sous le pressoir banal, y distillent une boisson pétillante. Les pommes exhalent dans leur maturité une odeur aussi suave que le parfum de l'orange. Les unes en ont la couleur ; d'autres, plus brillantes que la pourpre, rehaussent la verdure du plus vif éclat. Ces teintes diverses donnent aux vergers un luxe innocent, et agacent de tout côté les regards ravis de tant d'aimables richesses. Leur récolte est le sujet de fêtes et de divertissemens sans nombre. Tout, jusqu'à la chute de ces fruits, prête à des jeux espiègles, dont l'amour sait profiter ; aussi dit-on que la Neustrie doit le trésor de ses pommiers nombreux aux pépins de la pomme divine que la belle Siofne reçut pour prix de la beauté, et qu'une autre fée lui aurait dérobée pour en répandre les semences dans les campagnes [1]. Mais ce n'est là qu'une fable, rapportée avec tant d'autres dans les présens mémoires.

---

[1] Bernardin de Saint-Pierre, *Frag. sur l'Arcadie*, liv. 1, chant des Gaules.

De la gentille et bien aérée ville d'Avranches je me rendis à Coutance. Je vis près de cette ville deux vieux châteaux qui me donnèrent à penser. L'un est le château Pirou, l'autre fut la résidence de Tancrède, seigneur de Hauteville. Il avait douze fils. Six d'entre eux suivirent le duc Guillaume en Angleterre, les six autres allèrent conquérir la Sicile, Naples, la Pouille et la Calabre, d'où ils expulsèrent les Grecs dégénérés et les Sarrasins[1]. Les enfans de Tancrède n'étaient venus là qu'avec leur épée, et malgré d'incroyables exploits, ils n'auraient pu se maintenir dans leurs conquêtes, si un prodige ne leur eût ouvert d'immenses trésors. Il y avait dans les champs d'Apulie une statue de marbre portant une couronne de cuivre, autour de laquelle ces paroles étaient gravées : *Le 1er jour de mai, au soleil levant, j'aurai une couronne d'or.*

---

[1] Gaufridi Malaterra, lib. I. — *Chron. Cassin.*, lib. II, c. LXVIII, LXXII; l. III, c. XLIV. — Fazell., *de Reb. post. decad.*, lib. VI, c. II; lib. VII, c. I. — Willelm. Apul., l. I et l. II. — Le Blond., *Decad.* II, lib. III. — Carol. Sigon., lib. III. — Orderic. Vital., *Hist. eccles.*, l. III, IV, V, VI et VII.

Nul expert en écriture n'avait pu comprendre le sens de cette inscription, lorsqu'un Arabe, prisonnier de Robert de Hauteville, dit à ce vaillant capitaine : « Ceci vous enseigne qu'il vous faut creuser la terre à l'endroit où le soleil en se levant, le 1er jour de mai, marquera l'ombre de la tête de cette statue. » Robert le fit volontiers, et trouva plusieurs coffres remplis d'or [1].

Je couchai au château de Hauteville, et durant toute la nuit ne rêvai que batailles, villes gagnées, entrées triomphantes et sacres pompeux, en dormant sous les courtines où jadis les futurs souverains des plus beaux pays du monde, alors qu'ils n'étaient encore que de simples chevaliers inconnus, se sentaient agités d'un secret besoin de gloire et d'aventures.

Les appartemens qu'ils habitèrent sont restés, comme en leur temps, suffisamment parés de souvenirs. On voit encore en la salle des repas les buffets à rayons où ils prenaient, en revenant de leurs chevauchées et exercices,

---

[1] Masseville, *Hist. de Normandie*, t. 1, p. 165 et 166.

les brocs et les coupes qu'ils vidaient tour à tour. On y voit aussi les escabelles où ils s'asseyaient sur deux rangs, le long d'une table de noyer, où ils étaient placés par ordre de primogéniture, ayant à leur tête, d'un côté leur père, et de l'autre la belle Frésonde, son épouse [1]. Au-dessus de la table, sur deux lances placées l'une près de l'autre, et suspendues horizontalement aux solives par des liens d'osier, étaient rangés comme dans une huche les pains de seigle, que l'aîné des enfans entamait après avoir dit à haute voix le *Benedicite*; puis le chanteau du pain était offert sur un plat d'argent aux père et mère, qui faisaient le signe de la croix. Cette espèce de huche à claire voie n'est en Normandie, où le régime dotal est le seul admis entre époux, à l'exclusion du régime de la communauté [2], qu'un meuble de pure utilité; mais, dans la plupart des autres provinces que j'ai parcourues, ce

---

[1] Gaufridi Malaterra, lib. 1. — Gabriel Dumoulin, *Conq. des Normands*, l. 1, som. 3.

[2] La *Coutume de Normandie* contient une prohibition expresse de stipuler une communauté. (*Voy.* Basnage et les autres commentateurs de cette *Coutume*.)

meuble est aussi un emblème consacré de temps immémorial pour signifier que les époux et les enfans *vivaient au même pain;* ce qui établissait une communauté tacite. De là cet axiome, que la division du chanteau fait cesser la société conjugale, c'est-à-dire qu'il y a séparation de biens et partage, lorsqu'on vit *à pain séparé* [1].

Quant au château Pirou, dont j'ai parlé cidevant, il est situé près d'une lande si déserte et si stérile, que tout cœur d'homme en est contristé. Ce lieu est frappé de magie, et le château lui-même en est, dit-on, une preuve certaine, puisqu'il fut créé d'un coup de baguette par les filles d'un seigneur de Cotentin, qui étaient de véritables fées. Lors de l'invasion des Normands en Neustrie, elles

---

[1] *Voy*. Laurière, en son *Glossaire*, v° *Chanteau*. — Chopin, sur la *Cout. de Paris*, liv. II, tit. 1, p. 146. — Beaumanoir, ch. XXI, p. 111. — *Anc. Cout. de Bourges*, art. 21, 22, 36, 93, 104, 149 et 159. — *Cout. d'Angoumois*, art. 41; — *d'Auxerre*, art. 201; — *de Berri*, tit. VIII, art. 10; — *de Chartres*, art. 261; — *de Chaumont*, art. 75; — *de Montargis*, tit. IX, art. 1; — *de Poitou*, art. 31; — *de Saintonge*, art. 58; — *de Sens*, art. 280.

échappèrent à la fureur de ces barbares, en se métamorphosant en cygnes. Tous les ans elles reviennent sous cette forme visiter leur ancienne demeure[1] : quoiqu'elles soient passablement déguisées de cette façon, les paysans de la banlieue prétendent les reconnaître pour les demoiselles de leur ancien seigneur, et ils les saluent très-respectueusement.

De Coutance je cheminai vers Saint-Lô. C'est une ville très-satisfaite de sa bonne bourgeoisie et de ses grosses manufactures de draps[2]. Il n'est homme vivant qui puisse croire la quantité de richesses que renferme son enceinte. Mais elle est mal cloturée de remparts, et l'on y entre facilement. Aussi fut-elle plus d'une fois pillée par les Anglais, qui, notamment en 1346, y prirent quarante mille pièces de drap, ainsi que force joyaux et vaisselle d'or et d'argent[3].

---

[1] M. Salgues, *Erreurs et préjugés rép. dans la société*, t. II, p. 249.

[2] Masseville, *Hist. de Normandie*, t. III, p. 192.

[3] Froissart et Gaguin parlent de cette énorme quantité de richesses. — *Voy.* aussi Masseville, lieu cité, p. 192 et 193.

De Saint-Lô on arrive à Bayeux, quand on le peut; car le chemin ouvert à travers une grande forêt est souvent impraticable. La ville de Bayeux est assise dans une plaine fertile et riante; son église est une des plus belles de la Normandie : on y contemple des tombeaux où la mort est vivante, et où le deuil est mené grandement.

Les évêques de Bayeux sont de majestueuses colonnes dans l'édifice vivant de la chrétienté; et c'est vraiment une chose admirable que ces prélats de France, élevés à l'égal des puissans seigneurs par leur fortune et leur naissance, afin que la parole évangélique puisse atteindre à toutes les hauteurs. Tandis que la religion frappe à la cabane de l'indigent sous l'habit de l'humble pasteur, elle entre sous la pourpre dans le palais des rois et des barons; tandis que sur les fleurs qui bordent la cellule de l'ermite ou la fontaine de la madone, elle dit aux mères : *Laissez venir à moi les petits enfans.* Elle crie au monarque idolâtre : *Baisse la tête, Sicambre, adore ce que tu as brûlé, et brûle ce que tu as adoré.* Tout, dans la ville de Bayeux, atteste et célèbre la grandeur, la magnificence, la piété, le savoir et le zèle des cinquante et un évêques qui ont tour à tour régné sur le trône de cette église, depuis saint Exupère [1] jusqu'à ce respectable Louis Tezard, auquel je fus demander la bénédiction, et dont Charles V récompensa plus tard les éminentes vertus en l'appelant à l'archevêché de Reims [2]. Parmi ces évêques, les uns sont sortis du sang royal; d'autres doivent leur origine à la race héroïque des Tancrède de Hauteville [3], seize d'entre eux brillent au ciel, couronnés de l'auréole des saints, et le diocèse de Bayeux resplendit encore de leurs miracles [4]. Tous ces illustres princes de l'Église

---

[1] Bolland., act. LV, 16 maii. — Hermant, *Hist. du diocèse de Bayeux*, 1re partie, ch. 1.

[2] *Monast. angl.*, t. 1, fol. 881 ; t. 11, fol. 26. — *Hist. de la maison d'Harcourt*, t. 11, fol. 1529. — Marlot, *Hist. de Reims*, an 1374.

[3] Ord. Vital., *Hist. eccles.*, lib. III, ap. Chesn., fol. 472. — *Gallia christ. Sam.*, t. 1, fol. 611.

[4] Brev. Baïoc. — Jean de La Barre, *in vita S. Exup.*— Sauss., *in Martyr*, 16 april., et t. 11, 14 oct. — *Gall. christ.*, t. 11, *in Baïoc.* — Rob. Cœnal., *de Re gall.*, fol. 150 et seq. — *Neustra pia*, fol. 64 et seq. — Hermant, *Hist. du diocèse de Bayeux*, 1re partie, ch. 1, 11, V, VIII, IX, etc.

s'appliquèrent soit à édifier et enrichir les temples du Seigneur, soit à fonder des hospices, soit à rétablir la discipline, à réformer les abus, à conserver les mœurs. Quelle vénération profonde tant d'augustes personnages doivent inspirer aux fidèles ! Comme la croix triomphe élevée par leurs fortes mains, et comme Dieu semble grand quand ils se prosternent devant lui !

Je logeai dans un *chef-moy* [1] délabré, qui avait autrefois appartenu à Renaud, comte de Bessin. Ce fut là que ce seigneur conspira contre Guillaume-le-Bâtard avec Neel de Saint-Sauveur, vicomte du Cotentin, et Hamon de Thorigny. Ils prirent la résolution de partir de Bayeux pendant la nuit, et d'arriver avant le point du jour à Valogne, où se trouvait le duc, afin de le saisir dans son lit. Le fou de la cour de Normandie se trouvait alors chez le comte de Bessin, qui se défiait peu de ce

---

[1] Les anciens Normands appelaient *moy* ou *mais* la principale habitation de leur seigneurie. On dit encore, dans ce même sens, au pays de Caux, le *chef-moy* d'un fief. (*Voy.* Glanville, lib. vi, § 17. — Houard, *Lois anglo-normandes*, t. I, p. 458.)

burlesque personnage. Il entendit et comprit tout. Puis se rendit promptement à Valogne, où il apprit au duc Guillaume à quel danger il était exposé.

Le prince, qui était là sans défense, se sauva presque nu sur un coursier qu'il poussa à travers la campagne; il s'égara dans les ténèbres, et se rapprochant du péril qu'il fuyait, il se trouva sur la route de Bayeux, où il entendit un grand bruit de chevaux. C'étaient les conjurés, suivis d'une troupe de gens armés [1]. Guillaume se cacha derrière un buisson, et ce fut là précisément que le comte de Bessin fit faire halte à ses compagnons pour reprendre haleine. Ils délibérèrent s'il fallait faire Guillaume prisonnier ou bien lui ôter la vie : ce dernier parti prévalut, et l'on jura de ne point épargner le bâtard. A ce moment le cheval du duc se prit à hennir; mais on crut que c'était un des chevaux de la troupe, et l'on se remit en marche. Guillaume se dirigea vers Rouen sans argent et sans troupes : mais

[1] De Masseville, *Hist. de Normandie*, t. 1, p. 172 et suiv. — *Hist de la ville de Rouen*, par M. S***, avocat au parlement de Rouen, t. II, l. II, p. 165 et 166.

un grand cœur fait tout, et c'est de cet état de dénûment que l'on voit ce prince courageux s'élancer d'exploits en exploits au trône d'Angleterre.

Entre Bayeux et Caen je me reposai au village de Reviers, où saint Vigor étouffa de ses deux mains un énorme serpent qui ravageait le pays [1]. Je traversai l'espace désert où saint Contest se retira dans la solitude, et d'où il chassa le démon, qui s'était présenté à lui sous la forme d'un géant [2]. Je passai sur le territoire de *Champ Fleury*, ainsi nommé parce qu'au milieu de l'hiver il se couvrit tout à coup de verdure et de fleurs, lorsque saint Gerbold le traversa pour aller occuper à Bayeux le siége épiscopal, où l'appelait sa renommée [3]. Bientôt la rigidité de sa vertu effraya ses ouailles mondaines; objet de leur ingratitude, il s'éloigna de Bayeux : on me fit voir le pont où il

---

[1] *Neustria pia*, fol. 65. — Hermant, *Hist. du diocèse de Bayeux*, ch. IX, p. 45.

[2] Rob. Cœnal., *de Re gall.*, fol. 156. — Sauss., *Martyr. gall.*, fol. 53. — Hermant, ch. VIII, p. 41.

[3] Brev. Baïoc. — *Ex cod. nigr., cap. Baïoc.*, fol. 128. — Hermant, 1re partie, p. 78.

jeta son anneau pastoral, en s'écriant qu'il ne consentirait à revenir que lorsqu'on lui rapporterait cet anneau. La famine et la peste firent expier son absence, et Bayeux implorait en vain son retour, lorsqu'un pêcheur trouva l'anneau dans les entrailles d'un poisson. Les fidèles le rapportèrent processionnellement à saint Gerbold, qui regarda ce miracle comme un ordre du ciel. Il revint donc à Bayeux, et sa présence purifia de tout fléau la ville repentante [1].

Je vis à la porte de plusieurs châteaux et monastères un petit toit porté sur quatre pieux, et sous lequel on vendait le cidre du fief; car, d'après un usage qui se retrouve en beaucoup d'autres endroits, les seigneurs et les abbés qui ont des vignes ou qui font du cidre, font débiter au pot leur récolte tout près de leur demeure, par quelques-uns de leurs valets [2]. Le roi, qui a des vignes dans

---

[1] *Neustria pia*, fol. 341. — Hermant, 1re partie, p. 80. — *Gall. christ.*, t. III, fol. 741.

[2] Le Grand d'Aussy, *Vie privée des Français*, édit. de M. de Roquefort, t. II, p. 406.

ses enclos, fait lui-même crier son vin, soir et matin, par les crieurs publics [1].

[1] Une ordonnance de saint Louis, en date de 1268, assujettit positivement le crieur public à crier *le vin du roi* par les rues de Paris. *Tint li autre tavernier cessent, et li crieurs tint ensemble doivent crier le vin, le roy, au matin et au soir, par les carrefours de Paris.*

CHAPITRE XXXII.

La ville de Caen est, au jugement de chacun, l'une des plus belles, spacieuses, plaisantes et agréables que l'on puisse visiter, soit en situation, structure de murailles, de temples et hauts pavillons, soit à cause de ses deux vastes prairies, terminées par de rians coteaux, au pied desquels la rivière de l'Orne flue et reflue selon le *flot* et *reflot* de la mer[1]. Elle est dominée par un fort château, qui se voit de loin, et dont la grosse tour carrée est flanquée de quatre tours rondes qu'on appelle, je ne sais pourquoi, le cheval blanc, le cheval noir, le cheval rouge, et le cheval gris[2] : peut-être est-ce par honneur et gentillesse pour la chevalerie, qui tant de fois a défendu ce formidable donjon.

En approchant de *la Porte au Duc*, j'entendis une grande sonnerie partir de toutes

---

[1] Charles de Bourgueville, *Rech. et Antiq. de la ville de Caen*, p. 5.
[2] Charles de Bourgueville, *ibid.*, p. 19 et 20.

les églises et abbayes de cette belle cité. L'air en était saintement ébranlé, et la population de tous les lieux d'alentour accourait en habits de fête. Jamais je n'avais vu une telle multitude. La ville, toute vaste qu'elle est, ne pouvait la contenir, et une grande partie campait au dehors sous des toits dressés à la hâte ou sous des tentes nombreuses. On m'apprit que l'échiquier de Normandie était venu tenir ses assises. L'échiquier, dont le nom étrange a fait le tourment des clercs et des chroniqueurs, est le parlement de Normandie, tel qu'il fut institué par Rollon, premier duc de cette province, et confirmé par Philippe-le-Bel. Cette cour de justice solennelle est ambulatoire, et s'assemble à Pâques fleuries et vers la Saint-Michel, tantôt à Rouen ou à Caen [1], tantôt à Vire ou à Falaise. Sa session dure trois mois; elle est composée de l'élite de la noblesse et du clergé de Normandie, sous la présidence du grand

---

[1] Duplessis se trompe lorsqu'il rapporte que Philippe-le-Bel fixa l'échiquier dans la capitale de Normandie, en 1302. Cette cour de justice fut tenue à Caen en 1382 et 1392, comme le prouvent Terrien et Bourgueville.

sénéchal de cette province. On y voyait aussi siéger les sept grands-baillis de Normandie, les officiers de ces bailliages, les légistes, jurisconsultes et avocats, autrement appelés *conteurs*, non pas, comme on pourrait le croire, parce qu'ils contaient leur affaire, mais parce que dans l'origine ils devaient être autorisés à exercer leurs fonctions par les juges du comté auxquels ils étaient attachés [1].

L'échiquier est donc une convention de prélats, comtes, barons, et juges du pays, à qui il appartenait d'amender les torts que faisaient les baillis, et de regarder de toutes parts, comme les yeux du prince, toutes les choses qui appartenaient à son honnêteté et à sa dignité [2]. Cette cour majestueuse était instituée non-seulement pour confirmer ou infirmer par voie d'appel les sentences des juridictions subalternes, mais encore pour *se recorder de l'usance* [3], c'est-à-dire pour remémorer les

---

[1] Britton, ch. LXXXV. — Hornes, *the Mirror of justice;* cap. II, sect. V *des Countors*. — Terrien, fol. 350.

[2] Terrien, *Style de l'échiquier*, l. xv, p. 641. — *Anc. cout. de Normandie*, ch. III et LVI.

[3] De Masseville, *Hist. de Normandie*, t. III, p. 37.

usages, traditions et autres points de droit et de fait qui constituaient la coutume de Normandie, laquelle, dans l'origine, n'étant pas rédigée par écrit, mais se conservant oralement dans l'esprit des peuples, aurait pu s'altérer sans les revues des souvenirs.

C'était pour la ville où l'échiquier tenait ses assises un événement important, source de mille et mille avantages de toute espèce. Il y avait en séance, sans compter les légistes et les officiers des bailliages, quatre-vingt-quinze membres du corps du clergé, et soixante-douze du corps de la noblesse [1]. Chacun de ces membres avait une suite nombreuse, et souvent même des équipages de chasse et des cortéges de dames et de chevalerie : ce concours, joint à la multitude innombrable des plaideurs, ramassée pendant le semestre de toutes les justices secondaires, attirait les marchands forains, les négocians des provinces

---

[1] *Voy.* des Catalogues de l'échiquier de Normandie, dans le curé de Maneval, en ses *Conquêtes des Normands*; dans *l'Histoire de la ville de Rouen*, par le prieur Farin; et dans *l'Histoire de Normandie*, de M. de Masseville, t. III, p. 39 et suivantes.

voisines, les trouvères, les musiciens et les bateleurs. C'était alors que l'on concluait des marchés, que l'on méditait des entreprises et que l'on proposait des alliances. Les clercs et les savans arrivaient aussi en foule pour jouir de cette communauté de lumières et de cette émulation sociale. Rien n'est plus touchant, je l'assure, et plus propre à substanter les sentimens de loyauté et d'attachement entre tous ceux d'une même province que les relations d'hospitalité renouvelées durant les assises de l'échiquier. Les bourgeois de Caen avaient leurs hôtes de Rouen, d'Alençon, de Gisors et d'autres lieux, qui les recevaient à leur tour quand l'échiquier tenait en leur endroit. Cette réciprocité de bons offices nourrissait, dis-je, entre les villes normandes des dispositions fraternelles : c'était un échange d'aimables procédés et de petits présens, que les enfans de la maison voyaient sortir avec une joie naïve des flancs de la bourriche agréée.

On pourrait croire que tant d'étrangers réunis dans la même ville y causent une sorte de confusion; mais il n'en est pas ainsi, grâce à la sagesse des coutumes, qui, pour prévenir le vagabondage et les délits, ont rendu les habitans responsables des fautes de ceux qu'ils reçoivent. La première nuit, selon ces coutumes, on est présumé ne pas connaître le voyageur qu'on accueille; la seconde nuit on est censé, en le logeant, remplir le devoir de l'hospitalité; mais, après la troisième nuit, il est réputé membre de la famille, qui dès lors répond de ses faits et gestes [1].

Ainsi tous les hommes sont si bien classés, que tous présentent des garanties à la société. Les familles et les communes sont également soumises à cette solidarité. On trouve encore en Normandie quelques restes précieux de ces associations patriarcales que nos pères appelaient *gildes* ou *francplége* [2]. Elles s'étaient formées originairement entre laboureurs ou commerçans, et plus tard entre les habitans de chaque bourg, qui mettaient en commun leurs intérêts et leurs

---

[1] Britton, ch. XII. — *Leges Burgorum.*, cap. XC.

[2] Gloss. Wilk, v° *Congildon*. On les appelait aussi *friborga*.

sentimens. Dix familles composaient un *décanat*, chaque *décanat* était présidé par un doyen; dix *décanats* composaient l'*hundred*, ou la commune, qui avait pour chef un centenier [1]. Les anciens des familles avaient une inspection naturelle sur les travaux, les actions, les mœurs de tous les membres de la commune, qui s'appelaient entre eux frères ou compagnons [2]; ils sont pairs entre eux, et, comme les nobles, ils ont aussi leur pairie : les grandes fortunes ne sont point tolérées dans l'*hundred*, parce que toutes les conditions y doivent être obscures et modestes. Celui qui a trop verse dans une caisse où l'on puise des secours pour celui qui n'a pas assez [3].

Cette organisation des communes est purement volontaire; c'est une espèce de confrérie protégée par la loi, mais non commandée par elle. Cette loi n'empêche rien de ce qui peut convenir aux individus sans intervertir

---

[1] Glanville, lib. v, § 5. — *Statuta Gildæ.*
[2] *Anciennes coutumes de Senlis, de Clermont, du Boulonnais*, etc.
[3] *Statuta Gildæ*, cap. XI et seq.

la marche du pouvoir. Elle a pris d'ailleurs ses sûretés avec les communes, non-seulement en les assujettissant à son action régulière, mais en les punissant pécuniairement du meurtre ou des vols qui se commettaient dans leur étendue, en telle sorte qu'elles ont intérêt à veiller elles-mêmes à leur police et à poursuivre les délinquans. Aussi, dès qu'un malfaiteur ou un fugitif prend pied dans une commune, tous les habitans le pourchassent au son du cor et par le cri du *haro*, jusqu'à la ville la plus prochaine, où il est livré à la justice [1].

Il est une autre institution que je ne saurais louer trop dignement : c'est celle qui adjoint à chaque fonctionnaire, à chaque serviteur, quel que soit son grade; à chaque artisan ou métayer; en un mot, à quiconque exerce une autorité ou un emploi, depuis le suzerain jusqu'au portier du château, depuis l'intendant jusqu'au bouvier, depuis le maire jusqu'à l'humble officier de la petite sergenterie; qui lui adjoint, dis-je, un disciple, qu'on appelle

---

[1] Houard, *Coutumes anglo-normandes*, t. IV, p. 96. — *Fleta*, lib. I, ch. XXX.

junior, qui obéit respectueusement à celui près duquel il est placé, et qu'on nomme le *senior*, ou le doyen, ou le maître [1]. Ainsi les grands seigneurs avaient autour d'eux, comme on l'a déjà vu, les enfans des maisons nobles, qui venaient, en les servant, apprendre le métier des armes et les bonnes façons de la courtoisie [2]. Les juges avaient leurs auditeurs, les religieux leurs novices et frères servans; les artisans avaient leurs compagnons; le porcher avait lui-même son apprenti; d'où est venu ce proverbe : « chacun son métier, et les porcs seront bien gardés [3]. »

Il en résultait que les professions étaient toujours doublées, et que sur l'arbre social, qui sentait jusque dans ses moindres tiges

---

[1] *Leg. Alam.*, tit. LXXIII, § 1. — *Capitul.* 63, l. III. — Hincmar, *de Ord. palat.*, ch. XVII.

[2] *Chron. de Jéhan de Saintré*, p. 2. — *Hist. de Bayard*, l. 1, p. VI. — Montaigne, *Essais*, t. III, p. 175. — De La Curne Sainte-Palaye, *Mém. sur l'anc. chev.*, t. 1er, 1re partie, p. 4, 5 et 6.

[3] *Capitul. Car. Magn.* ann. 802, ch. XXV. — *Capitul.* 41 et 44, l. IV — *Capitul. de Willis*, ann. 800, art. 57; Balus., col. 331 et 339. — Houard, *Remarques sur le Domesday*, t. 1, p. 232 de ses *Coutumes anglo-normandes*.

s'infiltrer comme un esprit de vie la sève de cet heureux patronage, on voyait tout ensemble le fruit mûr et la fleur en bouton. Cet accouplement de l'expérience et du noviciat, de l'enseignement et de l'apprentissage, du commandement et de l'obéissance, offre beaucoup d'avantages. La subordination n'est point humiliante, parce que celui qui sert aujourd'hui devra commander à son tour, et que sa soumission et son respect ne font qu'ajouter à l'autorité dont lui-même jouira un peu plus tard. Chaque chose est bien faite et bien apprise; une profession devient une destinée, et l'on n'en change pas plus que de nature.

Je ne fus pas le dernier à me rendre aux assises de l'échiquier, qui se tenaientt en un bâtiment situé grande rue *Exmesine;* car, à la différence des justices subalternes, qui siégent presque toujours en pleine campagne, sur l'herbe des collines, ou la pierre des perrons, les justices royales siégent sur des bancs élevés et à couvert [1].

[1] *Capitul. Bal.*, p. 782, t. i et t. ii, col. 1193. — Spelman, *Gloss.*, v° *Bancum.*

Il y avait des bancs supérieurs et des bancs inférieurs en la cour de l'échiquier; sur les premiers, et à droite des présidens, le clergé prenait place; à gauche s'asseyait la noblesse. Sur les autres siéges étaient les baillis, gens du roi et autres officiers de justice [1]. Parmi tant d'illustres membres, je remarquai l'archevêque de Rouen, les évêques de Lisieux, de Bayeux, de Seez, les abbés de Jumiéges, de Cormeilles, de Saint-Joire, du Mont-aux-Malades, de Cerisy, de Belle-Étoile, les prieurs de Longueville, du Mont des Deux-Amans, de Saint-Frémont et de Saint-Vigor ; j'avais soupé la veille avec ce dernier chez Guillaume de Tibouville, abbé de Saint-Étienne [2], et ce fut lui qui, m'ayant pris en amitié, m'expliqua les choses curieuses que je vais rapporter tout à l'heure touchant le droit et les coutumes de Normandie.

Sur les hauts siéges de la noblesse étaient notamment les comtes d'Harcourt, de Tancarville, d'Aumale, de Mortain et d'Ivry, les

[1] De Masseville, *Hist. de Normandie*, t. III, p. 38.
[2] Hermant, *Hist. du diocèse de Bayeux*, 1re partie, p. 287.

vicomtes de Roncheville, de Fontenay, de Saint-Sauveur, les barons du Fresney, de Thorigny, des Biards, de Saint-Pair, de l'Aigle, de La Ferrière, de Montgommery, de La Ferté, et beaucoup d'autres nobles et magnifiques seigneurs.

On procéda à l'appel de tous les membres ayant voix délibérative, et ceux qui ne comparaissaient pas, quel que fût leur dignité, étaient condamnés à l'amende, à moins d'excuse raisonnable[1].

Les ajournemens sont signifiés par des sergens, qui se font assister de deux témoins choisis dans la classe des pairs, c'est-à-dire parmi les égaux du défendeur. L'assignation donnée à un baron était certifiée par quatre chevaliers [2]. Cette authenticité dans la remise des avertissemens judiciaires ne permettait pas à l'assigné d'ignorer la demande

---

[1] Au mois de juin 1485, Charles VIII, séant en son lit de justice, à l'échiquier de Rouen, condamna à l'amende le comte d'Eu, pour ne s'y être pas trouvé. *Rép. de jurisprudence*, v° *Échiquier.*

[2] *Anc. coutume de Normandie*, ch. *des Semonces*, et regist. *olim*, parlement de la Saint-Martin, en 1258.

intentée contre lui, et il n'était jamais jugé sans avoir pu se défendre [1].

Les délais pour comparaître variaient selon la nature des actions. Il y avait des délais de *deux flots* et d'une *ebbe*, expressions naïves propres à la coutume de Normandie, et qui signifiaient le temps qui s'écoulait durant deux marées complètes [2].

L'étude des institutions et des coutumes étant la plus notable partie de ma mission, je suivis exactement les audiences de l'échiquier. Après les séances, j'allais dîner avec le prieur de Saint-Vigor, puis nous allions nous promener ensemble depuis la chaussée ferrée au-dessous des moulins de Montagu, jusqu'à l'île récréative formée par les eaux de l'Orne, et appartenant aux frères jacobins; de là, passant les ponts Saint-Jacques et Saint-Pierre, nous venions sur les bords de l'Odon,

---

[1] On ne pouvait alors *souffler* les copies des exploits, fraude que les huissiers se permettent quelquefois de nos jours.

[2] *Fleta*, lib. IV, ch. 11, art. 2. — Houard, *Cout. anglo-norm.*, t. III, p. 471 et 472. — *L'ebbe* signifie le temps du reflux.

en ces prés où les bourgeoises font elles-mêmes sécher leur linge, et où les grandes familles viennent les jours de fête prendre le frais après souper, tandis que les écoliers s'exercent à tirer l'arc, ou font d'agréables concerts de musique et symphonie avec toute sorte d'instrumens [1]. Durant notre promenade je me faisais expliquer les choses que le matin je n'avais pas suffisamment comprises, et dans ces profitables entretiens je me convainquis plus que jamais que la sagesse de nos pères avait fondé la législation du royaume sur ces principes imprescriptibles, qu'une société n'est heureuse qu'autant que le fort est contenu, le faible secouru, et l'industrieux encouragé [2]; que la bonne foi est la règle des actions humaines, et qu'en justice rien ne doit plaire au souverain, si ce n'est le profit commun [3].

« La justice, me disait mon compagnon, doit

[1] Charles de Bourgueville, *Rech. et antiq. de Caen*, p. 5 et 6.
[2] *Rec. des cout. de Bretagne avant l'an* 1400, imprimé en 1485 à Loudéac.
[3] Houard, *Cout. anglo-norm.*, t. II, p. 248.

être droite ét loyale plus que le *cordèle*, quand il est tendu. La justice doit être plus pressée d'absoudre que de condamner; et quand elle condamne il lui appartient d'être plus claire qu'étoile qui est au ciel [1].

« Mais, ajoutait le prieur de Saint-Vigor, c'est peu de connaître les principes généraux de raison et d'équité, qui sont plus ou moins communs à tous les peuples dont les abus et la civilisation n'ont point amolli la conscience et endurci le cœur; il faut surtout connaître l'esprit de son gouvernement, de ses institutions politiques, car c'est là le secret de sa force, de sa gloire et de sa vie. Malgré quelques innovations fâcheuses, la France est encore un modèle en ce genre; elle ne ressemble ni à Rome, ni à Sparte, ni à rien de ce que nous offre l'antiquité; c'est la France féodale et paternelle régie par des coutumes et des ordonnances qui ne font que perpétuer les oracles de nos vieux temps. La monarchie française est tempérée par le pouvoir des ba-

---

[1] *Conférences du droit français,* p. 10, *in titul.* IV *de* Constitut. princip.

rons et par les chartes des communes; les devoirs et les droits réciproques sont tellement prévus et si bien stipulés, qu'on ne peut en vain les éluder ou les accroître. Les députés des villes qui, séduits par embauchage de la cour, excèderaient leur mandat dans la fixation des subsides, seraient désavoués de leurs commettans, qui ne pourraient être contraints à payer. Dans notre gouvernement, l'opposition est une voie légitime frayée à des plaintes de bon aloi, et non pas un soupirail ouvert au besoin de haïr : elle ne passionne pas davantage celui qui l'exerce qu'elle n'irrite celui contre lequel elle est exercée. Cette opposition est toute de justice et de loyauté; et lorsque les gages de bataille étaient usités dans nos procédures, ces guerres privées, restreintes par mille circonstances, n'étaient pas le résultat du caprice, de l'ambition ou de l'animosité des seigneurs; elles n'avaient elles-mêmes pour but, dans le cas où l'on était dépossédé, que de protester contre l'arbitraire de l'expropriation jusqu'au moment où la justice devait prononcer. Ce n'était là qu'un moyen conservatoire employé en attendant le jugement définitif, afin de ne point paraître adhérer par le silence à l'acte spoliateur[1]. Voilà pourquoi, bien que nos cours de justice ne retentissent plus du bruit des armes judiciaires, on a conservé un simulacre de ces primitives protestations en faisant apparaître un champion armé de fer.

« Nous disons que l'opposition n'a rien que de juste et de loyal ; comment en serait-il autrement, puisque les nobles, ainsi que les représentans des communes, ont tous intérêt à maintenir ce qui existe? Tous, en effet, soit parce qu'ils appartiennent à la classe des seigneurs tenanciers ou des notables de la bourgeoisie, ou des syndics de communautés, ou des rois de confréries, ont à conserver des priviléges et franchises qui nourrissent dans toutes les conditions un mâle esprit d'aristocratie. Nous entendons par ce mot l'esprit conservateur des usages, règles, traditions et pratiques dont l'expérience a démontré l'utilité; nous entendons une aversion

---

[1] Brussel, l. II, ch. II. — Houard, *Remarques sur* la Fleta, t. III, p. 482 de ses *Cout. anglo-normandes*.

insurmontable pour toutes les théories abstraites et les innovations irréfléchies ; un respect profond pour les habitudes, dont l'ensemble forme un régime moral et religieux ; nous entendons l'amour du bon ordre et de la discipline, qui exclut la possibilité des déplacemens désordonnés, des prétentions perturbatrices, et fait veiller l'émulation et l'espérance sur les degrés de la hiérarchie; sans ces degrés il n'y aurait pas émulation et espérance, mais intrigue, anarchie, confusion, brusques succès et ténébreuses apparitions sur le faîte des dignités, puisque, sans les degrés de la hiérarchie, par lesquels on monte naturellement, il faudrait escalader les honneurs et les emplois.

« Le même esprit d'aristocratie multiplie les affections et les doux sentimens en multipliant les devoirs et les services. Ceux qui ont perdu leur père le retrouvent dans leur frère aîné, qui, en héritant des priviléges du chef de famille, est substitué à ses saintes obligations ; les serviteurs, en faisant partie de la maison, prennent le nom touchant de domestiques, et sont en quelque sorte les gardiens du feu sacré des foyers, les témoins responsables d'un confiant sommeil, les desservans de l'hospitalité. Leur rire et leurs pleurs sont à la joie et au chagrin de ceux dont ils mangent le pain quotidien, et dont ils partagent les travaux et les peines. Ce sont eux qui reçoivent les petits enfans à leur naissance, qui assistent dévotement à leurs sacremens, qui portent les bouquets et les rubans dont leur cortége nuptial est décoré; ce sont eux qui, en essuyant sur leur paupière une larme reconnaissante, arrangent leur vieux maître dedans son cercueil, et portent son deuil comme le portent les fils eux-mêmes.

« Voyez ces vagabonds, ces pauvres hères, ralliés autour du puissant manoir, mourant de faim et ne possédant rien ici-bas ; ils demandent au seigneur, et en reçoivent aussitôt des terres, des troupeaux, le droit de moudre et de cuire aux usines des banalités, le droit de pacage et de chauffage dans les domaines de la seigneurie; et pour tant de bienfaits, ils ne s'obligent qu'à payer, au lieu de l'argent qu'ils n'ont pas, certaines corvées qui les sauvent de l'oisiveté [1].

« La féodalité est donc un échange de choses et un commerce de services et de protection, substitué à la circulation monétaire. Si ce pacte cessait d'exister, il faudrait bien, même dans les siècles les plus éclairés et les plus dédaigneux des usages grossiers, il faudrait bien qu'il se trouvât des hommes qui fissent par argent tous les travaux pénibles et ignobles qu'on fait maintenant en retour de concessions et de secours, avec cette différence que le paiement d'un vil salaire ne pourrait ennoblir ce qu'il y a d'abject dans ces travaux ; tandis que les corvées sont adoucies, non-seulement par les stipulations libres et avantageuses d'où elles découlent, mais encore par l'illustration du manoir bienveillant pour lesquelles on les a volontairement consenties [2]; il y aurait encore cette autre diffé-

---

[1] Littleton, *Institut.*, sect. 172, ch. 11, l. 11.

[2] Les corvées se faisaient par des hommes libres, moyennant des concessions de terrains que leur abandonnaient des seigneurs. (*Voy.* Littleton, lieu cité; et Houard, *Anc. lois des Francs*, t. 1, p. 251.)

rence importante, que rien n'est humiliant dans l'état de calme et d'ignorance où sont les classes populaires, tandis que tout le leur semblerait si elles vivaient à une époque de lumières banales et de connaissances universelles qui rendraient leurs tâches insupportables.

« Vous venez de voir, continua le prieur de Saint-Vigor, comment tous les hommes, même les plus indigens et les plus isolés, pouvaient parmi nous trouver des familles adoptives et une sorte de bien-être; mais il en est quelques-uns pour qui la terre n'a point de baumes rédempteurs, et qui, frappés au cœur par de grandes souffrances, ne peuvent vivre qu'au lieu où l'on apprend à mourir. Eh bien ! nous ouvrons à ces êtres d'exception les solitudes sacrées, où ils trouvent des frères qui, à l'issue de la vallée des pleurs, se rassemblent sous les portiques du cloître pour aller ensemble au ciel.

« Telle est la France, où toute autorité est modelée sur la famille, où la religion est la source des mœurs, où les mœurs sont les auxiliaires des lois, où les lois sont des coutumes, c'est-à-dire les résultats de l'instinct public. Tout, parmi nous, met en harmonie le présent et le passé, tout rapproche les hommes pour qu'ils s'aiment entre eux, et qu'ils aiment ensemble la patrie; ici-bas ils ont des appuis, dans le ciel ils ont des patrons et des intercesseurs. Leur vie n'est point un souffle inodore exhalé dans l'espace; c'est une fleur passagère, il est vrai, mais dont la racine plonge dans les entrailles des siècles pour en aspirer tous les parfums, et dont la corolle s'élève vers le firmament pour en boire les rosées et en réfléchir les rayons.

« Nos institutions conviennent tellement à la monarchie française, que si l'on pouvait sans absurdité supposer que nous les missions en oubli, et que l'Angleterre, qui nous doit les mêmes institutions [1], eût le bonheur de les conserver avec fidélité, on verrait notre pays aliéner son noble caractère, et tomber de faux pas en faux pas dans un gouffre de nul-

---

[1] Cette identité est constatée par tous les publicistes anglais et français. On peut, d'une part, consulter Littleton, Glanville, Britton, Coke, Bracton; et de l'autre, Brussel, Secousse, Brequigny, Houard, Loisel, etc.

lité, tandis que nos voisins, appuyés sur les vieilles colonnes de l'Hercule féodal, offriraient à l'admiration de la postérité une constitution victorieuse des siècles; et cette constitution qui, fruit du temps et des traditions fidèles, serait le talisman conservateur de l'esprit de famille et de propriété, aurait assez de profondeur pour absorber les lumières sans être dissoute par elles, assez de force pour faire face au débordement des idées nouvelles, assez d'énergie morale pour servir de contre-poison aux effets du luxe et des affaires lucratives. »

Le prieur de Saint-Vigor me parlait ainsi chemin faisant. Au retour de notre promenade, nous entrâmes à l'église de Saint-Étienne, que Guillaume-le-Conquérant fit bâtir sur un champ qu'il avait enlevé à un pauvre maréchal ferrant; et, lorsque ce duc fut porté en cette abbaye pour y être inhumé, selon sa volonté, il advint qu'Asselin, fils du maréchal, s'opposa à ses funérailles, en disant que la terre où l'on voulait inhumer Guillaume avait été dérobée par lui, et sur ce il la réclama, en criant *haro*. Force fut donc de suspendre la cérémonie pour examiner l'affaire, et l'on paya au nommé Asselin le prix de son champ, après quoi l'on put inhumer sans opposition celui qui avait été de son vivant duc de Normandie et roi d'Angleterre [1].

[1] Hermant, *Hist. du diocèse de Bayeux*, 1re part., chap. XXXIV, p. 143.

CHAPITRE XXXIII.

Le prieur de Saint-Vigor avait raison, et tout ce que j'appris durant mon stage à l'échiquier justifia le bel éloge qu'il faisait de nos institutions.

La première vertu dont ces institutions généreuses se plaisent à nourrir le feu sacré, c'est l'amour d'une sage liberté. Rien n'est arbitraire dans les actes du pouvoir. Comme au temps des Francs, qui convertissaient en décisions obligatoires l'avis du plus grand nombre, et qui abandonnaient au chef le soin de l'exécution, nos cours souveraines ne forment que, par l'opinion *de l'assistance*[1], des arrêts que le suzerain est chargé de faire exécuter.

Tout ce que nous avons fait pour abolir l'esclavage est admirable. Dès nos premiers rois les esclaves furent transformés en serfs, et en cette qualité ils ne purent être ni vendus ni assujétis à de rebutans services person-

---

[1] *Cout. de Normandie*, art. 12.

nels [1]. Relégués dans les champs, où dans un état obscur, l'homme est plus heureux qu'ailleurs; ils appartinrent à la nature plus qu'à leurs semblables : on leur donna des terres; on leur ouvrit de si faciles moyens d'affranchissement, que ceux qui sont demeurés serfs ont bien voulu rester dans cette condition, parce qu'ils n'en connaissaient pas d'autres [2].

Les vassaux qui, sans être serfs, tiennent cependant au seigneur par la foi et hommage qu'ils ont prêté à cause des domaines qu'ils en ont reçus, sont dans une égalité de droits avec le seigneur lui-même, parce que les obligations du pacte qui les lie sont réciproques.

Si le seigneur osait porter la main sur son homme, il perdrait par le fait même les fruits de l'hommage. Il en serait de même s'il refusait de le protéger ou de lui faire rendre justice [3].

L'amour de la liberté éclate jusque dans

---

[1] Salvaing, *de l'usage des Fiefs*, ch. II, p. 58. — Dubos, *Hist. de la monarchie française*, l. VI, ch. IV.

[2] Littleton, *Institut.*, sect. 172, ch. II, l. II. — *Anc. lois des Francs*, t. 1, p. 251.

[3] *Cout. de Normandie*, art. 126, 128, 164 et 166. — Crag., *Jus feodale*, liv. II tit. II.

nos formes judiciaires. Un seigneur appelle-t-il un de ses serfs pour déposer d'un fait, il devient libre à l'instant même, car il faut l'être pour dire la vérité [1].

Présente-t-on à quelqu'un, pour caution, une personne constituée en dignités, on la refuse, parce qu'elle ne pourrait pas être aisément discutée [2].

Les vassaux ont le choix ou de transiger amiablement sur leurs procès, ou de les porter à telle juridiction qu'il leur plaît, à moins qu'il ne s'agisse de procès relatifs aux coutumes locales; car quel autre pourrait les connaître, si ce n'est le juge du lieu?

Les prisonniers ne doivent être retenus que ce qu'il faut pour prévenir leur évasion; le geôlier n'est autorisé à les enchaîner que s'ils commettent des violences, et, dans ce cas même, les fers ne peuvent peser plus de douze onces [3]. Il y a quelques années qu'il s'était in-

[1] Houard, *Remarq. sur* la Fleta, t. III, p. 521 *des Cout. anglo-norm.*

[2] *Fleta*, lib. VI, ch. VIII. — Houard, *Cout. anglo-norm.*, t. III, p. 706.

[3] Hornes, *Miroir des juges*, ch. II, sect. 9. — Houard, *Dict. du Droit norm.*, p. 611, t. III.

troduit en Angleterre la mesure d'une *prison forte et dure*, c'est-à-dire une diète rigoureuse contre les *muets volontaires* qui refusaient de répondre aux interpellations juridiques. La même mesure avait été proposée en France; mais bientôt dans l'un et l'autre pays un cri d'indignation s'éleva contre ce traitement barbare : on lui opposa le principe que nul n'est punissable avant qu'il ne soit convaincu, et jamais les juges ne s'écartent de ce principe.

Le respect pour sa parole et pour la sainteté des sermens égale en France l'amour de la liberté. Nos devanciers ont naïvement pensé qu'il n'y avait que deux moyens de connaître la vérité, la magie et le serment : en se faisant chrétiens, ils ont opté pour le serment[1]. Par lui nous appelons Dieu à juger notre conscience, en telle sorte que croire à Dieu, c'est dire la vérité. Le serment, qui, chez des peuples tombés dans l'irréligion, ne ferait que légaliser le parjure, est chez nous la plus forte des garanties; car quel véritable chrétien voudrait,

[1] *Propter idolatriam vitandam*, dit *la Fleta*, lib. iv, ch. xvi, en parlant des motifs de la jurisprudence du serment.

pour un intérêt précaire, aliéner sa part du paradis ?

L'une des institutions inhérentes au génie féodal, c'est le droit d'aînesse ou de primogéniture, peu connu des Grecs et des Romains, mais pratiqué sous les tentes des Hébreux, dont les coutumes patriarcales avaient beaucoup de similitude avec les nôtres, car nos seigneurs feudataires rappellent d'abord la vie noble et simple des Abraham et des Ésaü [1].

Non-seulement l'aîné prélève sur la succession de ses auteurs une portion plus forte que celle de ses cohéritiers, mais il a droit de retenir, en les indemnisant, l'habitation paternelle. A lui seul appartiennent les pleines armes, les sceaux, les titres et chartes de la famille, les images, les armures des ancêtres, leur cri de guerre, les privilèges et distinctions honorifiques attachés au nom dont il est chargé de perpétuer l'illustration [2]. Ces

---

[1] Chez les Hébreux, le partage de l'aîné était le sacerdoce, c'est-à-dire le commandement souverain, et dans la division des biens il avait double portion.

[2] Art. 124 de *la Coutume de Normandie*. — Houard, *Diction. du droit norm.*, t. 1, p. 55, v° *Aîné*; et en son *Traité des coutumes anglo-norm.*, t. III, p. 622.

sages délégations conservent à la fois les familles, les fortunes, les traditions, les mœurs, l'esprit national, et tous les pieux souvenirs des anciens foyers.

La naissance étant le fait du hasard, les autres enfans ne seraient pas mieux fondés à se plaindre d'être les puînés, que le seraient les fils d'un obscur artisan d'avoir reçu le jour dans une condition indigente. D'ailleurs, le droit de primogéniture, loin de les dépouiller, leur assure dans la succession commune des avantages qui les mettent à l'abri du besoin; de plus, elle répand sur eux la gloire d'un nom conservé dans toute sa dignité, et le crédit d'un chef de famille maintenu dans un état de puissance et de considération où il trouve la facilité de servir les siens. Si la loi prononçait un partage égal entre tous les enfans, le patrimoine morcellé s'en irait en poussière, et aucun de ces enfans n'aurait les moyens de soutenir le prestige d'une origine qui ne peut être imposante et respectée qu'autant qu'elle est entourée des insignes d'une vieille fortune héréditaire [1]. Ce n'est pas

[1] Deux conditions constituent la noblesse, *pater* et *res*;

sur des parchemins occultes que sont inscrits les titres de noblesse, c'est sur les frontons des demeures antiques, et sur les tours des châteaux hospitaliers ; c'est sur les vitraux des chapelles séculaires, c'est dans les écussons placés au-dessus des poternes où les pèlerins trouvent un abri. On est noble surtout par le bien qu'on peut faire. Il ne suffit pas que le héraut d'armes proclame, dans les cours plénières et les tournois, la généalogie d'un gentilhomme, il faut que les faibles et les pauvres attestent que de génération en génération ils ont trouvé aide et protection dans le manoir de tel seigneur. Une fortune sans souvenirs n'est pas plus la noblesse que ne l'est une origine ancienne sans fortune. Il faut le nom et le patrimoine pour produire un véritable noble.

Les filles ne peuvent guère réclamer de leur père qu'un *mariage avenant;* lorsqu'elles sont mariées convenablement, elles n'ont plus rien à prétendre ; eh ! que pourraient-elles en

c'est sur cette base qu'est fondée celle d'Angleterre. (*Voy. De la Constitution d'Angleterre*, par un Anglais. Paris, 1820, p. 51 et 52.

effet désirer, puisque le mariage leur assure un douaire et une part dans les économies conjugales[1]? Il est arrivé quelquefois, ici et ailleurs, qu'une fille aînée est venue réclamer le droit d'aînesse et le fief paternel, alléguant que son père avait voulu dans son contrat de mariage l'avantager, comme si elle eût été un fils premier né. Mais on lui a toujours répondu qu'une pareille clause ne pouvait prévaloir sur les coutumes[2]. En certains endroits la fille aînée a pour avantage *l'hébergement* et *un coq*, c'est-à-dire *le vol du chapon*, ou bien cinq sols de rente[3].

Les bons légistes et hommes notables considèrent tellement l'inégalité des partages comme le principe conservateur des familles, et par conséquent des sociétés, qu'ils disent communément, en discourant sur de pareilles matières : « S'il arrive qu'il ait été quelquefois autrement que nous le disons, nous protes-

[1] Art. 250, 252, 258 de *la Cout. de Norm.* — Basnage, p. 431 et 434 de la nouv. édit.

[2] Brodeau, *Coutume de Paris*, art. 19, n° 2.

[3] *Coutume de Tourraine*, art. 273. — *Le grand Coutumier*, lib. II, tit. II, ch. XXIX, p. 201.

tons contre, par la raison qu'un usage si longuement et paisiblement gardé doit l'emporter de beaucoup sur le droit écrit [1]. »

Le peu que nos coutumes accordent aux filles est un hommage à leur vie chaste et sédentaire. Nos législateurs ont pensé qu'élevés au sein du ménage, ces êtres timides, dont les plus doux attraits sont dans la modestie et la simplicité, perdraient trop à échanger contre les vains dehors de l'opulence les vertus pudiques et les sentimens ingénus dont leur retraite est embellie. Au surplus, ce peu qui leur est assuré est conservé avec une sollicitude remarquable. Leur douaire est inaliénable, et les biens de la dot ne peuvent être vendus par le mari, même du consentement de la femme, car ce consentement pourrait être arraché par l'ascendant marital [2]. Si les biens dotaux sont vendus, malgré la prohibition de la coutume, la femme peut les

---

[1] Ménage, *Hist. de Sablé*, p. 176.

[2] Glanville, l. vi, § et seq. — Basnage, sur l'art. 528 de *la Coutume*. L'art. 128 des placités de Normandie avait introduit quelques exceptions à l'inaliénabilité du fond dotal.

reprendre dans les mains de l'acquéreur sans lui rembourser le prix qu'il aurait payé. Cette salutaire rigueur n'a pas seulement pour objet l'intérêt de la femme, elle se propose surtout de conserver certains biens dans les familles; car remarquez, je vous prie, que le génie de toutes nos coutumes est de laisser vieillir les propriétés dans les mêmes familles, où elles se sanctifient par de bons usages et de vénérables exemples capables d'attacher le cœur de l'homme, par le charme de la souvenance au foyer paternel, qui est le cœur de la patrie.

Si la femme abandonne son mari infirme et malheureux, elle ne peut exiger son douaire, alors même que le mari lui aurait permis de le délaisser. Doit-elle, en effet, se prévaloir de la générosité d'un époux qui se fait scrupule d'associer à ses douleurs une compagne dont le devoir est de les partager malgré lui?

La fragilité de leur jugement, et surtout leur inexpérience des affaires, ne permettent pas en Normandie que les filles, femmes et veuves, soient poursuivies pour l'exécution des obligations qu'elles auraient souscrites pour autrui [1].

Au moyen de la puissance paternelle, nos ancêtres ont placé dans chaque famille un législateur, un juge qui prend les mœurs au sortir du berceau, et les façonne par d'imposantes leçons. Ainsi, tandis que la religion étend sa juridiction invisible jusqu'au fond des consciences, la puissance paternelle fait régner la sienne aux foyers domestiques, et ces deux juridictions miraculeuses soulagent l'autorité extérieure du soin de punir des fautes qui, pour la plupart, sont prévenues ou étouffées dans leur germe.

Un père, sans l'intervention des tribunaux, peut châtier un fils ingrat et rebelle. La société lui prête ses prisons, sans lui demander compte d'une sévérité qu'elle ne pourrait soupçonner d'injustice sans faire insulte à la nature. On voit quelquefois des pères assembler tous les membres de la famille, juger

---

[1] Froland, *Traité du sénatus-consulte Velleïen.* — Berault, sur l'art. 538 de *la Coutume de Normandie*; et Basnage, en son *Commentaire*, sur les art. 538 et 391 de cette Coutume.

solennellement un enfant coupable, et lancer contre lui une sentence que confirment les cours judiciaires auxquelles elle est déférée, à cause de sa gravité [1].

Des foudres encore plus terribles sont remises aux mains paternelles. La malédiction et le droit d'exhéréder tiennent les enfans dans une crainte respectueuse que tempèrent les plus tendres affections.

Le fils de famille doit soumettre à son père toutes ses actions civiles; il ne peut, sans son autorisation, contracter une alliance, et stipuler certains engagemens [2].

La puissance paternelle est si vénérée, qu'on ne permet pas au fils, quel que soit son âge, de suivre sa vocation religieuse sans le consentement de l'auteur de ses jours, dont il lui faut soigner la vieillesse, et fermer la paupière. Vainement quelques cénobites épris

---

[1] Basset, t. II, l. IV, tit. x, ch. VI. — La Rocheflavin, l. II, tit. v, § 6.

[2] Le président Favre, en son *Code*, l. VIII, tit. XXXIII, dec. 2. — Ricard, *des Donations*, 1re partie, nos 277 et 279. — Les *Questions de Furgole*, sur l'ordonnance de 1731. — Le *Code matrimonial*, tit. I et II.

des charmes de la solitude, et perdus dans les extases de la contemplation, ont dit que les enfans étaient à Dieu avant d'être à ceux qui leur ont donné la vie, et qu'on ne peut, si Dieu les appelle au cloître, les retenir au nom de la puissance paternelle : c'est une erreur. Les saintes Écritures, les conciles et les ordonnances de nos rois apprennent que Dieu a délégué immédiatement son pouvoir aux pères et mères, et prononcent la nullité des vœux que les enfans auraient pu faire sans l'agrément du chef de famille [1].

Mais si nos coutumes accordent aux ascendans une grande autorité sur leurs enfans et arrière-enfans, elles les punissent de ne savoir pas en user; elles les rendent civilement responsables des délits qu'ils auraient prévenus par une surveillance plus sévère, et des exhortations plus efficaces [2]; ceux d'entre eux

[1] *Voy.* le 8ᵉ chap. *des Nombres.* — Le 4ᵉ canon *du Concile de Gangres.* — *Capitul.*, lib. 1, 95ᵉ chap. — S. Augustin, 6ᵉ *Serm. ad fratres.* — Houard, *Diction. du droit norm.*, t. III, p. 749 et suiv.

[2] Serpillon, dans son *Code criminel*, p. 764. — Brillon, v° *Père.* — Le Grand, sur *la Coutume de Troyes*, art. 168,

qui sans dispense laisseraient servir à leurs familles, les jours de jeûne, des mets prohibés, feraient amende honorable [1]; cette peine n'est pas prononcée pour l'infraction en elle-même, mais bien parce que celui qui s'affranchit sans juste motif d'une règle établie dans la société brave les croyances de la multitude, et leur substitue les vagues caprices de sa volonté, ce qui amènerait par degré le désordre et l'anarchie.

Notre législation coutumière s'est principalement appliquée à faire régner la confiance entre les hommes : aussi frappe-t-elle plus sévèrement les délits qui violent cette noble vertu. Celui qui vole dans la maison où il sert en qualité de domestique, dans l'atelier où il travaille, dans l'hôtellerie où il est reçu, est plus coupable que celui qui vole dans les

---

Glose 5, n° 26. — M. le président Bouhier, sur *la Coutume de Bourgogne*, ch. XXXIII, n° 17. — Bardet, t. 1, l. II, ch. XLVI. — Raviot, *Question* 65. — Duperrier, t. II, art. 21.

[1] Houard, *Traité des cout. anglo-normandes*, 1er vol., p. 51 ; et dans son *Dictionnaire de droit normand*, t. III, p. 9.

lieux où il s'introduit furtivement, car il a trahi la confiance qui lui ouvrit l'asile souillé par son crime. La soustraction frauduleuse commise pendant la nuit, alors que les hommes s'abandonnent au sommeil, et se livrent en quelque sorte à la foi publique, ont plus de gravité que les vols commis hardiment en plein jour.

Des clercs qui n'avaient pas saisi l'esprit de ces sages distinctions ont cru voir dans la rigueur avec laquelle on sévissait contre le voleur d'un faucon ou d'un épervier, la vengeance arbitraire des seigneurs dont ces oiseaux de chasse font l'apanage féodal; ils se trompent, et c'est tout simplement parce que ces oiseaux domestiques sont laissés avec confiance dans le voisinage de l'homme. Voilà pourquoi le vol des pigeons est plus sérieusement puni que celui d'une génisse sous la garde d'un berger, car il n'y avait pas un pacte tacite de confiance entre le voleur et le berger.

Les offenses et les voies de fait s'aggravent ou s'atténuent selon certaines circonstances dont la détermination précise atteste le discernement de nos pères et la haute opinion qu'ils avaient de la dignité de l'homme. Celui qui dans une rixe aurait défiguré son adversaire, soit en lui fracassant les dents, soit en lui arrachant un œil, soit en lui coupant le nez, ou toute autre partie du visage, sera tenu à des dommages et intérêts moins considérables que si en foulant un de ses membres il l'a privé d'une partie de sa force; car les hommes doivent moins estimer les frivoles avantages de la beauté que la vigueur personnelle [1]. Parmi les calomniateurs on ne punit fortement que ceux qui ont attaqué l'honneur d'autrui; et, pour que cette punition n'excite pas une sorte d'intérêt irréfléchi en faveur du coupable dans un public souvent disposé à prendre parti contre ceux que l'on calomnie, on l'a rendue de nature à déverser le ridicule plutôt qu'à inspirer la compassion. Celui qui est convaincu d'avoir calomnié doit, en se prenant par le bout du nez, déclarer un jour de marché qu'il se reconnaît men-

---

[1] Hornes, *le Miroir de justice*, cap. III, sect. XXIII. — Houard, *Traité des coutumes anglo-normandes*, t. IV, p. 612.

teur : il doit, en outre, payer une amende proportionnée à la gravité de l'injure.

De prudentes mesures sont prises pour la célérité des jugemens, et le déni de justice est un des torts que ne pardonne jamais le génie féodal [1]. Les affaires urgentes sont jugées sans délai, et il suffit en Normandie que le demandeur pousse la clameur du *haro* contre son adversaire, pour le forcer à comparaître à l'instant devant le juge [2].

On plaide afin de s'éclairer sur un point douteux, et non par haine ou cupidité. Une ordonnance du roi actuel défend de céder des droits litigieux à des personnes sans intérêt dans la contestation, ou qui n'agissent que pour satisfaire un esprit de vengeance ou de spéculation [3].

---

[1] Crag., *Jus feodale*, l. II, tit. II. — Hornes, *Miroir des juges*. — Hallam, *l'Europe au moyen âge*, t. I.

[2] Terrien, *Ancien style de procéder*, l. VIII, ch. II. — Art. 54 de *la Coutume de Normandie*. — Chenu, Quest. 76.

[3] Cette disposition, consacrée dans l'*Ordonnance de Charles V*, 1356, art. 7, a été recueillie en partie dans le *Code civil*, art. 1699, 1700, 1701. Il serait facile d'établir que tout ce qui reste de raisonnable dans notre lé-

L'exécution des jugemens est infaillible, le souverain a le droit de faire grâce, mais il en use avec une grande circonspection ; et souvent même, pour ne point paraître détruire l'ouvrage de la loi et de la justice, il préfère dans les causes qui réclament rémission et miséricorde, attribuer à Dieu, par de sublimes fictions, l'octroi de la clémence et du pardon. Si la corde rompt quand on exécute un condamné on lui fait grâce, parce que le ciel semble avoir permis cet incident en faveur du repentir. Au fond, le vrai motif de cette clémence est que le malheureux, après qu'il a senti les froides sueurs du trépas, et toutes les horreurs d'une douloureuse agonie, paraît avoir suffisamment expié son crime ; et ce serait en quelque sorte aggraver la peine, que de le ramener dans les nœuds d'une hart qui a rompu sous le poids [1]. Il

gislation ; et de religieux dans nos souvenirs, appartient à des siècles que nous ne cessons de calomnier.

[1] Papon, l. xxiv, en rapporte des exemples. Cette coutume devint par degrés abusive, et depuis un fameux arrêt du parlement de Bordeaux, du 24 avril 1524, tous les arrêts de mort portent cette formule : *Jusqu'à ce que mort s'ensuive.*

est donc présumé avoir subi légalement le supplice ; mais il reste à assurer les conséquences de ce supplice, et à soustraire de la société celui dont la présence l'alarmerait : voilà pourquoi on le condamne, en lui faisant grâce de la vie, à une prison perpétuelle, à moins qu'une nouvelle circonstance favorable ne lui fasse rendre la liberté ; car il suffit que le remords soupire au fond des cachots pour qu'on n'écrive pas sur la porte de ces funèbres demeures : *Ici plus d'espérance.*

Une femme a-t-elle encouru la peine de mort pour avoir fait périr son nouveau-né, les juges et le souverain n'énerveront pas la loi, en rappelant tout ce que la vie de cet enfant avait d'incertain, et combien il est difficile d'assurer si en effet il a réellement vécu ; ils ne diront pas à quel point les angoisses de la pudeur qui tourmentent l'infortunée que son illicite maternité va couvrir de déshonneur, ont pu égarer sa raison au moment où elle a donné à la fois et la vie et la mort ; mais au lieu de ces déclamations imprudentes, on a perpétué à Rouen le culte de saint Romain, dont la châsse révérée exempte du supplice l'individu qui est choisi pour porter cette châsse le jour solennel de la fête du saint, et la grâce était accordée au mois de mai, afin qu'on rentrât avec plus de joie dans les délices de la vie et de la liberté [1].

[1] Farin, *Hist. de Rouen*, t. II, p. 27. Tous les criminels dignes de quelque pitié pouvaient être élus pour porter la châsse de saint Romain, et jouir du privilége; mais on choisissait de préférence des femmes convaincues d'infanticides. Ainsi furent sauvées Marie Canu, le 9 mai 1499; Gillette La Chapelle, le 17 mai 1509; Jeanne Julien, le 21 mai 1517.

CHAPITRE XXXIV.

Avant de quitter la belle et bonne ville de Caen, dont le séjour m'avait été profitable, j'allai faire mes adieux au prieur de Saint-Vigor, qui me donna des lettres de gîte et de recommandation pour le baron de Tournebu. La seigneurie de ce baron était près de Caen ; « C'est, me dit le prieur, une école d'expérience et de sagesse, où les jeunes et les vieux vont s'instruire des pratiques de l'agriculture. »

J'arrivai le soir même au fief de Tournebu ; je fus introduit en une salle ornée de tapisseries d'Arras, représentant l'histoire d'Alexandre, laquelle chose était très-agréable à voir pour tous gens de bien et d'honneur, et autour de la salle étaient des crochets pour suspendre les écus des chevaliers qui venaient visiter le patriarche de ce manoir. C'était un vieillard aussi respectable que le sire de Lanhourneau ; il avait bien près de cent ans, et cet âge l'avait fait exempter de venir à la cour de l'échiquier, dont il était membre comme l'un des barons du baillage de Caen [1]. Je le trouvai assis à la droite d'un immense foyer qu'ornaient dans son pourtour le buis bénit, les croix de cire de la Chandeleur, et quelques objets curieux de minéralogie. Ses blancs cheveux descendaient jusqu'à sa ceinture; près de lui se tenaient son intendant, son prevôt, son garde *messier*, et autres officiers de ses terres, qui, chaque soir, venaient recevoir ses ordres, et s'entretenir avec lui sur le bien qu'il y avait à faire au pays, et sur les amendemens convenables dans le cours des travaux champêtres [2]. L'ordre et la simplicité qui régnaient dans son manoir étaient sans contredit admirables; les fonctions, les devoirs, les priviléges de tous les serviteurs, étaient soigneusement déterminés.

J'ai retenu quelques-uns des articles de ces précieux règlemens, ils pourront donner une idée de la scrupuleuse exactitude avec laquelle le baron de Tournebu gouvernait ses domaines.

---

[1] De Masseville, *Hist. de Normandie*, t. III, p. 45.
[2] Fleta, lib. II, cap. LXXXVIII. — Houard, *Lois anglonorm.*, t. III, p. 371 et 372.

Le bûcheron est nourri et chaussé aux dépens de la cour du baron. Tous les outils nécessaires à sa profession lui sont aussi fournis aux dépens de ce seigneur, mais il restitue la valeur de ceux qu'il perd. Il prend soin du cheval qui porte le bois, et pour lequel on lui délivre le fourrage nécessaire; il ne peut se servir de ce cheval que pour aller aux lieux où se fait la coupe des bois réservés à la maison du sire. Quand les bois sont en la cour du château, il les fend en petits morceaux autant qu'il lui est possible[1].

La boulangère du baron est nourrie et vêtue aux frais dudit baron. Elle couche près de l'endroit où l'on garde le pain. Elle peut se faire un gâteau de chaque espèce de farine qu'elle aura pétrie. Durant son travail, elle n'est obligée de se lever de son siége pour qui que ce soit. La sauvegarde qu'elle peut accorder au coupable qui se réfugie près d'elle dure depuis le commencement de son travail jusqu'à ce qu'elle n'ait plus besoin de racloire pour rassembler sa pâte[2].

[1] *Lois d'Hoëlda*, l. 1, art. 42, *de Lignatore*.
[2] *Ibid.*, art. 43, *de Pistrice*.

Le forestier a la conservation des forêts, qui sont les couronnes du baronage [1], il fait faire des défrichemens dans les endroits propres à être cultivés, mais il doit empêcher qu'on ne mette en labour ceux où le bois prospère. Tout le gibier est sous sa garde, il afferme la glandée, et reçoit les cens en éperviers ou autres oiseaux de chasse dus légitimement au baron. Il tient un registre de ceux qui ont pris des loups aux piéges ou aux chiens courans; il veille aussi à l'entretien des pêcheries seigneuriales [2].

L'intendant ou sénéchal doit être un homme désintéressé, prudent, prévoyant, discret, modeste, doux, de mœurs irréprochables [3]. Jurisconsulte éclairé et ami des pauvres, il préside la cour de justice domestique. Les fraudes faites aux coutumes, aux services, aux redevances de la seigneurie, sont de sa compé-

---

[1] On appelait *baronage* la cour du baron. Bouquet, *Droit public éclairci*, p. 188.

[2] Le *Capitul. de Villis*, Balus., vol. 1, col. 331; Chatel. de Lille, p. 28.

[3] Houard, *Remarques* sur le liv. II, ch. LXXXVIII de *la Fleta*.

tence; il connaît aussi des marchés conclus entre les vassaux, et des baux passés au nom du seigneur. Quand le droit de celui-ci est attaqué, il a recours à la justice royale. Il veille à ce que chaque officier s'acquitte exactement de son emploi. Le bailli était le premier des officiers subordonnés au sénéchal, conjointement avec le prevôt et le garde *messier* de la seigneurie, il distribuait à chaque serviteur les travaux du jour et de la saison[1].

Le garde *messier* devait savoir et apprendre aux laboureurs tout ce qui concerne la culture des terres, quand il faut les marner et les ensemencer; comment les *aouteurs*, c'est-à-dire ceux qui moissonnent en août[2], doivent scier et battre les épis, et quelles qualités sont désirables dans ceux qui ont la garde des bestiaux destinés au labourage[3].

---

[1] Houard, t. III, p. 371 de ses *Lois anglo-norm.*, et en ses *Remarques* sur *le Domesday*, t. I de sa *Collect. des Lois anglo-normandes*.

[2] *Ibid.*, *Diction. du droit normand*, t. III, p. III, v° *Javelle*.

[3] *Ibid.*, *Remarques sur* la Fleta, t. II, p. 47 des *Cout. anglo-norm.*, et *Diction. du droit normand*, v° *Labours*.

Le vieux baron de Tournebu savait beaucoup de choses; pour les retenir en sa mémoire, et les y trouver quand besoin était de les déduire, il les classait naïvement par toutes sortes de méthodes singulières et ingénieuses. Ainsi, par exemple, s'il discourait sur les gestes et actes notables du temps passé, il articulait tous les faits qui avaient eu lieu les jeudis ou les dimanches. Afin de les apprendre plus aisément, il faisait mettre en vers les livres et traités d'une utilité usuelle, et savait par cœur *le Coutumier de Normandie*, rimé par feu Richard Dourbault. Il savait cent proverbes qui commençaient par la lettre A, et cent douze qui commençaient par la lettre B. Mais la plupart de ses connaissances, ainsi que je pus le remarquer dans ses entretiens, étaient combinées avec le nombre trois. Ce nombre semblait pour ses souvenirs un point de ralliement favori, où venaient se grouper toutes sortes de notions, de préceptes et d'axiomes.

On distingue, nous disait-il avec gentillesse, à la veillée, trois causes pour lesquelles une femme ne perd point sa dot, lors même qu'elle abandonne son mari, la lèpre : l'impuissance, et la *respiration effrayante* [1]. Trois motifs de confiscation : la révélation des secrets de l'État, la trahison, l'homicide clandestin. Trois reproches contre les témoins : le non paiement d'une amende encourue pour crime, des contestations avec l'une des parties, et l'adultère commis avec la femme de celui contre lequel on dépose. Trois animaux qu'on peut valablement vendre avant l'âge d'un an : le chien domestique, la brebis et la chèvre. Trois autres qui ne peuvent être exposés en vente, s'ils sont boiteux : le cheval, l'épervier, le levrier. Trois enfin dont les produits sont plus précieux qu'eux-mêmes : l'étalon, le taureau bannier, et la truie prête à donner ses petits. Trois armes permises [2] : l'épée, la lance, et l'arc avec douze flèches. Trois professions qu'on ne peut embrasser sans la permission de son seigneur; les arts libéraux, les arts mécaniques et la musique. Trois cornes de bufle appar-

---

[1] *Anhelitum tetrum.* On a voulu sans doute définir l'asthme.

[2] L'étalon et le taureau bannier rapportaient beaucoup. (*Voy.* le *Gloss.* de Ragueau, t. 1, p. 133.)

tenant au roi, qui toutes ont la même valeur : celle dans laquelle il boit, celle dont on se sert pour réveiller ses domestiques, et celle du grand veneur. Trois indices de ce qu'un village est habité : des enfans, des chiens, et des poules. Trois sortes de personnes ne doivent jamais manier les armes : les enfans, les esclaves, les furieux. Trois officiers, en l'absence du comte, peuvent tenir sa cour : le grand aumônier, le dépensier et le sénéchal.

Les qualités des choses et des personnes, les productions de tous pays, étaient classées en l'esprit du noble sire : selon lui, les meilleurs chevaliers étaient de la Champagne, les meilleurs écuyers de la Bourgogne, et les meilleurs sergents du Hainaut. Il disait en manière proverbiale : Usuriers de Metz et de Cahors, buveurs d'Auxerre, voleurs de Mâcon, ribauds de Troyes, ribaudes de Soissons et de Provins, chanteurs de Sens, jongleurs de Gascogne, pelletiers de Blois. Il citait la Bretagne pour ses roussins, Nantes pour ses lamproies, Blaye pour ses esturgeons, la Rochelle pour ses congres ; il avait fait écrire par son aumônier, sur une feuille de parchemin, et afficher dans la grand'salle, pour l'instruction des pages et damoiseaux, une pancarte, où on lisait en lettres de toutes couleurs : « Les plus belles femmes sont en Flandre, les plus beaux hommes en Allemagne, les meilleurs buveurs en Angleterre, les plus légers coureurs sont au pays de Galles, les plus hardis sauteurs sont en Poitou. » Parlait-on équipage de guerre ? il disait : Épées de Cologne, heaumes de Poitiers, destriers de Castille, et haches de Danemarck. Parlait-on de trousseaux ? il disait : Camelot de Cambray, *blou* d'Abbeville, écarlate de Gand, serge de Bonneval, étamine de Verdelay, cuir d'Irlande, panné d'Andresi, et toile de Bourgogne.

Le baron de Tournebu m'invita à prendre part à une conférence qu'il ouvrit sur les règlemens qu'il se proposait de donner aux artisans et marchands établis dans ses domaines[1]. Le projet de quelques-uns de ces

---

[1] Rien de plus sage que ces règlemens. On peut consulter à cet égard les recueils suivans : *le Domesday*, la

règlemens, que le bon seigneur appelait pompeusement des lois [1], fut discuté le reste de la veillée entre lui et moi, en présence du sénéchal, du prevôt et du bailli. J'admirai sa prévoyance et son discernement dans une foule de sujets divers. Les dispositions les plus minutieuses révélaient à la fois une âme infiniment noble et toute pleine de mansuétude paternelle. « Prevôt et bailli, mes beaux amis, disait-il, je ne veux pas que vous et vos successeurs vendiez jamais à votre compte du cidre, de la cervoise, des grains, et autres denrées. Car si vous trompiez les acquéreurs, ils n'oseraient pas se plaindre, et dès lors votre crédit, ou plutôt le mien, qui vient de la grâce de Dieu, servirait de rempart à l'injustice [2]. » Il ne voulait pas davantage que les marchands pussent

---

Fleta. — Bouteiller, en sa *Somme rurale.* — *Iter Camerarii.* — *Leges forestarum.* — *Statuta Gildæ.* — *Leges Burgorum*, etc.

[1] Houard, *Cout. anglo-norm.*, t. II, p. 289, en sa *Remarque*.

[2] *Leges Burgorum*, cap. LXV. — *Iter Camerarii*, cap. IV. — *Statuta Gildæ*, cap. XLVI.

acheter ou vendre autrement que le jour du marché [1]; il déterminait les poids et les mesures [2], la quantité des matières que les ouvriers devaient confectionner, signalait tous les abus qui peuvent se commettre dans chaque profession, afin que l'acheteur fût prévenu de la fraude [3]. Il prohibait la vente des blés et des veaux à certaines époques, afin que les spéculateurs impatiens ne nuisissent point à l'agriculture par la rareté du bétail et des semences [4]; il punissait ceux qui, étant commis à la dégustation légale des boissons, se trouvaient dans un état d'ivresse [5]; il fixait les valeurs de certaines marchandises [6], faisait apprécier la nature des comestibles exposés en vente [7], afin que rien de contraire

---

[1] *Statuta Gildæ*, XLVI. — *Iter Camerarii*, ch. VII.

[2] *Assisa regis Dav.*, cap. III, IV. — *Iter Camerarii*, cap. XV.

[3] *Iter Camerarii*, cap. XXV. — Houard, *Lois anglo-normandes*, t. I, II, III et IV.

[4] *Statuta Gildæ*, cap. XL. — *Iter Camerarii*, cap. XXII.

[5] *Iter Camerarii*, cap. VI.

[6] *Leges Burgorum*, cap. XCVIII. — *Iter Camerarii*, cap. VIII.

[7] *Iter Camerarii*, cap. VII.

à la santé ne fût offert au public; il permettait aux étrangers de vendre en gros, mais il réservait aux habitans le droit exclusif de vendre en détail [1]; il faisait défense à tous les laboureurs de quitter la charrue pour le commerce, sous peine d'amende [2].

Il se réservait de faire régler par ses officiers le temps des récoltes et les opérations rurales convenables à chaque saison [3].

Selon lui, celui qui coupait des blés verts au champ d'autrui devait être plus rudement tancé que celui qui coupait des blés murs, car la méchanceté inspire la première action, et la seconde est suggérée quelquefois par la misère. Le braconnage, et la soustraction du bois mort dans les forêts seigneuriales, étaient punis moins sévèrement l'hiver que dans les beaux jours [4].

---

[1] *Satuta Wilhem. reg.*, cap. 37.

[2] On trouve la même défense dans les constitutions faites au parlement, tenu à Varennes en 1424. Elles sont rapportées dans *le Recueil des cout. de Bretagne*, avant 1400, imp. à Loudéac en 1485.

[3] *Capitul. Bal.*, p. 782, t. 1 et t. 11, col. 1193. — Spelm., *Gloss.*, v° *Bancum*.

[4] *Leges forestarum*, cap. XVIII.

Le sire de Tournebu précisait avec une sagacité merveilleuse les circonstances qui pouvaient aggraver ou atténuer les délits. Malgré la paix et le bon ordre qu'il entretenait sur ses terres, il persistait à soutenir que depuis le moment où l'ambition des rois avait ébranlé l'arrangement féodal, le règne de l'esprit avait succédé à celui du cœur, et que les mœurs s'étaient visiblement altérées : « Hélas! nous disait-il, nous ne sommes plus à ces temps de loyauté et d'innocence, où les Normands laissaient leur porte ouverte le jour et la nuit. Alors la simple clameur du *Haro* suffisait pour intimider un spoliateur, et le forcer à restitution. Il y avait si peu de procès, que la pierre qui servait de siége au magistrat sur la colline était couverte de mousse [2]. Le bon duc Rollon, voulant éprouver la probité de ses sujets, suspendit une chaîne d'or, d'un riche poids, à l'un des arbres de la forêt de Roumare [2] : elle y resta plus de trois ans

---

[1] *Leges forestarum*, cap. XXI *et alii.*

[2] La forêt de Roumare est près de Rouen; les habitans des villages voisins ont conservé cette tradition, et

pendante à tous les yeux, sans tenter personne, et finalement elle ne fut dérobée que par un étranger.

« Les progrès du mal sont sensibles; je n'en veux pour preuves que les variations qu'ont subies dans leur acception coutumière quelques-uns des termes de notre langue. Il y a cent ans qu'on appelait *ribaulds* les chevaliers les plus distingués; c'était un vrai titre d'honneur que Philippe-Auguste donnait aux braves qui méritaient le mieux sa confiance, et qui approchaient de sa personne [1]. Aujourd'hui on appelle *ribaulds* les ivrognes libertins, experts aux jeux de dés et de brelans [2]. Autrefois, en notre Normandie, nous appelions *gillons* d'honnêtes varlets chargés des clefs de nos celliers; mais comme ils abusèrent par degrés du dépôt qu'on leur confiait, et qu'ils buvaient avec des chalumeaux aux ton-

---

montrent encore avec respect le lieu où cette chaîne fut suspendue.

[1] Pasquier, *Recherches sur la France*, l. VIII, cap. IV. — Houard, t. I, p. 222 de ses *Lois anglo-normandes*.

[2] Skinner in etymol. *Ribald*. — Du Cange, *Gloss.*, v° *Rex Ribaldarum*.

neaux dont ils avaient la garde, on nomme à présent *gillons* ceux qui se rendent coupables de larcins et de filouteries.

« Autrefois encore nous appelions *sacards* de bonnes gens qui, en temps de peste, allaient, vêtus d'un sac, mettre les pestiférés en terre; mais peu à peu se relâchant en probité, ils dérobèrent ce qui venait sous leur main, dans la maison des malades, ce qui fait que maintenant on appelle gens de sac et *sacards*, les pendards et malfaiteurs [1].

« Autrefois dans les foires de France, celui qui voulait acheter un porc demandait s'il était lépreux, et le vendeur répondait oui ou non. Aujourd'hui cette simple parole ne suffit déjà plus dans les villes où l'on a créé des *langayeurs* pour faire montrer la langue aux porcs, afin de savoir s'ils ont la lèpre [2].

« O temps jadis ! âge d'or de la terre salique, où nulle demoiselle, si elle n'était chatelaine

---

[1] *Gloss.* de La Monnoie, à la suite des *Noëls bourguignons*, p. 365.

[2] De La Mare, *Traité de la police*, t. II, l. v, tit. XXI, ch. IV. Il en était de même à Rome. (Varro, *de re Rustica*, l. II, ch. IV.)

de deux mille livres de rente, n'avait qu'une simple robe par an; où nul prélat, ni baron, ne pouvait avoir robe, pour son corps, de plus de vingt-cinq sols tournois l'aulne! La robe d'écarlate qu'eut Philippe Auguste à la solennité de Pâques, et où le vit mon aïeul en 1302, ne coûtait que seize livres; c'était une merveille de tissu, teinture et broderie d'or. Le chaperon fourré de ce grand roi ne coûtait que quatre sols, et son capuce pluvial avec la fourrure de son riche manteau, six francs. La robe à manteau que portait la reine, sa femme, le jour de la Saint-Remi, avait été faite et livrée à raison de vingt-huit livres trois sols; mais ces vêtemens étaient si magnifiques et si éclatans, que les dames d'honneur les montraient par curiosité, quand la reine était aux étuves ou à la campagne [1]. A présent, on dit qu'il y a en cour et à Paris telle et telle mode luxurieuse, inventée en dérision de Dieu et de l'Église, par

---

[1] *Cout. de Beauv.*, observ., p. 371 et 372. — *Mœurs des Français*, p. 157, 158. — *Lettres histor. sur les parlemens*, 2ᵉ partie, p. 344 et suiv. — Velly, t. vii, p. 70 et 71.

moquerie de nature et outrage à la beauté[1]. Moi-même, n'ai-je point cédé aux modes nouvelles, et pour complaire à ma nièce, dont la fumée offusquait les beaux yeux, n'ai-je point consenti à emprisonner les flammes et les vapeurs de mon foyer, maintenant claquemuré dans les chambranles de cette cheminée, invention de femmes, à laquelle nous devons les rhumes, les catarrhes, les migraines, qu'auparavant nous n'avions jamais connus[2]. »

Comme tous les suzerains, le sire de Tournebu avait fait apprendre la chirurgie et les vertus des simples à sa fille aînée, pour qu'elle pût guérir, s'il y avait moyen, les chevaliers, pèlerins, pauvres bûcherons et autres gens qu'on apportait blessés, à la providence du château. Lui-même savait mille et mille recettes, toutes merveilleuses, pour la guérison des maux divers. Il disait : « Ainsi que les rois

[1] *Liv. vert. anc. du Châtelet*, fol. 148. — *Cont. Nang.*, an. 1365. — *Conc. Andeg.*, an. 1365, can. 13.

[2] Harison, dans sa *Description d'Angleterre*, p. 212, prétend que lorsqu'on s'enfumait en se chauffant, on n'avait ni migraines, ni catarrhes, ni rhumes.

de France, les aînés de la famille des comtes de Châteauroux ont le pouvoir de guérir les écrouelles [1]. Les parens de saint Roch guérissent les pestiférés, et ceux de la bonne sainte Catherine guérissent des brûlures [2], » selon lui les septièmes garçons nés de légitimes mariages, sans que ce nombre sept ait été entrecoupé de la naissance d'une fille, peuvent guérir des fièvres tierces et quartes [3]; enfin, le patriarche nous dit beaucoup d'autres choses curieuses sur l'art notoire, l'observance de certains jours, les talismans, l'astrologie; et sur les miracles de la médaille de saint Benoît, les cornets de saint Hubert, la ceinture de sainte Marguerite [4].

Nous eûmes tant de plaisir à écouter le ba-

---

[1] Du Laurent, l. I, *de Strumis*, ch. II. — Le P. Delrio, l. I, *disq. magic.*, ch. III, quest. 4.

[2] Leonar. Vair, l. II, ch. II. — Du Laurent, l. I, *de Strumis*, ch. IV. — Le P. Théoph. Raynauld, *Tract. de Stiq. sac.*, sect. 2.

[3] Ant. Mizauld, *centur.* 3, *memorat.*, *etc.*, n° 66.

[4] Le P. Delrio, lib. III, *disq. magic.*, part. II, quest. 4, sect. 2. — Ant. Mizauld, *centur.* 6, n° 64. — Thiers, *Traité des Superstitions*, t. I, l. IV, ch. II, III et IV; l. V, ch. II, III, t. II; l. I, ch. VIII.

ron de Tournebu, que nous ne songeâmes guère à nous coucher avant huit heures du soir. Je traversai de longs corridors, où çà et là se tenaient debout comme personnes vivantes, les complètes armures des seigneurs de Tournebu. Quatre de ces colosses d'airain m'étonnèrent par leur stature élevée, c'étaient les dépouilles guerrières des sires de Tournebu qui avaient suivi, l'un notre duc Guillaume, à la conquête d'Angleterre, l'autre le duc Robert en Palestine [1]; le troisième Philippe-Auguste aux champs de Bouvine; et le quatrième le bon saint Louis, au rivage de Tunis, en Afrique [2]. La bonne odeur des coins et des pommes qui remplissaient les chambres vacantes se répandait dans tout le château, et même à la vue de ces trophées glorieux, semblait inspirer l'amour des demeures champêtres.

Le lendemain je m'éveillai au bruit du *menuet*, espèce de cornet dont se servent les bergers Normands en conduisant leurs trou-

---

[1] De Masseville, *Hist. de Normandie*, t. 1, p. 204 et 251.
[2] De Masseville, *ibid.*, t. 11, p. 268 et 308.

peaux[1]. Après la messe et le déjeuner, où l'on nous servit d'un vin si bon qu'il n'en fallait pas chercher de meilleur, le baron de Tournebu me proposa d'aller visiter *les bordes* [2]. Nous étions déjà sortis, lorsqu'il revint sur ses pas pour chercher un épervier. « Puisque le droit de porter cet oiseau, me dit-il, n'appartient qu'aux nobles, il faut se parer de cette distinction honorifique [3], un homme ressemble trop à un autre homme pour dédaigner de pareils priviléges. Mon épervier et ce collier d'or que m'a baillé le roi, m'ont valu des respects qui rendent l'obéissance plus facile, et par conséquent l'autorité plus douce et plus paternelle. Tout privilége est un mystère pour ceux qui ne l'ont pas, et tout mystère est une sauvegarde morale. Se faire craindre à si bon marché, c'est être dispensé de punir. »

[1] *Leges forestarum*, cap. II.

[2] *Le Domesday* et *les Remarques* de Houard, t. I, p. 204.

[3] *La Fleta*, l. II, ch. XLI, art. 46. — Thomass., p. 3, l. III, fol. 1359. — Le Grand d'Aussy, *Vie privée des Français*, t. II, p. 3.

Les *bordes* sont les bâtimens ruraux élevés au bord du chemin seigneurial; les *bordiers* sont les colons qui habitent ces bâtimens destinés à élever les volailles, à serrer les grains et la mouture, les légumes, les viandes salées, et toutes les provisions d'hiver [1]. C'est là qu'on cercle les tonneaux et qu'on tresse les corbeilles, le van épurateur, les ruches des mouches à miel; c'est là qu'on fabrique les instrumens aratoires, qu'on répare les harnois, et que l'on tond les brebis en la saison. Derrière les bordes étaient les *pâtureaux* où paissait le gros bétail; ces *pâtureaux* verdoyans étaient clôturés dans leurs pourtours par de longues allées de saules : sous le bleuâtre ombrage de ces arbres humides travaillaient les cordiers, espèce de gens qui vivaient entre eux et solitairement, rebutés des autres hommes, dont ils n'osaient approcher à la portée du souffle. Le mépris qui les frappe vient premièrement de ce qu'ils font métier de dépouiller les animaux pour faire des cordes à boyau, et secondement de ce

---

[1] Houard, *Coutumes anglo-normandes*, t. 1, p. 204.

que le chanvre devient sous leurs mains un instrument de gêne et de supplice [1]. Pour justifier l'aversion superstitieuse dont ils ignorent la véritable cause, les habitans des campagnes prétendent que les cordiers s'occupent de sortiléges, et font avec certaines herbes des sachets qui ont la vertu de rendre invulnérable à la lutte et à la guerre [2]. Ils n'ont pour nourriture habituelle que des gâteaux d'avoine et de fèves [3]; ils n'habitent que des maisons de broussailles, comme les anciens Bretons [4].

J'appris, en visitant les *bordes* de Tournebu, à connaître l'importance des grandes propriétés territoriales exploitées par des seigneurs sédentaires qui sont au milieu de leurs vastes

---

[1] Pendant plusieurs siècles les cordiers furent traités avec mépris en Normandie et en Bretagne; on les regarde encore en cette dernière province comme des êtres réprouvés. (*Voy.* Cambri, *Voyage au Finistère*, t. 1, p. 91.)

[2] Cambri, *Voyage au Finistère*, t. 1, p. 91.

[3] C'était la nourriture ordinaire des pauvres au XIVe siècle : on peut consulter, à cet égard, l'auteur de *Pierce Plougman*, les Poésies de Chaucer, et les *Fragmens d'Ellis*, t. 1, ch. XIII.

[4] Harison's, *Descript. of England*, prefixed to holinshed.

domaines les images de la Providence, tandis que les familles qui vivent, étrangères aux lois des fiefs et aux dispositions conservatrices de l'intégrité des terres patrimoniales, cultivent mesquinement quelques champs divisés, et subdivisés de nouveau à chaque génération : ces nobles seigneurs conservent, pour la fortune des saisons et la gloire de la nature, le dépôt des belles notions agricoles. Là tout se fait en grand et largement, desséchemens ou irrigations, pures semences, greniers de réserve, races choisies, instrumens de labour perfectionnés, forêts inviolables, et dont la hache de l'anarchie ne dévaste pas les abris séculaires, usines industrieuses, bons chemins et bonne police, mille et mille pratiques salutaires, qui ne peuvent émaner que d'un propriétaire aisé dont la nécessité ne vient point faire avorter les opérations : voilà un faible aperçu des avantages qu'offrent les grandes cultures comparées aux moindres. Celles-ci, déchirant en lambeaux les campagnes, ne semblent faites que pour engendrer les procès, en multipliant à l'infini les limites et les points de contact d'un voisinage inquiet ou jaloux. Aussi peut-on dire que les monstres de la chicane, de l'usure et de l'envie, sont sortis des sillons obscurs de la petite propriété.

Le baron de Tournebu, à qui je fis part de mes réflexions, me dit ces paroles remarquables : « La propriété fut long-temps en France la base de la noblesse; et, à vrai dire, je ne conçois guère qu'on puisse être noble sans transmettre de père en fils des propriétés inaliénables. Je vois avec chagrin le système illusoire des anoblissemens altérer de plus en plus ce principe tutélaire des anciennes familles. Depuis que les seigneurs croisés ont vendu leurs fiefs pour subvenir aux frais de leurs voyages, on a reconnu que le courage pouvait suppléer à tout[1], et bientôt d'heureux aventuriers, dont les exploits étaient les seuls titres, furent proclamés nobles sans avoir le moyen de vivre noblement[2]. Dans

---

[1] Houard, *Cout. anglo-norm.*, t. 1, p. 235; et t. IV, p. 619.

[2] Avant les Croisades on ne reconnaissait pour chevalier que celui qui possédait un fief dont le revenu était suffisant pour l'aider à servir l'État, en temps de guerre.

l'enfance des sociétés la force individuelle peut protéger le faible, mais plus tard il faut d'autres moyens de protection, qu'on ne peut puiser que dans une fortune héréditaire et de longues habitudes de bienfaisance. Dieu lui-même a reconnu la noblesse *glebée*, puisqu'il a donné la terre promise en fief à Abraham, qui est le modèle des nobles et des patriarches [1]. Les communes, que la politique des rois de France a suscitées en haine de la féodalité, et qui ne prospèrent néanmoins qu'en adoptant les anciennes coutumes de cette féodalité, ont bien avoué que la propriété était en effet la source de toute administration paternelle, puisqu'elles exigent en Normandie que les maires des bourgs ou villes soient bourgeois et propriétaires [2].

En revenant, nous passâmes près de la garenne : « J'aurais fait détruire ce parc à lapins, me dit le sire de Tournebu, s'il n'était pas

(*Anc. lois des Fr.*, t. 1, p. 131. — Houard, *Dict. du droit normand*, t. 1, p. 230.)

[1] De La Roque, *Traité de la Noblesse*, ch. XVIII.

[2] *Iter Camerarii*, cap. XXXIX, art. 60. — *Arrêt du parlement de la Pentecôte*, en 1287.

dans mon fief depuis cinq cents ans. Les garennes étant d'un mauvais voisinage pour les jeunes arbres et les blés verts, il est défendu d'en avoir de nouvelles, et l'on ne tolère que celles qui sont possédées de père en fils, en vertu d'un titre originaire ou de temps immémorial [1]. De cette façon elles compensent leurs inconvéniens, par l'avantage attaché à tout ce qui reste en permanence dans les familles. Quant aux nouvelles garennes on n'en souffre aucune ; tel est le respect de nos rois pour les champs de leurs sujets, que par arrêt du parlement il fut ordonné qu'une garenne établie par le comte de Boulogne, oncle de saint Louis, serait détruite, et qu'une ordonnance du roi Jean permit au public de chasser dans celles que plusieurs de ses grands officiers avaient fait récemment édifier [2].

[1] *Coutumes d'Anjou*, tit. 1, art. 32, 33 et 34 ; — *du Maine*, tit. 11, art. 37, 38 et 39, part. 1 ; — *de Blois*, ch. xxi, art. 139 ; — *de Meaux*, ch. xxviii, art. 211, 212, 213. — Guy Pape, lib. xviii, tit. ix, art. 2. — Chopin, *de domanio*, l. iii, tit. xxii.

[2] *Olim du parlement*, fol. 3. — Saint-Yon, *des eaux et forêts*, l. 1, tit. xxi.

CHAPITRE XXXV.

Le lendemain j'entendis des éclats de voix joyeuses partir des cours et des salles basses du château. Le nom d'Olivier Basselin frappa mon oreille ; je descendis, et j'aperçus au milieu de la foule empressée un jeune homme d'une figure timide et modestement vêtu. Olivier Basselin, car c'était lui, venait au manoir de Tournebu acheter du vin [1], et vendre des draps qu'il faisait fabriquer dans les vallées de *Vire*, où il demeurait [2]. Là, sous les délicieux ombrages de ces vallées, qu'on appelle *les vaux-de-vire*, le long des bords enchanteurs de la *Vire* et de la *Virenne*, qui, tour à tour, divisent et confondent leurs ondes, au bruit sourd et lointain des moulins qui foulaient

[1] Il y avait alors des clos de vigne en Normandie ; Charles IX les fit arracher.

[2] Bourgueville de Bras, *Recherch. et antiq. de Neustrie.* — M. Asselin, dans son *disc. prélim.* de l'édition qu'il a publiée *des vaux-de-vire* d'Olivier Basselin en 1811. Le moulin où Brasselin foulait ses draps, porte encore son nom ; il est situé près de *Vire*, près le pont *des Vaux*.

ses tissus, Olivier distrait un moment des soins de son négoce, composait les chansons bachiques que la Normandie, dont elles font les délices, a nommées *vaux-de-vire*, du nom des lieux où elles furent inspirées [1].

Le sire de Tournebu l'invita à dîner, et Basselin, qui hantait plus volontiers les tavernes que les châteaux, fut d'abord un peu déconcerté de se trouver en si belle compagnie; la timidité, cette paralysie morale, semblait glacer son imagination et enchaîner sa langue [2]; mais par degrés la chaleur du vin lui

---

[1] Olivier Basselin est l'auteur de ces joyeux *vaux-de-vire*, qui ont donné à nos chansonniers modernes les tournures vives, originales et piquantes de leurs couplets. Malgré la grossièreté de leur poésie, les chansons de Basselin sont remarquables par leur gaîté et par des pensées souvent ingénieuses. Ce poëte vivait en 1374, puisqu'il mourut très-vieux en 1418 : si l'on veut avoir quelques détails sur sa vie et ses ouvrages, on peut consulter La Croix du Maine, *Bibl. franç.* — Duverdier, t. v, p. 154. — Belleforest, *Cosmogr. univ.* — *Dissertation sur les chansons, le vaudeville, et Olivier Basselin*, par M. Dubois, p. 16 et 17.

[2] Lui-même peint ainsi son caractère quand il est à jeun. (*Voy.* le vau-de-vire IX, couplets 1 et 2; le 12e, 4e couplet, le 21e, etc.)

rendit l'usage de la parole : il approcha de plus près la table, prit une attitude assurée, lança sur tous les convives des regards pétillans, et nous étonna par l'inépuisable abondance de ses saillies et de ses propos grivois.

Il est d'usage en Normandie que chaque convive chante au dessert une chanson ; mais qui l'eût osé devant maître Olivier Basselin ? Ce poëte paya pour nous tous. Ses couplets attestent en quelque sorte la verve de l'ivresse ; l'auteur, y cédant à son délire, jette au hasard dans ses refrains, des expressions inconnues, sans acception dans aucune langue, mais pleines d'énergie ou de gaîté, quand elles sont répétées en chœur au milieu des flacons et des verres.

Olivier alla se coucher un peu ivre ; le lendemain matin on n'eût point dit que ce fût la même personne. Son âme n'était plus qu'à demi vive ; son humble contenance, ses regards baissés, l'infirmité de sa langue épaissie, ses gestes portant à faux, tout prouvait assez qu'il avait perdu son assistance merveilleuse, et que son lutin familier s'était enfui d'un corps à jeun. Lorsqu'il nous eut quittés, son étrange métamorphose devint aux foyers du seigneur de Tournebu le sujet d'une conversation agréable. « L'ivresse est magique, nous dit cet indulgent baron. Nous ne parlons pas de cette ivresse dont les dégoûtans excès abrutissent et dégradent, mais de cette ivresse vive et légère qui réchauffe les cerveaux engourdis. Par elle le plus stupide, le plus pauvre, est tout à coup investi d'une indépendance imprévue et doté d'une intelligence hardie. Les gens du peuple ont donc la ressource de l'ivresse, comme nous avons les avantages de l'éducation; mais je les crois, sous ce rapport, infiniment mieux partagés que nous, ne fût-ce que parce qu'ils gagnent en illusions tout ce que nous font perdre de fâcheuses réalités. L'ivresse n'éveille en eux rien d'étranger à leur nature, rien de contraire aux sentimens et à l'humanité, elle ne fait que produire un moment à l'extérieur des trésors dont nous étions à notre insu dépositaires; c'est une apparition de l'âme dans toute sa gloire natale, et à travers les vapeurs que percent ses divins rayons, il est facile de reconnaître la splendeur de son origine. Mais la civilisation est une alliance souvent monstrueuse des facultés de cette âme, et des notions sophistiques de la science : c'est un pacte fait avec la terre. Une fois acquise, la civilisation ne peut plus se congédier, elle agite nos jours et nos nuits, et le cœur renaissant sous ce vautour ne doit plus espérer ni paix ni trêve. Le génie que donne le vin n'est, au contraire, qu'une lueur fugitive qui ne consume pas, et qui n'annonce point la foudre ou l'incendie. Après la crise miraculeuse de l'ivresse, l'homme a la simplicité naïve, la modération, l'ignorance ingénue, les respects et les croyances qu'il avait auparavant. Cette initiation innocente ne donne point de mauvaises leçons, ne fait pas de docteurs pédantesques, et ne laisse point de souvenirs inquiets et pénibles. Celui qu'elle élève aujourd'hui au-dessus des héros et des rois, demain reprendra gaîment la charrue. Elle proclame en lui, à certaines époques, de grandes facultés morales; mais, comme si c'était assez pour sa jouissance intellectuelle de cette manifestation rapide, elle tient hors des atteintes journalières ces mêmes facultés, qui ne pourraient, sans danger, peser à chaque instant sur une vie qu'elles rendraient plus susceptible et plus ambitieuse que ne le comportent la plupart des conditions humaines.

« Au surplus, l'âme atteste bien mieux sa puissance quand elle sort de l'enveloppe grossière d'un paysan qui l'appelle au bruit joyeux des verres, que lorsqu'elle s'épanouit lentement à force de culture et de soins : de même que les grâces de la nature ont un plus doux sourire au sein des fleurs du désert, que son souffle pur a fait éclore, que dans ces fleurs travaillées dans nos jardins, et qui ne reçoivent pour rayons que les flétrissans regards de l'homme; pour rosées, que les sueurs du manœuvre; pour couleurs, que la poussière de nos ruines et de nos tombeaux. Nous permettons donc avec plaisir l'usage modéré du vin. Cette liqueur est une charte de franchise et d'émancipation octroyée aux mortels, charte dont la possession ne trouble jamais l'harmonie politique. Aussi n'est-il guère de fêtes, de cérémonies, de prestation de foi et hommage, d'anniversaires et de joyeux événemens, d'élections et de semonces, où il n'y ait délivrance d'un certain nombre de muids de vin ou de cidre. Ces gentilles libations sont de fréquens jubilés où chacun noie ses soucis et ses peines. »

Après cet entretien il fallut nécessairement boire, et en quittant la table, le cerveau légèrement chatouillé par les vapeurs du breuvage des prodiges, j'allai me promener dans les champs. La campagne, quoique ternie par les derniers jours d'octobre, me parut toute radieuse de l'éclat du printemps. Brillante émule des aurores du mois de mai, la féerie de mon imagination errante à travers les sinuosités de ce bocage neustrien[1], moins sauvage et plus gracieux que le bocage du Poitou, faisait refleurir une seconde fois ses haies d'aubépine et de roses, ses champs de sarrasin, dont les sillons de pourpre exhalent la douce senteur du miel, et ses joncs marins balançant au gré des brises forestières leurs quenouilles de bronze et leurs étoupes d'or. La bruyère inculte tapisse les coteaux dont le pied voit murmurer les ruisseaux de la vallée,

[1] Le centre du bocage normand est aux environs de Vire et de Vassy.

et dont le sommet voit s'élever les murs des résidences guerrières et des hébergemens féodaux. Là les chansons des laveuses de nuit et des pâtres de Mondeville et d'Argence, se confondent au loin dans les échos des rochers maritimes, avec les hymnes de victoire que Taillefer chantait aux plaines d'Hastings sous l'étendard de Normandie [1]. Dans ces fières et douces retraites, quelle beauté n'a pas connu l'amour! quel chevalier n'a pas connu la gloire! Aussi la lyre des trouvères normands n'a-t-elle voulu chanter que la gloire et l'amour. Mais tandis que j'allais ainsi rêvant, un nuage obscur, des ténèbres soudaines, vinrent dérober à mes regards les rians paysages de la Neustrie, et substituer à l'image de l'Élysée l'affreux aspect des enfers. De tous les points de l'horizon s'élevèrent les tourbillons d'une épaisse fumée, et le ciel réfléchissant la couleur des flammes, semblait tout plein de sinistres météores. C'était la combustion du *varech*. Cette plante, si précieuse aux rivages de la Manche, et dont les cendres fécondes,

---

[1] Wace, dans son roman du *Rou*. — Dumoulin, *Hist. générale de Normandie*, l. vii, somme 2, p. 181, § 9.

en même temps qu'elles saturent de sels excitateurs les terrains languissans, produisent encore le verre et la soude.

Le *varech* croît en abondance sur les côtes de Normandie; cette plante, d'une sombre verdure, étend ses tiges dans les ondes, et le poisson qui vient y déposer son frai abonde en ces parages plus qu'en aucun autre lieu [1]. Ainsi le *varech* est cher à la fois, aux laboureurs, dont il reconforte les sillons épuisés; aux pêcheurs, qui lui doivent les coups de fortune de leurs filets; aux buveurs, qui tiennent de sa vitrification brillante le cristal des coupes et des flacons. Il fournit enfin aux manufacturiers et aux lavandières les savons épurateurs. Tant de qualités ont rendu le *varech* l'objet des soins du législateur, qui, par une foule d'ordonnances et de statuts, en règle la possession, la récolte et l'emploi [2].

---

[1] *Dict. du droit normand*, t. IV, v° *Varech*.

[2] Les us et coutumes de la mer déterminent quand et comment on récolte le *varech*, à qui il appartient, etc. (Voy. l'*Ordon. sur la marine*, de 1681; la *Déclaration du roi*, du 30 mai 1731.) Par extension on appelait *varech* tout ce que la mer jetait sur ses bords; sous ce rapport,

La nuit m'avait surpris; des milliers de feux, où pétillait le *varech*, éclairaient mes pas incertains; par degrés ils s'éteignirent, et je restai sans guide au milieu d'un air obscurci par de fétides fumées. Alors toutes les illusions superstitieuses qui bercent l'esprit des habitans de cette contrée vinrent m'assaillir à la fois au milieu de ce noir empire. C'était, en effet, l'heure où l'on croit entendre la chasse *Hennequin*, cette meute d'esprits infernaux, qui passent entre ciel et terre avec des cris lamentables, entrecoupés par le bruit de la corne sauvage et les aboiemens des chiens [1]. Si quelqu'un était assez téméraire pour s'écrier : *Je prends ma part de la chasse*, du sang pleuvrait sur sa tête, et devant lui tomberaient les lambeaux des cadavres soustraits au tombeau par la sorcière Harpine, pour le festin des démons qu'elle entraîne à

---

c'était une épave maritime qui appartenait au possesseur du fief situé sur la côte. (Rouillé, dans ses notes sur le ch. XVII de l'*anc. Cout. de Norm.*—Basnage et Pasnelle, sur les art. 59 et 602 de la nouvelle.)

[1] *Annuaire statistique du département de l'Orne à Alençon*, 1809, p. 109 et 110.

sa suite [1]. Souvent aussi *Brudemort* leur dispute les airs, suivis de ses dix mille *huarts*, noirs démons dont le cri répand l'épouvante [2]. *Brudemort* est en Normandie ce qu'est le *moine bourru* en Picardie; *la malebeste*, à Toulouse; le *mulet-odet*, à Orléans; le *loup-garou*, à Blois; le *roi Hugon*, à Tours; et *fortépaule*, à Dijon [3]. Moins terrible que ces monstres funèbres, le *gobelin* vient aussi la nuit dans la campagne, à la lueur du *fourlore* [4]. Lorsqu'il est irrité il pénètre sous les toits des nourrices, va d'un berceau à l'autre, pour changer les enfans, et met le fils d'un berger à la place du fils d'un roi. Dans ses instans de folâtre humeur, il aime à prendre la forme d'un palefroi, et disparaît tout à coup entre les jambes du chevalier qui l'avait enfourché [5].

[1] *Annuaire statistique du département de l'Orne*, p. 110.

[2] *Hist. de Richard-sans-Peur*, à Troyes, chez P. Garnier, sans date, p. 2.

[3] *Gloss.* de La Monnoye, à la suite des *Noëls bourguignons*, p. 238.

[4] Les Normands appellent ainsi le feu follet, dont ils ont, comme dans toutes les campagnes de France, une frayeur superstitieuse.

[5] *Annuaire statist. du départ. de l'Orne*, p. 114 et 115.

Heureux celui qui, au lieu de s'égarer dans les ténèbres, poursuivi de ces visions bizarres, rentre dans sa chaude demeure au son de la cloche du couvre-feu, sans regrets de la journée et sans soucis du lendemain.

Telle était votre vie sanctifiée et toute débonnaire, noble baron de Tournebu, vous qui receviez du ciel les bénédictions que vous répandiez autour de vous.

CHAPITRE XXXVI.

J'eus le désir de visiter la cour du fameux *Charles-le-Mauvais* : au lieu de résider dans son beau royaume de Navarre, où il avait été sacré en 1350, au lieu de vivre en paix dans ses palais d'Olite et de Tafalla, près des bords délicieux du Cidaço et de l'Égas [1], ce prince préférait demeurer en Normandie, où il possédait le comté d'Évreux, afin d'être plus près des Anglais, avec lesquels il entretenait de funestes intelligences, et pour mieux tramer ses complots contre le roi de France [2].

Je passai par Lisieux ; on me dit, sans m'en donner la preuve, que cette ville fut bâtie par *Magus*, au temps d'Abraham et de Sémiramis, d'où lui vient son premier nom de *Néomagus* [3]. Mais ce qui me semble mieux

---

[1] Ces villes étaient autrefois les résidences des rois de la Navarre, et le fils de *Charles-le-Mauvais* s'appliqua à les embellir.

[2] Secousse, *Hist. de Charles II, roi de Navarre*, 2ᵉ part., p. 2.—M. Lévesque, *la France sous les premiers Valois*, t. II.

[3] Ces fables et tant d'autres de ce genre ont été répan-

constaté, c'est que Guillaume de Clermont agrandit considérablement Lisieux.

Pour échapper aux soupçons du roi de Navarre, j'eus soin, en pénétrant dans le comté d'Évreux, de reprendre l'habit de ménestrel, qui m'avait si bien servi à la cour de Bretagne. Car tout vicieux que fût le prince dont j'affrontais la cour, il n'eut pas osé attenter à la personne inviolable d'un fils du gai savoir. Je logeai chez Christian Gueroust, dont les fiefs avaient été confisqués par ordre de *Charles-le-Mauvais*, qui l'avait en vain sommé de venir le servir en la guerre de 1359[1]. Je croyais donc pouvoir m'ouvrir sur le compte de ce monarque avec un homme qui avait beaucoup à s'en plaindre; mais Christian Gueroust me dit que de telles opi-

---

dues par l'anglais Balcus, et par Jean Nanni de Viterbe, sous le nom de *Berose*. Ils donnent la même origine à Rouen, autrefois *Rothomagus*, et qui depuis se nomma Rouen, par corruption du nom de son premier duc *Rou*.

[1] *Lettres du roi de Navarre, rég. du parlement de Paris*, fol. 56, v° *Secousse*, lieu cité, p. 327 de la note. Cette mesure s'étendit à tous ceux qui, ayant des fiefs du roi de Navarre, refusèrent de le servir; elle fut prise par délibération du grand-conseil de ce roi, le 28 mai 1359.

nions étaient messéantes, et que ceux qui avaient donné à Charles le nom de *mauvais* lui semblaient gens de petit jugement [1]. « Eh quoi donc, messire Christian, me pris-je à dire en toute liberté, n'est-il donc pas *mauvais*, le prince qui fit assassiner Charles de la Cerda, connétable de France, et se joignit avec tous les factieux du royaume, pour attiser dans Paris les feux de la révolte et de la guerre civile [2]? N'est-il pas *mauvais*, l'ennemi du roi légitime, l'allié de Pierre-le-Cruel, le serviteur des Anglais, le compagnon des traîtres Marcel et Robert de Laon [3]? Fourbe, dissimulé, hypocrite, parjure, tantôt agissant

---

[1] Cette opinion est partagée par plusieurs historiens, et notamment par Ferreras. « *Les Français,* dit-il, *l'ont surnommé le* Mauvais, *à cause des troubles qu'il a fomentés dans leur pays. Si l'on envisage cependant ses actions, on conviendra qu'il n'a pas été assez méchant pour mériter cette odieuse épithète.* » Voltaire semble adopter cet avis, mais les faits ne permettent guère de l'accueillir sans restriction.

[2] *Trésor des Chartes*, reg. 89, pièce 254. — *Annales de France*, ann. 1356. — *Coutin. Nangii.* — Velly, *Hist. de France*, t. IX, p. 198, 252, 257.

[3] Froissart, t. I, fol. 77 et suiv. — Velly, lieu cité. — Daniel, t. V, p. 481 et suiv.

à force ouverte, et tantôt recourant aux sourdes intrigues et aux plus lâches forfaits; tantôt prêchant contre les autres l'anarchie et les doctrines populaires; tantôt sévissant avec une implacable rigueur, contre ceux qui s'écartent à son préjudice des règles de l'obéissance et du devoir[1] : tel est le prince que je ne cesserai d'appeler *Charles-le-Mauvais*, que si on l'appelle un jour *Charles-l'Exécrable*. »

Pendant ce discours, Christian Gueroust avait dévotement fermé les fenêtres et les portes, pour qu'on ne m'entendît pas, et lorsque j'eus fini, il me dit froidement : « Bien vous a pris d'être venu en ma garde et protection par occasion d'hospitalité, car vous avez mal parlé de monseigneur. Mais pour qu'il n'y ait point de fâcherie entre nous, je veux bien vous éclairer sur des choses que vous connaissez peu. Sachez donc que monseigneur a dû agir ainsi qu'il l'a fait, puisque descendant par sa mère de Louis-le-Hutin, et

---

[1] Favin, *Hist. de Navarre*, l. VIII, p. 428. — Secousse, *Hist. de Charles de Navarre*. — Lévesque, lieu cité.

par son père de Philippe-le-Hardi, il pouvait disputer la couronne à la maison des Valois [1]. Il essaya néanmoins d'étouffer son ressentiment, par amour pour le repos public; mais loin de lui en savoir gré, on donna à Charles de la Cerda le comté d'Anjou, que monseigneur avait demandé pour sa femme, la douce et admirable Jeanne de France, fille du roi Jean [2]. Dès lors il se lia avec les Anglais et les mécontens, parce que, faisant la guerre à ce roi, il pouvait s'unir à ses ennemis. Qui fut traître, de lui ou du dauphin, lorsque celui-ci feignant d'entrer dans ses projets, l'attira à une fête qu'il donnait à Rouen, et le livra au roi de France, qui le fit traîner dans les cachots du Château-Gaillard, puis dans la tour du Louvre, puis dans le sombre donjon d'Arleux, tandis qu'on égorgeait ses nobles et fidèles serviteurs, pris avec avec lui sans défense [3]?

---

[1] *Chronique de saint Denis*, t. II, p. 182. — Secousse, t. I, p. 6.

[2] Secousse, t. I, p. 31 et 32. — *Sciences des princes*, par Louis du May, p. 663.

[3] Spicil., *Coutin. Nangii*. — Secousse, p. 77. — Velly,

« Les rois sans énergie et sans talens sont condamnés à n'avoir que des vertus, et trop souvent dans les temps difficiles ces vertus ne sauvent ni les peuples ni les rois. Quant aux souverains que le ciel a doués de qualités éminentes, ils sont absous, quoique vicieux, par le bon ordre qu'ils font régner dans leurs états. Monseigneur se fait obéir et respecter, et nul de ses vassaux ne peut lui reprocher une injustice. Je tenais de lui des fiefs, moyennant des services que je lui refusai, c'était donc renoncer à ces fiefs qu'il a repris; ce en quoi il n'y a de sa part qu'exercice d'un droit légitime [1]. Je ne dis pas qu'il n'ait pu commettre, en plus d'une rencontre, des actions très-blâmables; mais ce n'est pas aux sujets à prononcer sur leurs rois, à qui Dieu saura bien quand il lui plaira faire un jour rendre compte de leur vie. »

La fidélité de Christian Gueroust m'atten-

---

t. IX, p. 151.—*Hist. de la ville de Rouen*, par M. S....., avocat, t. I, l. III, p. 320.

[1] Crag., *Jus feodale*, l. II, tit. II; lib. *feud.*, l. II, tit. XXVI, XLVII. — *Assis. de Jérus.*, ch. CCXVII. — Beaumanoir, *Cout. de Beauvoisis*, ch. LXI, p. 311.

drit, et lui prenant la main, je confessai que ma parole avait été hardie. Au surplus, ce que mon hôte pensait de *Charles-le-Mauvais*, je veux dire de Charles d'Évreux, tous ses autres sujets le pensaient également. Rien n'était édifiant, comme la police, la discipline et la paix que faisaient régner dans tous les domaines de ce prince les commandans de ses châteaux et les baillis de ses justices. Cette remarque me conduisit à une autre, c'est qu'avant la féodalité il n'y avait que rois assassinés ou délaissés par leurs propres sujets, que grands personnages mis à mort, et trahis de toute manière par leurs serviteurs; mais depuis que la féodalité fit école d'honneur, de foi, de loyauté; depuis que par elle furent notés d'infamie les félons, les menteurs et les parjures, plus ne vit-on de pareils crimes. Nos rois, nos barons, ont quitté leurs seigneuries pour la Palestine, et l'on n'entendait plus parler d'eux; quelques-uns, comme le bon saint Louis et le roi Jean, père du roi, notre sire, ont été faits prisonniers; mais ni l'absence, ni le malheur, ne purent séparer le suzerain des vassaux. Les extravagances d'un Robert-le-Diable, les cruautés d'un Talvas II, le schisme d'un Raimond de Toulouse, les vices d'un Charles d'Évreux (car enfin je ne suis pas son vassal), ne furent pas davantage des prétextes pour rompre la foi jurée, et les hommes de ces contagieux feudataires les servirent avec autant de fidélité, qu'ils en auraient montré si le ciel les eût fait naître sous la dépendance des bons et nobles seigneurs dont se glorifient nos campagnes inféodées.

Je m'en vins à Évreux à la fin de novembre. Cette ville est assise aux bords de l'Iton, dans une vallée close par des coteaux; elle est peu étendue, et presque toutes ses rues étaient en ruines : car, pendant la détention de Charles de Navarre, elle fut brûlée par les ordres du roi Jean [1]. Le donjon qui la défend, sa superbe cathédrale, et l'église de saint Jacques de l'Hôpital, où les pèlerins et les voyageurs ont droit de loger trois jours [2], dominent de

---

[1] Charles, pour se venger, chargea Philippe de Navarre, son frère, de brûler Nemours et ses bourgades. Favin, *Hist. de Navarre*, l. VIII, p. 436.

[2] Le Brasseur, *Hist. civile et eccles. du comté d'Évreux*, ch. II, p. 10; et ch. XXXI, p. 243.

leurs combles majestueux et de leurs flèches aiguës, les noirs débris de cette résidence d'un prince criminel. A l'extrémité du faubourg de la ville est le château de Navarre, entouré de grands bois de chêne, et bâti sous le règne de Jeanne de Navarre, la femme à Philippe, comte d'Évreux.

Charles se trouvait alors en ce château, revenu depuis peu d'Angleterre, où il s'était rendu pour prendre langue avec Édouard ; il lui avait promis de déclarer à son retour la guerre au roi de France, et de livrer ses places aux lieutenans anglais [1]. Édouard, secondant ses desseins, l'avait fait reconduire en bel appareil sur des vaisseaux pavoisés, et avec une suite brillante ; mais les seigneurs anglais qui l'accompagnaient furent pris en mer, et passés au fil de l'épée [2]. Charles, intimidé par ce coup hardi, n'osait pas remuer à Évreux. Il était d'ailleurs en grand deuil et apparentes douleurs. La reine de Navarre, sa femme,

---

[1] Le Brasseur, lieu cité, p. 255 du ch. XXXI. — Velly, *Hist. de France*, t. IX et X.

[2] Le Brasseur, lieu cité.

était trépassée six jours auparavant [1]. Le peuple, aussi bien que les nobles, pleuraient cette princesse, que le Créateur semblait avoir faite à part, et formée à loisir de ses divines essences, comme pour placer la vertu la plus parfaite à côté de la perversité de son époux. J'appris depuis, à Paris, qu'elle était morte d'une maladie de langueur, à cause de ses peines et chagrins. Le bruit courut même qu'elle avait été empoisonnée. J'interrogeai sur la manière de la mort la dame de Foix, la dame de Saquainville et Catherine de Beautellu, qui étaient les femmes d'atours de la pauvre reine; mais elles ne dirent rien autre chose, si ce n'est qu'elle avait été mal gardée au bain, où elle rendit le dernier soupir [2].

Il me tardait bien de voir le roi de Navarre : on me dit que le lendemain il se rendrait à la messe de l'hôpital des pèlerins, fondé par lui en expiation, lorsqu'il eut fait assassiner Charles de la Cerda, et obtenu son

[1] Elle mourut au château d'Évreux vers la fin de novembre 1373. Le Brasseur, ch. XXXI, p. 256.

[2] *Interrogatoire de Pierre du Tertre*, rapporté par Le Brasseur dans les *Preuves*, p. 73.

pardon après confesse[1]. Il y avait établi une confrérie si fameuse, que Roland de Flandre, Louis de Navarre et tous les plus grands seigneurs du temps, désirèrent en faire partie. La feue reine y prenait plaisir, espérant que la solennité du repentir garantirait sa durée. Le roi de la confrérie assistait une fois l'an à l'office divin, revêtu d'un surplis, couronné de fleurs, et portant un tyrse de verdure, surmonté des images de saint Pierre et de saint Paul [2]. Charles, que cette innocente royauté fatiguait, l'avait depuis long-temps abdiquée; mais il daignait, par égard pour la coutume, assister à la messe dans la chapelle du pardon. Le son de toutes les cloches avertit de sa présence, et je me sentis frissonner d'une émotion imposante. Ce prince arriva en bateau par un canal que la reine sa mère avait fait communiquer du château à la ville[3]. Il mit pied à terre, suivi des sires de Beaumont, de Pacy, de Beauménil, de Thiber-

[1] Secousse, t. 1, p. 58. — Lévesque, t. II.

[2] *Ex archiv. capitul. Ebroïcens.* — Le Brasseur, ch. XXXI, p. 243.

[3] Le Brasseur, *ibid*, p. 244.

ville, de Philippe de Brucour, digne et vertueux évêque d'Évreux, et d'une foule de seigneurs arrivés de Mantes et de Meulan, pour saluer leur suzerain [1]. Je demeurai frappé du majestueux aspect de Charles, et j'oubliai un moment ses attentats pour contempler la beauté de ses traits, la douceur de ses regards, et toutes les grâces répandues sur sa royale personne. Vêtu des sombres couleurs du deuil, pâle, souffrant, et cependant jeune encore [2], on l'eût pris pour un ange mis hors du ciel, et dont les ténèbres de l'enfer n'ont pu éclipser toute la splendeur première. J'admirai comment ce prince, si populaire chez les autres, où il dérogeait à sa dignité jusqu'à manger avec les artisans et caresser les bandits, savait conserver chez lui le cérémonial et l'étiquette les plus sévères [3]. Je compris,

---

[1] Le roi Jean avait donné ces deux villes à Charles en lui donnant la main de sa fille.

[2] Il était né à Évreux en 1332; il n'avait donc en 1373 que quarante-un ans; il mourut en 1386; il avait régné trente-sept ans et deux mois.

[3] Le Brasseur, ch. xxxi. — Lévesque, t. ii. — Secousse, t. i.

en le voyant, qu'il eût pu inspirer le dévouement, les exploits, et tous les sentimens d'amour et de fidélité dont il ne cessa de recueillir les fruits; je compris les efforts surnaturels que son frère, Philippe de Navarre, que sa sœur Blanche d'Évreux, surnommée *la dame de belle sagesse*, que tous ses parens et alliés firent, de concert avec ses serviteurs, pour l'arracher au péril où le jetèrent tant de fois ses entreprises téméraires [1]; je compris que pour le servir, ses agens eussent couru à une mort certaine; je compris comment ceux qu'il avait tant de fois et si cruellement offensés, se fussent toujours empressés de lui pardonner; je compris tout ce qui environnait ce prince, mais je ne pus le comprendre lui-même, car est-il possible que des dehors aussi séduisans puissent cacher une âme perverse, et faut-il que le ciel ait été exproprié par l'enfer d'un de ses plus beaux ouvrages?

Grâce à l'habit de ménestrel, je pus visiter

---

[1] Favin, *Hist. de Navarre*, l. VIII. — Ferreras, t. V, p. 307 et suiv.

le palais de Charles. Je remarquai que sur ses bannières et ses écussons il avait fait peindre les armes de France, en supprimant de ces armes la marque par laquelle on distinguait les branches cadettes de la branche aînée de la maison royale [1]. Les vitraux de toutes les galeries étaient blasonnés d'images, devises et inscriptions, qui révélaient les mêmes prétentions. Ici on lisait : *J'eusse été roi de France, si ma mère eût été homme* [2]. Plus loin : *Mieux m'appartient la dignité du royaume de France qu'au roi Charles V* [3]. Ailleurs : *Il n'y aura jamais durable amour entre moi et le roi de France, parce que j'en éprouve tort et dommage, tant à propos de la Bourgogne que de la ville de Conches, et à cause des droits royaux qu'il a voulu mettre en mes terres* [4].

---

[1] *Hist. généalog. de la maison de France*, t. 1, p. 984. — Villaret, t. ix, p. 524.

[2] *Chron. de saint Denis*, t. 11, p. 182, col. 1, r°. — Secousse, *Hist. de Charles de Navarre*, t. 1, p. 6.

[3] *Chron. de Flandre*, publiée par sauvage, sur Charles de Navarre.

[4] Le Brasseur, dans les *Preuves*, p. 73.

Dans un petit cabinet rond, pratiqué en l'une des tours, étaient les livres du roi de Navarre. L'un d'eux, vêtu de velours cramoisi, avec armoiries *en rais d'escarboucles, pommeté d'or* [1], contenait les propres œuvres du roi; c'est à savoir premièrement le discours qu'il prononça à Paris, lorsqu'après dix-huit mois de captivité il harangua le peuple pour le soulever contre le roi Jean et le dauphin; ce à quoi il réussit merveilleusement, car rien n'ai-je lu de plus éloquent et de plus adroit que ce discours, qui dura depuis vêpres jusqu'après l'heure du souper [2]; secondement, le discours en manière d'oraison funèbre, que Charles prononça à Rouen, lorsqu'ayant fait détacher du gibet les restes de ses amés et féaux, mis à mort par le roi Jean, il se les fit apporter dans une chapelle de la cathédrale, qu'il nomma la chapelle des Innocens [3]; troisièmement, et enfin plusieurs discours,

---

[1] *Hist. généalog. de la maison de France*, t. 1, p. 984.

[2] *Chron. de saint Denis.* — Secousse, *Hist. de Charles de Navarre*, t. 1, p. 152.

[3] Farin, *Hist. de la ville de Rouen*, t. II, p. 28 et suiv. — *Ibid*, par M. S....., avocat, t. 1, l. III, p. 325.

qu'il prononça en diverses rencontres, pour faire valoir ses droits sur la Bourgogne, la Champagne et la Brie [1].

On nous dit que nous pourrions assister au dîner du roi, mais sans bruit de chansons et d'instrumens, à cause du deuil. A la droite du roi était assis le jeune Charles, son fils. Ce beau prince, encore en adolescence, avait été élevé par sa mère, et tout faisait espérer qu'il en aurait les vertus, et qu'il était venu en réparation de son père [2]. Le dîner fut d'abord silencieux; j'eus loisir d'observer le roi, rien en ses gestes et paroles n'indiquait un méchant homme : c'était pourtant bien lui qui, dans cette salle même qui suait le crime, et dégoûtait du souvenir des orgies [3], avait fait empoisonner avec des poires sucrées le pauvre Séguin Badefol, qui refusait de guerroyer contre les gens du roi de France [4]; c'était bien

[1] Secousse, t. I. — Lévesque, t. II.

[2] Le règne de ce prince fut justement loué. (*Voy.* Ferreras, Mariana, Favin, etc.)

[3] Favin, *Hist. de Navarre*, l. VIII, p. 427. — Mariana, *Hist. d'Esp.*, an. 1386.

[4] *Interrog. de Jacques de Ruë*, rapporté par Le Brasseur, dans ses *Preuves*, p. 95.

lui, qui, engagé envers dom Henri d'Espagne, à fermer le passage des Pyrénées au prince de Galles, imagina, pour se soustraire à cet engagement, de se faire enlever par Olivier de Mauny, dont il resta sérieusement le prisonnier [1]; c'était lui qui, sous prétexte de payer sa rançon audit Olivier de Mauny, l'attira par artifice dans la ville de Tudèle, où il le fit arrêter [2]; c'était lui qui avait fait trancher la tête au brave Guillaume Caillet, qui défendait le Beauvoisis avec la *marmaille*, troupe nombreuse qui devait son nom à ses jaquettes de mailles [3]; c'était lui, qui, dans l'abbaye de Conflans, assistant avec le roi Jean à la grand' messe, chantée en remercîment de la paix, refusa, sous prétexte qu'il avait déjeuné, de jurer par la communion le maintien de cette paix [4]; c'était encore lui qui, ayant reçu cin-

---

[1] Ferreras, *Hist. génér. d'Esp.*, trad. par d'Hermilly, t. v, p. 388.

[2] Ferreras, lieu cité, p. 397.— Favin, *Hist. de Navarre*, l. VIII, p. 451.

[3] Favin, *Hist. de Navarre*, l. VIII, p. 436.

[4] Favin, *ibid*, p. 458. C'était alors une opinion généralement reçue, qu'en communiant ensemble on devenait amis. En ces temps-là plusieurs superstitions s'étaient in-

quante mille francs pour payer la rançon du sire d'Albret, à Gaston Phoëbus, comte de Foix, garda cette somme, et par un si vilain abus de confiance, brouilla le Béarn avec la cour de Navarre [1]; c'était lui, enfin, qui avait soufflé l'esprit de révolte au prevôt des marchands, et si bien ensorcelé Jean de Picquigny, que ce conseiller perdit la raison, et mourut enragé après avoir étranglé son chambellan, et s'être dévoré les bras [2].

Au milieu du dîner Philippe de Brucour se sentit incommodé; ce pieux évêque avait assisté la reine, et l'avait priée de le recommander à Dieu, attendu qu'il allait comparaître devant lui dans l'année [3]. Il quitta la

troduites dans le sacrement de l'eucharistie; les uns l'employaient pour découvrir des malfaiteurs, les autres pour le repos des trépassés. (*Voy.* Blosius, *in moniti spirit.*, ch. VI. — Trithem. *in chronic. Hirsauq.*, *ad* ann. 1121. — S. Thom., 3ᵉ part., quest. 80, art. 6 *ad* 3. — Thiers, *Traité des superst.*, t. II, l. III, ch. VIII et IX.)

[1] Froissart, l. III, ch. XIII. — Favin, *Hist. de Navarre*, l. VIII, p. 459 et 460.

[2] Secousse, t. I, p. 347, dans la note.

[3] Il mourut en effet, dans l'année, Le Brasseur, ch. XXXI, p. 256.

salle, emmenant le jeune prince avec permission du roi. Lorsqu'ils furent sortis, le roi que semblait gêner leur présence, causa familièrement avec Robert Porte, évêque d'Avranches, qui depuis fut poursuivi en la cour du parlement de Paris, pour crime de lèse-majesté [1]. Jacques de Ruë, son chambellan; Pierre du Tertre, son secrétaire; Drouet, officier de sa panneterie, étaient aussi fort avant dans ses confidences : aussi appris-je, sans étonnement, quelques années plus tard, que ces individus ayant reçu de leur maître des missions d'empoisonnement, furent surpris les mains pleines d'arsenic autour des cuisines du roi de France, et furent exécutés sur la place des Halles de Paris [2]. Mais, lorsque

---

[1] *Reg. Chart. thes.*, an 1378.
[2] Le Brasseur, dans les *Preuves*, p. 92 et suiv. — M. Lévesque, t. II. — Secousse, 2ᵉ part., p. 3. — Jacques de Rüe et Pierre du Tertre avouèrent eux-mêmes qu'ils étaient dignes de mort si le roi ne leur faisait miséricorde. Ils furent exécutés le 21 juin 1378; il est à remarquer que leur tentative d'empoisonnement sur la personne de Charles V n'aurait pas suffi pour motiver leur sentence s'ils ne fussent pas nés sujets de ce roi; car alors on ne les eût considérés que comme agens de Charles-le-Mau-

je les vis, ils ne songeaient guère à ce triste avenir, et ils riaient franchement lorsque Charles se prit à leur conter qu'il avait brouillé le sire de Clisson avec le duc de Bretagne, en persuadant à ce duc qu'il avait vu Clisson embrasser savoureusement sa femme derrière une courtine [1]. Lorsqu'on servit le dessert et les vins cuits, la conversation parut devenir plus mystérieuse. Le roi et ses complices entremêlaient leurs discours d'un argot inintelligible, et de certains mots latins, tels que *Noverea*, *vexatus*, *providus*, *calculum*, sous lesquels ils désignaient les personnes dont ils ne voulaient point parler ostensiblement [2].

Pendant ces entretiens bizarres, Charles, soit que ma présence eût éveillé ses soupçons, soit que, conformément à l'usage où il était de chercher à tirer parti de tous les étrangers, il m'eût jugé propre à servir ses

vais, auquel ils devaient obéissance. (*Voy.* ce que dit à cet égard M. Villaret, t. x, p. 395.)

[1] *Interrog. de Jacques de Rüe*, dans Le Brasseur, p. 95 des *Preuves*.

[2] *Interrog. de P. du Tertre*, rapporté par Le Brasseur, p. 81 et suiv., aux *Preuves*.

projets, tournait sans cesse les yeux de mon côté, et ses regards pénétrans semblaient s'incruster dans ma pensée. Il me fit porter une coupe de vin par Sancho Lopy [1]. Je n'osais ni la refuser, ni la boire, tant je me défiais du vigneron; je sortis d'embarras, en alléguant qu'un vœu d'amour m'obligeait, durant une année et un jour, à ne goûter d'aucune boisson fermentée. Parmi ceux qui assistaient comme moi, au repas royal, était un joueur de harpe, grand physicien et astrologue, nommé Angel : il était né en Chypre, et se trouvait depuis quelques jours à Évreux, où Charles l'avait pris en gré [2]. Après le dîner, il me fit signe de le suivre, et m'engagea à m'éloigner promptement, parce que j'étais menacé des confidences du roi. Il m'avoua que ce prince le pressait d'aller à Paris avec du poison de bonne qualité, et que mis en péril par une telle ouverture, il cherchait les

---

[1] On trouve, en effet, un Sancho Lopy parmi les serviteurs que le roi de Navarre employait dans ses missions criminelles. (*Voy*. Le Brasseur, lieu cité, p. 94.)

[2] *Interrog. de Jacques de Rüe*, rapporté par Le Brasseur, dans les *Preuves*, p. 93 et 94.

moyens de s'évader. Il se sauva, en effet, dès la nuit ; mais le lendemain il fut ressaisi par les gens du roi, qui le jetèrent à la mer [1]. Plus heureux je parvins à m'échapper, et fis le signe de la croix en touchant les limites du comté d'Évreux. Je pris, au hasard, le chemin de Tourville, qui me conduisit à la ville de Rouen.

[1] *Interrog. de Jacques de Rüe*, lieu cité, p. 94.

GLOSSAIRE ET ANNOTATIONS

A L'APPUI DE CE DEUXIÈME VOLUME.

Pages 7 et 8. — Qu'en devenant semblable à ces animaux sauvages.

Ces superstitions subsistent encore dans la Basse-Bretagne et la Vendée. (*Voy*. M. de Bourniseaux, *Hist. de la Vendée*, t. 1, p. 209.)

Page 9. — Du *loup-garou* ou du *bisclavaret*.

Le nom de bisclavaret dérive de *bleiz garv*, c'est-à-dire *loup méchant*, qui est la même chose que le *were wolf* des Anglais et le *garwal* des Normands. (*Voy*. Rostrenen, au mot *Garou*, et Lepelletier, au mot *Garw*. — Ritson, *ancient Engleish metrical Romancees*, t. III, p. 249 et 328.)

Page 14. — De *Notre-Dame du Roncier*.

Voy. un livre assez rare, intitulé : *Le lis fleurissant parmi les épines*, ou *Notre-Dame du Roncier triomphante dans la ville de Josselin* ; par le P. I. de I. M. Josselin, 1666.

Page 17. — Suivie des onze mille filles d'honneur.

Le lis fleurissant, etc..., ch. v. — Ogée, t. 1, p. 227. Il est probable que le nombre est exagéré; onze aurait pu suffire, puisque la lettre M, interprétée pour mille, signifiait martyrs. L'historien Sigebert, Pierre Noël et Geoffroy de Saint-Asaph ont beaucoup écrit sur les onze mille vierges.

Page 26. — Cette coutume me parut étrange.

Le droit de quevaize et l'*usement* de Rohan, en ce qui concerne le mineur qu'on investit de la totalité de la succession au préjudice de ses puinés, sont des dispositions uniques et qui ont été un objet d'étonnement pour les jurisconsultes, bien qu'elles puissent être interprétées convenablement.

Le droit de *quevaize* porte, art. 6 : « L'homme laissant « plusieurs enfans légitimes, le dernier des mâles succède « seul au tout de la tenue, à l'exclusion des autres; et au « défaut des mâles, la dernière des filles, sans que les « autres puissent prétendre aucune récompense. »

Quant à l'*usement* de Rohan, voici ce qu'il porte, art. 17 : « En succession directe de père et de mère, le « fils juveigneur et dernier né desdits tenanciers succède « au tout de ladite tenue et en exclut les autres, soient « fils ou filles. »

Art. 22. « Le fils du juveigneur, auquel seul appar-

« tient la tenue, comme dit est, doit loger ses frères et
« sœurs jusqu'à ce qu'ils soient mariés ; et d'autant qu'ils
« seraient mineurs d'ans, doivent les frères et sœurs être
« mariés et entretenus sur le bail et profit de la tenue pen-
« dant leur minorité ; et étant les frères et sœurs mariés,
« le juveigneur peut les expulser tous. »

Page 28. — On peut se pourvoir au parlement général du pays.

En 1030, Allain III établit à Rennes un juge qu'il chargea de statuer sur les appels des sentences rendues dans toute la Bretagne, le comté de Nantes excepté. Il paraît que cette mesure fut amenée par les circonstances, et qu'elle ne fut que temporaire.

En 1101, Allain IV, dit Fergent, ordonna que les appels du sénéchal du comté nantais seraient portés au parlement général.

Dans le traité fait entre Louis IX et le duc Pierre Ier, on voit que dans le *général parlement*, non-seulement on traitait des affaires publiques, mais qu'on jugeait les appels des jugemens rendus par les tribunaux inférieurs.

En 1384, le duc Jean IV fit exposer au roi de France, pour faire annuler une assignation au parlement de Paris, qui lui avait été donnée par le baron de Fougères, que, dans le duché, les juridictions inférieures ressortissaient aux siéges de Rennes et de Nantes, et qu'en cas d'appel de ces deux siéges, le pourvoi était porté *au parlement général du royaume, composé des prélats, des barons et des notables du tiers-état* ; que des arrêts prononcés dans ces assemblées, personne ne pouvait appeler qu'à la chambre verte du duc, et jamais au parlement de Paris, excepté en cas de déni de justice ou de faux et mauvais jugement.

Le roi annula l'assignation du seigneur de Fougères, et l'envoya plaider devant la justice ordinaire du pays. (*Rech. sur la Bretagne*, par M. Delaporte, t. II, ch. VIII, p. 71 et 72.)

Page 28. — On consulte les vieillards.

Ce serait un monument admirable, sous le rapport constitutionnel et sous le rapport législatif, que la collection complète, régulière, authentique, solennelle, de toutes les anciennes coutumes orales, dont l'ensemble eût formé le droit public et coutumier de la France. Rien n'eût été plus intéressant que de retrouver dans leur pureté primitive des traditions, des usages dont l'origine remontait aux premiers âges des Francs et des Gaulois. La nation eût pu conserver ainsi sa véritable physionomie, son caractère originaire. Comment en douter lorsque nos vieilles coutumes écrites, telles que nous les connaissions avant la révolution, transmettaient encore fidèlement, malgré l'alliage des ordonnances, des édits et du droit romain, une foule de dispositions intéressantes, telles, par exemple, que celles de la communauté et du douaire, qui étaient propres aux Germains et aux provinces de la Gaule avant et depuis l'invasion des Romains [1] ?

[1] Pothier, *Traité de la communauté*. — Bernardi, *Essai sur la révol. du Droit français*.

Le premier incident qui enleva à notre législation coutumière cette fleur gothique du moyen âge qui la rendait si chère aux peuples de France, c'est la renaissance des lois romaines parmi nous.

Le droit romain était oublié en France ; quelques-unes de ses traditions, à demi effacées et corrompues, se retrouvaient à peine dans nos provinces méridionales, où ce droit avait originairement jeté de plus profondes racines que dans le reste de la France [1] ; les autres provinces en avaient presque perdu le souvenir lorsque, peu d'années avant le règne de saint Louis, une grande révolution s'opéra dans la fortune de ces lois célèbres, qui jadis avaient régi l'univers; un Code romain, sorti tout à coup des ténèbres, menaça de tout envahir. Ce n'était plus le Code Théodosien, le seul qui autrefois eût été connu parmi nous, c'était le corps de droit compilé par les ordres de l'empereur Justinien, et qui altéré, puis perdu en Italie pendant les règnes des barbares [2], allait y reparaître, escorté de mille glossateurs pédantesques, de mille commentateurs inintelligibles. Ce fut peu que son étude et son impénétrable obscurité attirassent, comme par un charme magique, toutes les imaginations, qui, à défaut d'autre aliment, s'élançaient vers cette proie nouvelle, on voulut encore entourer sa renaissance de l'auréole du merveilleux; le vieux poëte de Pisans imagina qu'un exemplaire des *Pandectes* avait été trouvé par

---

[1] Donato Antonio d'Asti, *dell' uso e autorita della Ragione civile, nelle provincie d'elle imperio occidentale*. Napoli, 1751.

[2] Depuis Justinien, ce fut la législation de cet empereur, et non le *code Théodosien*, qu'on observa en Italie. (Voy. *Épîtres de saint Grégoire*. — Le Concile de Troyes, tenu par Jean VIII en 878.

des soldats dans le pillage de la ville d'Amalfi, en 1136, et que ces soldats, qu'on supposait beaucoup trop éclairés pour le temps, avaient prié l'empereur Lothaire de leur donner ce livre précieux pour leur part du butin. Taurelli [1] accueillit le premier cette fable dans sa préface des *Pandectes florentines*, qu'il prétend être ce miraculeux exemplaire d'Amalfi, et qui, dans la vérité, fut rapporté de Constantinople par des marchands de Pise [2]. Quoi qu'il en soit, l'École de Boulogne, où, dès le commencement du xie siècle, Lanfranc avoit professé le droit romain, devint célèbre par les leçons de Warner [3]. Les explications verbales qu'il donnait sur les lois de Justinien formèrent des jurisconsultes, qui à leur tour allèrent professer à Oxford en 1147, et à Montpellier en 1166. Sous le règne de Louis-le-Jeune avait paru en France une traduction du *Code de Justinien* [4]; l'étude de ce droit devint une passion, une sorte de frénésie et de délire. En 1180, le concile de Tours, présidé par le pape Alexandre, défendit aux moines de sortir de leurs cloîtres pour aller aux écoles où on le professait [5]. Cette

---

[1] Taurelli fut copié par une foule de docteurs, et la fable d'Amalfi a passé comme un fait indubitable. (*Voy.* Mabillon, *De re diplom.*, lib. v, tab. 7. — Brenemam, *Hist. Pandect.*, lib. 1, ch. ix, — Arthur Duck, *de usu et auct. jur. civil.*, lib. 1, ch. v. — Ant. Aug. *emendat*, l. 1, ch. 1. — Aug. Politian, l. x, ep. 4, *de just. et jur.*

[2] *Nuova disamina delle Pandette Pisane, e di chi prima Leramentesse*, etc. — M. Bernardi, *Essai sur la révol. du Droit français*, ch. viii, p. 133, et la note.

[3] Holst. *in cap.* 1, extr. de testam., n° 2.

[4] Marcard. Freher, *in epist. dedic. edit. juris græco-romani.*

[5] *Décret.*, lib. iii, tit. l, ch. iii.

défense n'ayant pu amortir l'ardeur des religieux pour les lois que l'Église appelait mondaines, le pape Honorius publia, en 1225, la fameuse décrétale dans laquelle il prohibait l'enseignement du droit civil dans l'université de Paris [1]. Dès la fin du xiie siècle et au commencement du xiiie, la connaissance de ce droit se répandit dans toute la France, et particulièrement dans les provinces méridionales, où il devint presque partout une loi générale; ce qui plus tard fit donner à ce pays le nom de *Droit écrit*. Cette révolution faisait sentir de nombreux inconvéniens : à l'avènement de saint Louis, les coutumes, qui commençaient à se graver dans la mémoire des peuples, et qui avaient, comme nous l'avons vu, contracté une physionomie pleine d'originalité, s'enflèrent tout à coup d'un débordement de dispositions nouvelles, souvent contradictoires et inexplicables; les actes publics, dont la teneur était simple et laconique, se hérissèrent de formalités scholastiques. On y introduisait des conditions, des protestations, des réserves de tout genre, pour se mettre à l'abri des ruses du commentaire. La subtilité des argumentateurs engendra la défiance : on interprétait les lois, on interprétait même les interprétations; on discutait sans conviction,

---

[1] *Décret.*, lib. III, tit. I, ch. x. Plusieurs jurisconsultes ont pensé que cette décrétale s'étendait même aux laïques; mais Ferrière (*Hist. du Droit romain*, ch. xxvii) prouve victorieusement qu'elle était restreinte aux religieux. Elle démontre d'ailleurs quels progrès avait fait en 1225, c'est-à-dire à l'époque où saint Louis touchait au trône, le goût et l'émulation des Français pour les lois romaines. On ne peut en douter, quand on voit à cette époque reculée plusieurs jurisconsultes français publier des commentaires et des traités sur différentes parties du droit civil.

mais par orgueil ou par intérêt, et l'on choisissait les thèses les plus favorables au développement de l'esprit, ou les plus lucratives [1]. Les lois simples eussent été bientôt obscurcies par cet abus d'une science pédantesque; les lois de Justinien, déjà obscures par elles-mêmes, et dont le vertueux talent des Domat et des Pothier n'avait pas encore élucidé le chaos, se couvrirent d'un second voile de ténèbres. Comme Protée, qui ne rendait ses oracles que lorsqu'il y était contraint par la violence, le droit romain, torturé par ses adeptes, prononçait, du fond de son sanctuaire captieux, les oracles qu'on venait lui arracher.

Page 39. — Qui variait dans ses dialectes nombreux.

Les Bretons comptent leurs dialectes par diocèse, et pourraient les compter par bourgs, villages et hameaux, selon ce proverbe breton :

> Kant bro, kant kis,
> Kant parrez, kant il is.

c'est-à-dire : Cent pays, cent modes; cent paroisses, cent églises. Les trois dialectes bas-breton sont ceux de Tréguier, de Quimper et de Vannes.

[1] Argou, t. 1, p. 75, 76 et 77. — Bernardi, *Essai sur la révol. du Droit français*, ch. VIII, § 1, p. 137 et 138.

Même page. — Plus dur et plus aspiré que tous les autres.

Les habitans de ce pays semblent chanter en parlant; ils élèvent et baissent la voix comme si leurs mots étaient notés : aussi sont-ils tous musiciens, et les airs de leurs chansons, quoique rudes et sauvages, ont un certain agrément. (*Voy.* D. Lepelletier, *Dict. de la langue bretonne.* — Miorcet de Kerdanet, *Hist. de la langue des Gaulois*, p. 77 et 78.)

Page 42. — Avaient des terminaisons semblables.

Tels sont les noms de *Cingetorix* chez les Trévires, de *Dumnorix* chez les Éduens, d'*Ambiatorix* dans le pays de Liége, de *Vercingetorix* en Auvergne, de *Viridorix* dans l'Armorique, etc. Le mot *rix* signifiait fort et puissant. Les noms de *Sinorix*, *Toredorix*, *Adiatorix*, *Celbiorix*, qui proviennent de la langue des Galates, révèlent la même origine. (Voy. *Mém. de l'acad. des insc. et belles-lettres*, t. XXXVII, p. 391. — Picot, *Hist. des Gaulois*, t. III, l. II, ch. VIII.)

Page 43. — Les Romains, s'étant rendus maîtres des Gaules, y firent prévaloir le latin.

Le peu qui est venu du latin en Bretagne est compensé par plusieurs circonstances favorables au breton.

La première fut sans doute l'émigration d'une foule innombrable d'habitans de la Grande-Bretagne, qui, dispersés par les Angles, les Juttes et les Saxons, passèrent dans l'Armorique [1]. Il y avait parmi eux un grand nombre de saints évêques, de pasteurs fugitifs, qui prêchèrent en celtique, leur langue naturelle, et composèrent dans cette langue de pieux ouvrages qui charmèrent les Bretons. La religion étant venue ainsi prêter main-forte à la patrie, les Bretons ne voulurent plus se départir de leur idiome, que des *gabeurs* traitent de sauvage et de barbare [2], mais qui plaît à l'oreille bretonne, puisqu'il passe de génération en génération, circulant à travers les berceaux et les tombes des devanciers.

Le latin n'avait eu qu'une domination passagère dans les Gaules. Rien de cette Rome corrompue et mourante ne pouvait jeter de fortes racines dans une terre où bientôt allaient apparaître d'acerbes générations. Dès que les Francs et toutes les peuplades vigoureuses eussent foulé le territoire des Gaules, leur souffle vainqueur balaya les colonies des Romains; car il n'appartient qu'aux nations barbares de jeter les fondemens d'une société durable. Bientôt le latin, harcelé, brisé par les idiomes tudesques, devint méconnaissable dès les premiers jours de la mo-

---

[1] L'abbé Fleuri, *Hist. eccles.*, t. VIII, l. XXXIV, p. 556. — D. Pelletier, *Dict. de la langue bret.*, préf., p. vj. Parmi ces célèbres transfuges, on remarquait Hengist, S. Samson, S. Brieuc, S. Corentin, S. Gildas, S. Columban et S. Patrice, qui composa un livre breton, intitulé *Canoin. Phadring.* (*Voy.* Bolland., 29 juin) t. II, p. 592; 1 et 17 mars, p. 208. — Mabillon, art. 55. — Bened., t. I, p. 138, 168. — Coint., an 520, n° 815; an 574, n° 22.

[2] D. Bouquet, t. X, p. 15.

narchie française. Sous Charlemagne, le latin s'altérait tellement, que ce prince fut obligé d'appeler de Rome quelques grammairiens pour en rétablir l'enseignement [1]. Sous ce même prince l'instruction religieuse se fit en langue vulgaire et rustique [2]. Envahi par les idiomes, le latin subit leurs caprices et la piquante originalité de leurs élémens; mais cette opération fortuite, n'étant pas soumise à des lois régulières, dut offrir mille et mille disparates dans les différentes provinces de la France, provinces que les institutions féodales tenaient indépendantes les unes des autres, et qui d'ailleurs n'étaient point toutes échues au même peuple. Les Francs, les Bourguignons, les Alains, et plus tard les Scandinaves, s'emparèrent du latin, chacun à leur manière, et l'entraînèrent dans la fortune de la langue romane ou vulgaire, qui, semblable pour le fond, offrait de bizarres variétés. Le latin ne put échapper à ces étranges métamorphoses qu'en se réfugiant dans les monastères, les écoles et les assises, où il en fut quitte pour des solécismes nombreux.

Page 44. — Que le grand Charlemagne redemandait à la mémoire des peuples.

Charlemagne fit recueillir, comme on sait, les chroniques orales et les cantiques barbares, seuls récits de nos temps héroïques : *Barbara et antiquissima carmina quibus veterum actus et bella canebantur, scripsit memoriæque*

---

[1] *Vita Carol. Magn. per Monach. Egolism.*
[2] Labbe, *Concil.*, t. VIII, col. 1256, 1263. — *Capit. reg. Franc.*, an. 813.

mandavit. Ces paroles d'Éginhard (*in Vit. Car. Mag.*, cap. XXIX) ne peuvent évidemment s'appliquer qu'aux chants de l'ancienne langue celtique. Ce précieux dépôt fut perdu, à moins qu'il ne repose en manuscrit dans quelque bibliothèque d'Europe; ce que le roi de Prusse a supposé en offrant une récompense à qui le découvrirait.

Page 47. — La source féconde et merveilleuse de tous les romans de la Table-Ronde.

Cette fameuse chronique intitulée *Bruty Brenhined* fut transportée de la petite Bretagne en Angleterre, au XIIe siècle, par Walter, qui la communiqua à Geoffroy Arthur, surnommé *Montmouth*, savant bénédictin gallois, qui, à la prière de plusieurs personnes, la traduisit en latin, d'où plus tard elle fut traduite en vers français. *Voyez* Warton, *The histor. of English poetry*, t. I, disc. prélim. — Guill. Cave, t. II, p. 284. — *Acad. des insc. et belles-lettres*, t. II, p. 762; t. XVII, p. 758.

Page 48. — Elle prêta même sa lyre à Pierre Mauclerc.

Voy. Le Baud, D. Lobineau et d'Argentré, en leurs *Histoires de Bretagne*.

Dès le XIIIe siècle le breton commença à s'altérer; les seigneurs bretons qui se croisèrent avec les autres chrétiens prirent les habitudes du nouveau langage. Le mariage de la duchesse Anne avec Charles VIII, et plus tard avec Louis XII, eut encore plus d'influence.

Page 51. — N'attristaient ses parvis célestes.

Concile d'Auxerre, de l'an 578. *Greg. Turon. de vit. patr.*, ch. VII, l. X. *Hist. franc.*, ch. XXXI. Les églises baptismales tenaient un rang distingué parmi les autres. On les appelait autrefois *plebes*, à cause de l'affluence du peuple qui s'y rendait : on les nommait aussi *oracula*. *Codice Leg. Longob.* 16. En ces premiers temps les baptistères des églises étaient des édifices de forme ronde et séparés du corps de la basilique, ils étaient spacieux, et plus tard on les convertit en églises, ce qui explique pourquoi en beaucoup de villes, on trouve deux églises, l'une voisine de l'autre. *Gallia christ.*, nov. edit., t. I. — *Tes. anecd. P. Martenne*, t. III, p. 1576; — S. Chardon, *Hist. des sacrem.*, t. I, ch. II, p. 180, 181.

Même page. — Les eaux du salut jaillirent des chapelles villageoises.

Il s'en fallait cependant beaucoup au XIVe siècle qu'il y eût autant de fonts baptismaux que de paroisses. Vid. Burchard, l. III, ch. XXII, *ex concilio quodam Aquisgranen.* — Greg., l. II, *in dictione* 10, ép. 9.

Page 52. — La faculté de conférer le baptême.

A Quimper ainsi qu'à Soissons, Reims, Compiègne, Vienne en Dauphiné, etc., on baptisait et l'on confirmait simultanément. D. Martenne, *De ant. Eccl. rit.*, t. 1, chap. 11, art. 1. — D. Chardon, t. 1, *Hist. de la confirmation*, ch. 111, p. 453.

Page 52. — Avec l'huile des mystères.

L'église d'Orient fait entrer jusqu'à quarante espèces d'aromates dans la composition du chrême. Sur sa consécration en France (Voy. *Concil. de Tolède*, 1, ch. 20. Menard, *ad greg.*, p. 75.

Page 54. — Ceux qui ne sont pas encore baptisés.

Dans les premiers temps on faisait des exorcismes pour chasser l'esprit immonde : cette coutume et celle des scrutins ont laissé long-temps parmi nous des vestiges. Vid. *Cyr. pro. Catech.* n° 9. — Aug., *ep.* 194, n° 40. — Athanas., *ep.* 1, *ad Marcell., de ps.*, n° 33. — Martenne, *de antiq. eccles. discipl.*, t. 1, ch. x, xii. — Le P. Const., *not. in epist. syric.*, p. 694. — Duguet, *Traité des exorcismes.*

Page 61. — Une douzaine de parrains et de marraines.

Le concile de Metz, au ixe siècle, ne voulait qu'un parrain et qu'une marraine, mais le nombre s'en multiplia rapidement. (Voy. *in Eboracens.*, ann. 1195, ch. iv. — Salisber., ann. 1217, ch. xiv. — Coloniens., ann. 1280, c. iv.

Page 62. — Le statut de Daniel Vigier.

Daniel Vigier, évêque de Nantes en 1320, publia des statuts. Par le septième, il défend de donner plus de trois parrains aux enfans; c'était encore plus que ne le permettaient les conciles.

Page 63. — Lorsqu'on tuait son filleul.

Cette loi de Henri Ier, roi d'Angleterre, fut observée en Normandie, et de là passa en Bretagne, mais elle y fut peu de temps en vigueur. (Leg. Henri Ier, c. LXXIX.)

Page 65. — Ne peuvent épouser leurs marraines.

Cet empêchement, provenant de la parenté spirituelle, n'existait pas dans les premiers temps de l'Église. (*Vid.* sanct. Aug., ep. 98, *ad Bonif.* — Saint Césaire d'Arles, hom. 12, int. *Baluz.* — Van Espen, *Jus. eccles.*, part. 2, sect. 1, tit. II, ch. v, n°s 17 et 18.) Mais depuis, un grand nombre d'autorités ecclésiastiques l'établirent. Les mariages de ceux qui l'avaient enfreint furent cependant rarement dissous. (*Vid.* le 53e canon *du concile in Trullo.* — *Concile de Compiègne*, 12e canon. — Bardet, 1, 22, l. VII, ch. XX. — Basset, 1, 11, part. 2, ch. IV; 1, 3, ch. III. — *Code matrimonial*, 2e part., p. 508 et suiv.)

Page 65. — Où fut trouvé le *court-mantel*.

Le court-mantel est une des plus ingénieuses inventions des romanciers de la Table-Ronde. L'épisode dont il est le sujet est même écrit avec une grâce piquante. Le lecteur en va juger :

Ce fut à une Penthecouste que le gentil roy Artus voulut tenir la plus haulte et riche cour qu'il eust oncques en sa vie tenue; car il manda cette fois tous les roys, ducs, comtes, barons, qui de lui terre tenoient; et comme il y devoit avoir grans joutes et tournois, pour ce vouloit-il que chacun y ammenât sa femme ou sa mie : ce qui fut fait; car tant y vint de noblesse et de chevalerie avec dames et demoiselles, que jamais en avant n'avoit esté vue si belle compagnie au royaume d'Angleterre.

Chacun se disposa de mener joie plus que en feste où il se fust jamais trouvé; et on eût ainsi fait, si n'eust été Mourgue la fée, qui, envieuse de la grant beauté de la reine, et jalouse de messire Lancelot-du-Lac, qu'elle aimoit, délibéra, par son enchantement, troubler toute cette belle compagnie. Et peut-estre si la reine l'eust fait inviter à celle feste, l'inconvénient ne fût pas advenu.

Déjà estoient les grans tables mises, tout apprestées pour diner; et le roy, en attendant, s'estoit appuyé à une fenêtre qui regardoit sur la maîtresse rue de Kramalot, et devisoit avec messire Gauvain. Et voici venir un jeune gentilhomme, monté sur un cheval qui portoit une grosse valise de fin velours cramoisi, toute à bandes. Quand il fut descendu, il prend sa valise sous son bras, et se met à monter au palais, et entre dans la salle. Assez

lui fait-on place; et lui, qui estoit sage et bien appris, met le genouil en terre, et dit : « Sire, je suis envoyé
« à vous de par une très-haulte dame qui moult vous
« aime, laquelle vous supplie de lui accorder un don;
« et avant que je vous le die, je vous assûre de par elle
« que en ce don ne pouvez avoir reproche ni dommage. »

Alors le roy hausse la tête, et dit au gentilhomme :
« Ami, je vous octroie le don que vous m'avez deman-
« dé; » et le gentilhomme le remercie de par sa dame, et il prend sa valise et la délace.

Vous devez croire que le roy avoit grant désir, et toute la chevalerie qui là estoit assemblée, de voir ce qui estoit dedans. Le gentilhomme en tire le plus beau et riche manteau qui onc eust esté veu au royaume d'Angleterre. S'il estoit estrange, ne se faut étonner; car il estoit fée et fait d'une fée par enchantement, et avoit telle vertu qu'il descouvroit l'infidélité des dames et aussi des damoiselles; car nulle ne le pouvoit vestir qu'il ne lui devînt trop court ou trop long, si elle avoit esté desloyale envers son mari ou son ami. Et tout ce avoit fait la méchante Mourgue, afin que la reine et ses dames le vestissent. Mais si elles eussent su de quelle soye il estoit tissu, jamais ne se fussent trouvées, pour chose du monde, en lieu et place où il eust été.

Ainsi donc fut présenté au roy ce riche manteau par le gentilhomme messager, en lui disant toute sa vertu; et en outre il lui dit : « Sire, ce don que ma dame vous
« a demandé et qu'il vous a plû lui octroyer est tel, c'est
« qu'il n'y aura céans ni dame ni damoiselle à qui vous
« ne le fassiez essayer; et celle à qui il sera de mesure,
« ni trop long, ni trop court, ma dame lui en fait pré-
« sent, afin qu'elle en soit toute sa vie honorée. »

Quand le roy voit qu'il ne se peut dédire de la promesse qu'il a faite, il est trop marri, mais il ne peut y mettre remède. Lors messire Gauvain prent la parole et lui dit : « Sire, puisque tant y a, il faut que vous man-
« diez la reine et toutes les dames et damoiselles. » —
« Or, y allez donc, dit le roy, car je veux tenir pro-
« messe; » et messire Gauvain s'en va quérir la reine, et dit : « Madame, le roy m'envoie à vous, et vous mande
« que veniez dans la salle avec vostre belle compagnie,
« car il veut voir laquelle est plus belle, et veut lui faire
« un présent. » Il se garda très-bien de déclarer la vertu du manteau, car aucune ne fust venue. La reine avec sa noble compagnie vint donc devant le roy, qui, dépliant le manteau, lui dit : « Madame, je donne ce beau présent
« que vous voyez à celle de la compagnie à qui il sera
« le mieux séant; » et plus n'en dit, car il lui déplaisoit de tant en faire. La reine, qui voit la grant beauté du mantel, le désire et convoite de tout son cœur, et le fait mettre sur ses épaules pour l'essayer; mais il lui fut un petit trop court pardevant, quoiqu'il fût de bonne longueur par derrière.

Messire Yvain, le fils au roy Urien, qui lui voit tout changer le visage, parce qu'elle s'apperçoit bien à la risée des gens qu'il y a quelque chose, lui dit : « Madame,
« il m'est advis que ce manteau n'est pas assez long pour
« vous; faites-le essayer à ceste damoiselle qui est auprès
« de vous, c'est la mie à Hector le fils. »

La damoiselle le prend volontiers, et le met incontinent; mais il lui fut court de grand demi-pié. Messire Queux, qui estoit le plus grand gaudisseux de la maison du roy, dit à la reine en ceste manière : « Madame,
« vous estes plus loyale qu'elle. » — « Messire Queux,

« fait la reine, qu'entendez-vous par-là? dites-le moi,
« je veux le savoir. »

Alors messire Queux lui va tout compter de point en point. Elle fut sage, et vit bien que si elle montroit courroux, la honte en seroit plus grande. Adonc le prit en jeu et en rit, comme celle qui prenoit en jeu tout ce qui venoit de Mourgue. Et quoiqu'elle eust bien voulu n'estre point venue en cette feste, néanmoins, avec un visage joyeux, dit tout haut : « Or çà, Mesdames, qu'allez-
« vous attendant, puisque j'ai commencé la première? »

Messire Queux, qui estoit tant joyeux de voir ces povres dames si entreprises, leur dit : « Mesdamoiselles,
« avancez-vous; aujourd'hui sera connue la foi que vous
« tenez à ces povres chevaliers qui tant souffrent de peines
« pour vous autres. » Quand les dames entendent parler messire Queux, il n'y en eut aucune qui n'eust voulu estre en son pays. Chacune refuse à vestir le manteau; et le roy, qui en prent pitié, dit au messager : « Ami, il me
« semble que vous pouvez remporter votre manteau; car
« il est si fort *mal taillé*, à ce que je puis voir, qu'il
« ne saura convenir à dames de céans. » — Ah! Sire, dit
« le chevalier, je vous somme de tenir votre promesse :
« Sire, ce que le roy promet doit estre tenu. »

Alors il n'y eut ni dame ni damoiselle qui ne suast d'angoisse et ne changeast de couleur. Chacune veut faire honneur à sa compagne et le lui faire essayer la première, sans de rien lui en porter envie. La reine voit messire Queux qui ne fait que railler. Elle l'appelle et lui dit : « Messire Queux, essayez-le à vostre femme, sans tant caqueter; si nous verrons comment il lui fera. Or, il estait marié à une très-belle damoiselle des plus avancées de chez la reine, et y avoit telle confiance, qu'il lui sembloit bien qu'il n'y en avoit pas de loyale au monde si celle-là ne l'estoit. Il l'appelle : « Venez avant, « ma mie; aujourd'hui sera connue vostre grande valeur, « et serez nommée la fleur des dames : prenez-moi ce « manteau hardiment, et le vêtez, car je crois qu'il a esté « fait pour vous seule. » Sa femme lui répont : « Messire « Queux, il m'est avis qu'il faudroit plutost le laisser à « ces dames que voilà; il leur semblera que je le veuille « prendre par arrogance ou par orgueil, et m'en sauront « pis. » — « Ne vous importe, ma mie, dit messire « Queux; je vous jure ma foi que quand elles devroient « enrager, le vêtirez la première; » et lui-même, sans plus dire, le lui met sur les épaules. Mais ce vilain manteau s'alla si fort raccourcir par derrière, qu'il ne couvroit pas le jarret, et par devant ne venoit environ qu'au genouil. « Sainte Marie ! s'écrie messire Brehus, sans pitié. Messire Queux ne sait quelle contenance tenir; il voit qu'il ne peut couvrir ceci. Chacun en est joyeux, parce qu'il avoit tant mal mené les povres dames. Messire Ydier l'appelle et lui dit : « Messire Queux, que voulez-vous « faire de ce manteau ? comme il va bien à votre femme ! « lui laissez-vous ou non, afin que les autres l'essayent ? » Queux ne répond rien et baisse la tête; mais sa femme, toute dépite et honteuse, le jette et s'enfuit, tant fâchée que plus ne se peut.

Quand les dames voient qu'il faudra que chacune tente la fortune, elles sont bien dolentes. Messire Lucan-Le-Bouteiller, qui étoit fort aimé du roy, lui dit : « Sire, « vous devriez bien faire essayer ce manteau à la mie de messire Gauvain. » Toutesfois Gauvain avoit eu quelque peu de soupçon d'elle et d'un chevalier, et eust bien voulu que messire Lucan n'eust pas mis cela en jeu.

Néanmoins le roy fait appeler la damoiselle, qui n'ose refuser. Le manteau lui est vêtu, lequel s'étendit si long par derrière, qu'il traînoit bien un pié et demi, et le pan du côté droit ne lui venoit pas au genouil.

Alors je vous assure que messire Queux, qui longuement avoit perdu le parler, le recouvra ; et il a moult grant joie de ce qu'il ne sera plus moqué seul, Dieu merci. Messire Gauvain regarde sa damoiselle de travers, comme celui qui est très mal-content. Messire Queux la prent et la mène seoir à côté de sa femme, et dit : « Ma-
« damoiselle, tenez-vous bien près de ma femme, car
« vous êtes aussi femme de bien qu'elle. » Le roy, qui voit toute sa cour rire, ne se peut tenir de faire comme les autres ; et puisqu'il a tant fait, il veut en voir la fin. Il prend par la main la mie de messire Yvain, et lui dit :
« Madamoiselle, ce manteau doit estre vostre ; car je
« n'ouis jamais dire chose de vous par quoy vous ne le
« deviez avoir. » Le manteau lui fut affublé ; mais ce fut toute pitié de le voir ; car il traînoit par devant, et ne venoit qu'au cul par derrière. « Hélas ! mon Dieu, dit
« Girflet, voici une terrible tromperie ; il est bien fou
« celui qui en femme se fie. » La pauvre damoiselle est si honteuse qu'elle ne sait que dire ; elle a pris ce manteau et l'a jetté sur un chevalier. Queux le sénéchal lui a dit :
« Mademoiselle, ne vous courroucez point ; ce sont des
« fortunes de ce monde ; allez vous seoir auprès de
« Genelas et de ma femme : » et elle s'y en va bien pitensement.

Le roy appelle la mie de Perceval-le-Gallois. La povre damoiselle souffre qu'on lui mette le manteau sur le dos ; car force lui est. En effet, dès qu'elle l'eut vêtu, les attaches rompirent tellement, qu'il tomba à terre. La damoiselle trouve le jeu bien déplaisant, et s'en va asseoir à côté des autres, baissant la tête, sans oser regarder nul visage, et maudissant en son cœur celle qui en trouva jamais l'invention. Le roy est un peu fâché du chagrin qu'il voit à ces povres dames, et ne demandoit qu'occasion de tout laisser; mais le messager refuse, et le somme de la foi qu'il a promise devant toute sa baronnerie.

Messire Ydier avoit son amoureuse à côté de lui, et ne croyoit pas que en tout le monde il y en eust une de plus grant loyauté pleine. Il la prent par la main, et lui dit : « Or ça, ma mie, vous savez le grant amour que je « vous ai toujours porté et la confiance que j'ai eue en « vous; par quoy je suis sûr, comme de la mort, que « jamais ne pensastes à me faire un mauvais tour. Or « regardez, ma mie, de quoy il sert d'estre ainsi loyale. « Je suis plus aise du déplaisir que vous ferez aux médi-« sans, que d'autre chose. Je les verrai à ceste fois bien « confus, et ne fût-ce que messire Queux. Allez, ma « mie, vêtez hardiment devant tout le monde pour estre « la fleur des dames. »

La damoiselle, à moitié entreprise, répondit : « Mes-« sire Ydier, mon bon et loyal ami, il me semble, sauf « correction, que vous ne devriez si fort vous hâter, mais « attendre que le roy commandast. » — « Non, non, dit « messire Ydier; faites seulement ce que je vous dis. » Lors la demoiselle prent doucement le manteau, et jamais habillement qu'elle porta ne lui fut si bien fait de mesure par devant, tant que la compagnie crut qu'elle l'avoit gagné; mais quand on la fit tourner pour voir le derrière, ce fut une pitié; car, sur ma foi, il ne venoit pas jusqu'aux fesses, dont la risée commença merveilleusement grande. Queux ne se put tenir de parler, parce que messire Ydier l'avoit gaudi, et lui dit : « Qu'en dites-« vous, messire Ydier? il est bien caché celui à qui le « cul se montre. » Messire Ydier ne sait que dire. Queux prend la damoiselle par la main et la mène avec les autres : « Mesdames, divertissez-vous, je vous amène « compagnie. »

Que vous conterai-je de plus pour allonger la matière? Pour conclusion, il n'y eut là chevalier qui ne le fît essayer à sa femme ou sa mie, dont ils eurent depuis le cœur dolent : car tel y avoit eu confiance, qui depuis ne fit que grommeler. Le messager voyant que son manteau ne se vouloit donner à personne des damoiselles qui là estoient venues, dit tout haut : « Sire, je vous « supplie, afin que je me sois bien acquitté de mon de- « voir, d'envoyer par toutes les chambres chercher s'il « n'y a plus personne. »

Lors commanda le roy à Grisset qu'il s'y en aille, et Grisset s'y en va vitement; et après avoir bien cherché, ne trouve qu'une seule damoiselle sur un lit malade. Grisset la salue, disant : « Madamoiselle, levez-vous : « vous faut venir en salle; le roy vous demande.

— « Messire Grisset, dit la damoiselle, j'obéirai volon- « tiers au roi; mais vous voyez comment je suis : par- « quoy il me semble que vous me devez tenir pour ex- « cusée. » — Madamoiselle, dit Grisset, j'attendrai que « vous soyez habillée pour venir. » Quand elle voit qu'il n'y a remède, elle se lève et s'en vint en salle.

Son ami là estoit; et si vous voulez savoir son nom, je vous dirai que c'étoit messire Karadois Brise-Bras, bon chevalier et hardi. Quant il la voit venir, tout le sang lui meut dans le corps; et bien on le voit au visage. Il avoit été joyeux de ce qu'elle ne s'étoit point trouvée dans la compagnie, pour les grands dangers qu'il y avait vus. Mais sa joie alors se tourne en chagrin tant il craint qu'elle ne reçoive déshonneur et reproche; car il l'aimoit de si grant amour que plus ne pouvoit; et si c'eut été à sa volonté, jamais elle n'eust essayé le manteau; et il s'approcha d'elle, et lui dit : « Ma mie, je vous prie, si vous « doutez de rien, de ne point vêtir ce manteau; car pour « chose au monde je ne voudrois voir devant mes yeux « vostre honte et vous aimer moins qu'auparavant. J'aime « beaucoup mieux estre en doute que de savoir la vérité, « et vous voir assise à côté de madamoiselle Genelas et la « femme de messire Queux. » Grisset prend la parole et dit à Karadois : « De quoi vous tourmentez-vous tant ? « N'en voyez-vous pas là plus de deux cents assises sur « ces bancs, que l'on croyoit au matin estre les plus « loyales de tous les pays. »

La damoiselle, qui de rien ne s'ébahissait, le prent et l'affuble très-hardiment; mais en effet ce manteau fut si bien séant et devant et derrière, que tous les couturiers du monde ne l'eussent su mieux tailler pour elle. Le gentilhomme messager, qui maintenant voit l'aventure achevée, dit tout haut :

« Damoiselle, damoiselle, c'est à cette heure que vostre « ami doit estre bien joyeux : je vous livre le manteau, car « il est à vous de bon droit si le Roy le confirme. » Il n'y a dame ni chevalier qui veuille l'encontre, quoiqu'ils aient de l'envie assez, mais semblant n'en font, puis ils s'en retournèrent tristes et dolens, et onc depuis n'en rirent. Messire Karadois s'en va avec sa mie tant joyeux et content que plus ne pouvoit l'estre, et emportèrent le manteau et le gardèrent depuis bien chèrement.

Après leur trespas, il fut mis en un lieu secret; et il n'y a plus personne de nostre temps qui sache où il est, que moi...

Page 70. — Sentent trois jours à l'avance la mort d'un homme vivant.

Cette erreur, adoptée par les docteurs des xive et xve siècles, avait été répandue dans l'antiquité par Élien et Aristote. (*Voy.* aussi M. Salgues, dans son ouvrage, intitulé *Erreurs et préjugés répandus dans la société*, t. 1, p. 394 et 395.)

Page 74. — La munition du voyage d'outre-terre.

Le viatique, dans une acception positive telle qu'elle était usitée chez les Hébreux, signifiait la provision du voyageur. (Voy. *Essais sur la littérat. des Hébreux*, par M. le comte de Montbron, t. ii, p. 10 et la note.)

Même page. — Jusqu'à trépas ou guérison.

Cela s'est pratiqué fort long-temps; des auteurs ont pensé au xiie siècle qu'on ne pouvait recevoir qu'une seule fois l'*extrême-onction*. Leur avis fut réfuté par Pierre-le-Vénérable et par le maître des sentences. Depuis, l'usage de ne la donner qu'une seule fois dans chaque maladie sérieuse a généralement prévalu. (*Voy.* Durand de Mende, l. 1, *de ration.*, ch. viii.)

Page 74. — Tant qu'il leur reste une dernière lueur d'espérance.

Par un abus tout contraire, on a cru long-temps, dans le moyen âge, qu'on pouvait administrer l'*extrême-onction* à ceux qui étaient en bonne santé, et l'église grecque adopta cette pratique. (Simeon de Thessalonique, *Cens. ori. eccles.*, ch. vii. — Jérémie, patriarche de Constantinople, et Arcadius, l. v, ch. iv.) Mais elle était évidemment contraire au but de ce sacrement, qui, selon le témoignage de l'apôtre, n'a été institué que pour les malades. Cependant, l'opinion contraire s'était tellement répandue, même en certains cantons de France, que l'Église s'est expliquée sur ce point, et a proclamé de sévères prohibitions. (Voy. *le Rituel romain* de Paul V; *le Rituel d'Autun*, de 1503; *de Reims*, de 1585; *de Mons*, de 1662; *le Concile de Florence*, l. de 7 sacram., C. Censur. ori. eccles., ch. vii.)

Quelques prêtres grecs donnaient souvent l'*extrême-onction* aux pénitens, au lieu de pénitence, et comme une chose qui les devait sanctifier.

On trouve dans l'église d'Occident, l'exemple d'une sainte, qui se fit donner l'*extrême-onction* avant que d'être malade, prévoyant qu'elle devait l'être bientôt, c'est sainte Hedwige, duchesse de Pologne, qui mourut en 1243, et qui fut canonisée en 1467. (Baronius, *not. in mort. Rom.*, ad 15 octob.) Le docteur Eckius rapporte une foule de superstitions sur l'*extrême-onction* (*in Homil. advers. Luther. et ceter. heret. de 7 sacram. Homil.* 58.)

Page 75. — La coutume presque générale, etc.

Au xive siècle cette coutume était suivie, non-seulement dans les monastères, mais encore dans le monde. (*Voy.* M. Delaunoy, *de sacr. unct. infirm.*, p. 547 et 574. — Egbert d'Yorck, ch. vi, 2e sect.)

Autrefois, dans certains diocèses, on ne pouvait administrer l'*extrême-onction* qu'après avoir allumé treize cierges ou chandelles. Les *Rituels d'Autun*, de 1503 et de 1545, nous en offrent la preuve. *Si infirmus* (dit le premier *Rituel*[1]) *habeat sanum intellectum et vult recipere sacramentum extremæ-unctionis, accensis priùs tredecim candelis, ac contrà parietem circùm circa lectum infirmi applicatis et appositis, sive punctis, dicat sacerdos 7 psalmos pœnitentiales.* Et le second[2] : « Cependant que ces choses se feront et diront, les ministres feront allumer treize chandelles, que l'on fichera en quelques lieux divers, par la chambre, à l'entour du malade. » La même cérémonie est prescrite dans le *Rituel de Périgueux* de 1536. *Alii, scilicet parentes, seu custodes, candelas tredecim*[3] *præparent, quæ ardeant per totum officium.* — L'Église abolit bientôt cette pratique superstitieuse. Elle fut condamnée sévèrement en 1630[4] et 1646, par les *Rituels de Paris*; en 1649[5], par le *Rituel de Boulogne*; en 1649[6], par celui de *Châlons-sur-Marne*; et en 1660[7], par celui de *Troyes* : *Moneat Parochus, ubi opus esse viderit, ab illâ supersti-*

---

[1] Fol. 16. — [2] Fol. 83. — [3] Fol. 34, vers. — [4] P. 103. — [5] P. 234. [6] P. 172. — [7] P. 157.

tione vanâ abstinendum, quâ laïci plerumque utuntur, accendendo certum numerum candelarum, v. g. *tredecim tantùm.*

Saint Irénée raconte que les disciples du fameux magicien Marc rachetaient les morts en répandant de l'huile et de l'eau sur leurs têtes, et en proférant des paroles mystérieuses qui avaient la vertu, disaient-ils, de les rendre invisibles aux puissances des ténèbres, et de les soustraire à leur empire. *Alii sunt, qui mortuos redimunt ad finem defunctionis, mittentes eorum capitibus oleum et aquam, sive prædictum unguentes cum aquâ et invocationibus, ut incomprehensibiles et invisibiles principibus et potestatibus fiant, et ut superascendant super invisibilia, interior ipsorum in creatura mundi relinquatur*[1]. Ce sont peut-être ces pratiques superstitieuses qui ont fait naître l'usage, autrefois si répandu, de donner l'*extrême-onction* aux morts. En cherchant à le détruire, l'Église y vit moins, sans doute, une superstition, que l'abus d'un sacrement qui n'avait été institué que dans le but d'apporter un secours spirituel et corporel *aux malades.*

Le *Synode de Besançon*, tenu en 1573, défend de donner l'*extrême-onction* aux morts, et ordonne qu'on cesse d'oindre les malades s'ils meurent dans l'intervalle. *Mortuo dari non debet, sed si inter ungendum moriatur, cessandum est*[2]. Le *Rituel romain* de Paul V, et ceux qui ont été imprimés depuis, portent la même défense : *Si dum inungitur, infirmus decedat, presbyter ultrà non procedat.*

Mais, par une étrange bizarrerie, tandis que dans l'opinion des uns le sacrement de l'*extrême-onction* conservait

---

[1] L. 1, *advers. hæres*, ch. XVIII.
[2] Tit. *de Sacram. ext. unct.*, stat. 3.

l'efficacité que l'Église lui attribue contre les maladies, et qu'on le croyait même assez puissant pour rappeler à la vie; dans l'opinion des autres, il passait pour conduire à une mort inévitable.

Le P. Nider rapporte que Robert ou Rupert, roi des Romains, étant tombé dans une maladie dangereuse, reçut le saint viatique, mais éluda *l'extrême-onction* par toute sorte de supercherie, et ne consentit à la recevoir qu'après que les docteurs et les ecclésiastiques qui l'assistaient lui eurent fait entendre qu'elle était le remède souverain de l'âme et du corps. *Fuit nostro tempore, rex Romanorum Rupertus, qui ante sui electionem re et nomine clemens extitit, et post diutina et sancta sua opera in letali quâdam infirmitate propè à demone victus occubuit. Nam in infirmitatem gravem incidit, et sumpto eucharistiæ sacramento, se dietim ab sanctæ unctionis oleo callidè ne reciperet subtraxit. Hauserat enim, ubi nescio, diabolicum hunc instinctum, ut videbatur, quo quidam superstitiosissimè credunt, se post hujusmodi sacramenti susceptionem omninò migrare. Distulit igitur princeps recipere sacramentum propter mortis periculum. Et doctores divini et humani juris, quos semper dilexit, verbis virum hortabantur, et sibi suadebant ne omninò desineret tam salubre animæ et corporis antidotum. Obtinuerunt tamen tandem illi divinâ arridente gratiâ intentum, etc.*

Le *Synode de Worcester*, en Angleterre, de l'année 1240, enjoint aux curés de prêcher souvent contre cette erreur superstitieuse: *Quidam abhorrent hoc percipere sacramentum, quod hoc sibi vix in ipso mortis articulo sustinent exhiberi : propter quod forsàn accidit, quod ejus expertes*

[1] *In fornicar.*, l. IV, ch. II.

plurimi ab hâc luce subtrahuntur. Contra hunc igitur errorem, cum aliis, eos per sacerdotes suos, et prædicatores alios, crebris exhortationibus præcipimus præmuniri [1].

Le *Synode de Cambrai*, de l'année 1604, s'exprime dans le même sens : *Frequenter moneant Parochi subditos suos et ostendant non esse differendum tam salutare sacramentum usquè ad extremam ægritudinem ; falsamque illorum opinionem convellant qui arbitrantur iis ex hâc vitâ necessariò migrandum esse qui hoc sacramento sunt muniti ; cùm nimis impium sit existimare, sacramenta ad animarum salutem instituta corporibus mortem afferre aut accelerare* [2].

Le docteur Jean Eckius [3] rapporte beaucoup de pratiques à ce sujet.

« Les uns, dit-il, sont convaincus que s'ils reçoivent ce sacrement, ils mourront bientôt;

« Les autres s'imaginent qu'il diminue la chaleur naturelle :

« Les uns croient qu'après l'avoir reçu, les malades perdent leurs cheveux ;

« Les autres sont dans la pensée qu'une femme enceinte qui a reçu l'*extrême-onction*, accouchera difficilement, et que l'enfant dont elle est grosse, aura la jaunisse :

« Les uns soutiennent que les abeilles dont les ruches avoisinent la maison du malade auquel on administre l'*extrême-onction*, meurent peu de temps après;

« Les autres se persuadent que les malades, après l'avoir reçue, sont plus violemment tentés qu'auparavant :

---

[1] Ch. XIX. — [2] Tit. XII, ch. II.

[3] *In homil. advers. Luther et ceter. hæret. de 7 Sacram. homil.* 58, *de effectib. Sacrament. unct.*, n° 3, fol. 174, édit. Paris, ann. 1553.

« Les uns s'imaginent que ceux qui ont reçu ce sacrement ne doivent plus danser de toute l'année, parce que s'ils dansent, ils mourront infailliblement ;

« Les autres prétendent qu'après l'avoir reçu il ne faut pas toucher la terre, les pieds nus, pendant une année entière, et qu'on doit toujours avoir une lampe, ou un cierge allumé dans la chambre du malade, durant sa maladie. Toutes ces erreurs, dit Eckius, inquiètent les malades, et les livrent tellement au supplice du doute, qu'on a bien de la peine à leur persuader de recevoir l'*extrême-onction*. Il en résulte que la plupart se leurrant toujours de l'espoir de prolonger leur vie, se négligent eux-mêmes, jusqu'à ce que la mort les prive, enfin, du bienfait de cette onction sacrée. » *Hujusmodi erroribus implicant homines, eosque sic dubios reddunt, ut difficilius persuaderi possint ad suscipiendum hoc sacramentum. Ità fit quòd multi seipsos negligunt ; dùmque sibi vitam semper pollicentur longiorem, tanto sacræ unctionis thesauro privantur.*

Pages 76 et 77. — On dit de celui qui trépasse soudainement, qu'*il meurt sans langue.*

On donnait alors le nom de *devise* aux testamens, parce que le testateur fait par cet acte le partage de ses biens. (*Voy.* Villehardouin, nombre 19.)

Page 91. — Avec lesquels il a la facilité d'être batailleur, despote, conquérant.

Sans armées permanentes et sans impôts, le despotisme

et l'anarchie étaient également impossibles : aussi n'en trouvera-t-on pas un seul exemple sous le régime purement féodal. Les premières émeutes que la France ait subies sont postérieures, comme on peut le voir, à l'affranchissement des communes, aux atteintes directes portées à l'indépendance des seigneurs, à la convocation des états-généraux et à l'admission du tiers-état dans ces assemblées tumultueuses.

Ces fautes prouvent assez que le système féodal fut éminemment favorable aux libertés publiques de la France; vérité méconnue de nos jurisconsultes trop peu instruits de nos antiquités, ou trop faciles à flatter l'usurpation du pouvoir, mais vérité hautement proclamée par les plus doctes publicistes de l'Angleterre, qui connaissent mieux notre droit féodal que nous-mêmes, soit parce que tous nos vieux titres sont en leurs mains, soit parce que ce droit leur fut commun avec nous, ainsi qu'avec l'Allemagne [1]. Ces publicistes n'hésitent point à dire que les nobles efforts avec lesquels les anciens barons de France et d'Angleterre résistèrent à leurs souverains enfantèrent la liberté civile [2]. On leur doit l'institution du jury, la répartition et le balancement des pouvoirs, et enfin le gouvernement représentatif qui reproduit dans son essence l'association

---

[1] Le système féodal fut également établi en Espagne, en Italie, et dans plusieurs royaumes du Nord. (*Voy.* Martenne, *Thesaurus anecdot.*, t. I, p. 1141, 1155. — Zurita, *Annal. d'Arragon*, t. II, p. 62. — Strauski, *Respublica Bohemica*, Elzevir, 1629. — Freiri, *Institut. juris Lusitani*, t. II, tit. I et III.

[2] Le président Bouhier, *Cout. de Bourgogne*. — M. le comte de Montlosier, *de la Monarch. franç.*, t. I, p. 167. — Hallam, *de l'Europe au moyen âge*, t. I, ch. II, 2e partie.

féodale, altérée par mille abus qui n'existaient pas au xiie siècle, puisqu'ils proviennent en grande partie de la confusion des rangs et de la haine irréfléchie qu'inspirent de nos jours les priviléges; le peu qui nous reste d'institutions vigoureuses et de loyauté relève donc des temps féodaux, et tout ce qu'il y a de défectueux en nous lui est étranger.

Page 92. — Pour subvenir aux frais d'une armée.

L'extinction des suzerainetés n'a pas seulement nécessité les armées permanentes, elle eut encore pour conséquence immédiate la levée de taxes nouvelles sur toute la face de l'empire. Sous le régime du vasselage, le roi n'avait, comme chacun de ses vassaux, que les revenus qu'il tirait de ses domaines.

Les cours des premiers rois de France et de Lombardie sont réglées comme les métairies d'un père de famille. Les fruits des vergers, le produit des troupeaux, la coupe des bois et quelques redevances payées par les cessionnaires de quelques portions de terrains suffisaient aux besoins d'une royauté semblable à celle des rois pasteurs[1]. la reine Bathilde prenait soin de ses celliers, Charlemagne faisait vendre les légumes de ses jardins.

Les rois ne purent pendant la féodalité percevoir aucun

---

[1] *Voy.* sur les revenus des rois : Du Cange, *Dissert.* 4e *sur Joinville*, et en son *Gloss.*, aux mots *Heribannum fredum*. — *Recueil des historiens*, t. xiv, préf., p. 37. — *Ordon. des rois*, préf. des 15e et 16e vol.

impôt direct sur leurs vassaux; tout ce qu'ils touchaient leur était strictement alloué par des conventions réciproques, et il en était de même entre les vassaux et les arrière-vassaux. D'ailleurs qu'auraient-ils fait de ces trésors? Leurs armées ne leur coûtaient qu'une proclamation; s'ils voyageaient, ils avaient le droit d'être hébergés avec leur suite par les villes et les abbayes où ils passaient, et ce droit de *giste* et de *chevauchée* était, pour ceux-là même qui le devaient, une époque honorable, une occasion de fête qui ravivait la splendeur d'une maison et ajoutait de beaux souvenirs aux traditions des châteaux et des pays [1].

Philippe de Valois usait de ce droit de gîte lorsqu'après la funeste bataille de Crécy il arriva avec son cortége devant le château de Broïe en s'écriant: « Ouvrez, châtelain, c'est la fortune de la France [2]. »

Quand les pratiques et les usances du gouvernement féodal furent tombées en désuétude, et que les feudataires n'eurent plus aucun pouvoir politique, des charges innombrables s'accumulèrent dans le giron de la monarchie, qui dès lors devint le but de toutes les plaintes et doléances des contribuables. Quand on pense aux moyens odieux et vexatoires dont on s'est trop fréquemment servi pour suppléer imparfaitement aux contingens de l'ancien pacte fédératif, on ne s'étonnera pas que le nouveau système financier ait servi de prétexte à toutes les révolutions. Depuis l'altération de la monnaie jusqu'aux

---

[1] Velly, *Hist. de France*, t. II, p. 329.— Villaret, t. XIV, p. 174, 175. — *Indice de Ragueau*, édit. de Laurière.

[2] Désormeaux, *Hist. de la maison de Bourbon*, t. I, p. 264.— Villaret, t. VIII, p. 451.

centimes additionnels, on compterait plus de mille mesures fiscales pratiquées à la charge des peuples : les contraintes des publicains, les saisies, les amendes, les confiscations, les garnisaires, les emprunts forcés, les logemens de guerre, les conscriptions et tant d'autres modes usités dans les erremens du service public n'ont-ils pas centuplé les droits conventionnels dérivant du vasselage? Ces droits, une fois convenus, ne variaient pas, car ils étaient irrévocablement déterminés par le contrat féodal; mais les impôts qui ne se prélèvent point en vertu d'une stipulation positive (du moins il en était ainsi avant la charte) avaient un accroissement si rapide et si arbitraire qu'après avoir été fixé à 170,000 fr. sous Charles VII ils s'élevèrent sous Louis XI, son successeur, à 5 millions. En 1780, les caisses publiques engouffraient 427 millions, et il y avait déficit. De nos jours, les budgets excèdent 1 milliard, et ils n'en resteront peut-être pas là.

Page 92. — L'agrégation des cortéges seigneuriaux réunis au ban du roi pour l'intérêt général.

L'utilité d'une guerre avait-elle été constatée dans le placite général, les vassaux, sur un simple mandement du roi, et les arrière-vassaux, d'après l'avis de leurs seigneurs respectifs, envoyaient au lieu du rendez-vous leur contingent militaire. Ainsi convoqués selon les usages du ban et de l'arrière-ban, ces contingens, fournis de vivres et de munitions, formaient ce que l'on appelait l'*ost* [1].

[1] Duchesne, *Script. rer. gallicar.*, t. v, p. 552. — Du Cange,

La durée du service était limitée. Dans l'origine, le possesseur d'un petit fief de chevalier n'était obligé de tenir campagne à ses frais que pendant quarante jours, sans compter le temps d'aller et de revenir [1]. Depuis, le service ordinaire des vassaux fut étendu à soixante jours, et même en certains endroits à trois mois et à un an [2].

Les stipulations de quelques fiefs dispensaient le vassal de suivre son seigneur au-delà des frontières de ses domaines. Le plus grand nombre des statuts féodaux l'obligeaient à le suivre durant le temps convenu dans toutes ses expéditions [3].

Ces usages variés devaient nuire parfois à l'ensemble des opérations militaires; du reste, on sent tous les avantages résultant d'un pareil mode de convocation; le premier était sans doute de fournir au suzerain une armée dont le service gratuit n'avait pour lui rien d'onéreux [4].

v° *Feudum. milit. membrum Loricæ.* — Stuart's, *view of Society*, p. 382.

[1] Lytlleton, l. II, ch. III. — Wright's, *tenures*, p. 121. — Beaum., *Cout. de Beauvoisis*, ch. II. — Carpentier, *supplém. au Gloss., voc. hostis.* — De La Roque, *Traité du ban et de l'arrière-ban*, ch. XIII, p. 32 et 83. — Lanoue, *Disc. polit. et milit.*, disc. 9. — Daniel, *Hist. de la milice franç.*, p. 72.

[2] Dans le royaume de Jérusalem le service était d'un an, *Assis. de Jérus.*, ch. CCXXX. — Le service pour la garde d'un château, soit en Normandie, dans la Guienne comme dans l'Angleterre, était illimité. Littleton's, *Henri II*, v° p. 182. — Hallam, *de l'Europe au moyen âge*, t. 1, ch. II, 1ʳᵉ partie.

[3] Du Cange, v° *Feudum. milit.* — Carpentier, *supplém. au Gloss., voc. hostis.*

[4] Daniel, dans son *Hist. de la milice franç.*, p. 84, pense que dès le XIIIᵉ siècle, les vassaux recevaient une paie; le fait n'est

Un autre avantage, c'est qu'une armée ainsi composée ne pouvait seconder l'humeur d'un conquérant, d'abord parce qu'elle ne dépassait guère vingt à trente mille hommes, et surtout parce que les vassaux, à l'expiration du terme fixé pour le service, avaient le droit de revenir dans leurs foyers.

Les troupes féodales levées par les vassaux étaient formidables ; quoique peu nombreuses, elles étaient l'élite de tout ce qu'il y avait de brave et de désintéressé. Les seigneurs emmenaient avec eux cette brillante race de *Bers*, de *chevaliers*, d'écuyers et de damoiseaux, en un mot tous ces guerriers nourris dans les manoirs avec des préceptes de gloire et d'amour. A la vérité, les suzerains qui convoquaient l'*ost* avaient quelquefois, outre les troupes du vasselage, des corps mercenaires [1]. Guillaume, duc de Normandie, avait introduit cet usage, et voilà comment il put réunir soixante mille hommes avec lesquels il fit la conquête de l'Angleterre. Philippe-Auguste prit à sa solde des Brabançons ; il y avait à Crécy un corps de quinze mille arbalétriers italiens, auquel il faut attribuer une partie de la perte de cette bataille. A mesure que le gouvernement féodal s'affaiblit, on substitua aux

---

pas établi, les paies n'étaient alors que des exceptions introduites volontairement en faveur des chevaliers trop pauvres pour subvenir aux frais d'un armement.

[1] Roger de Hoveden, Orderic Vitalis, et autres écrivains du XIIe siècle, emploient souvent l'expression de *solidarii*, employé également dans la préface du 11e vol. des *Hist. de France*, p. 232, pour désigner des soldats payés ; mais alors ces troupes mercenaires n'étaient guère que celle des abbés qui, incapables de se défendre par eux-mêmes, recoururent les premiers aux stipendiés.

armées territoriales et fidèles des milices sans expérience ou des légions salariées que d'abord on licencia en temps de paix et qui se débordaient alors dans les campagnes où elles organisaient le brigandage. On finit par avoir des troupes permanentes, et ce fut alors que le chef de l'État eut dans les mains un instrument de despotisme. Ne pouvant plus lui opposer une force légale et modératrice comme sous le vrai règne de la féodalité, on crut devoir lui opposer l'opinion; mais l'opinion, souvent mélangée d'anarchie, a causé, lorsqu'elle fut dirigée dans son étrange mobilité, par les factieux et les novateurs, plus de désordres et de calamités que le droit féodal.

Page 96. — A moitié cachées dans les pommiers, s'élevaient çà et là des cabanes couvertes de chaume, asiles de paix, où la santé, la simplicité des besoins, la piété et la foi assuraient un bonheur facile.

Cette vie noble et simple des seigneurs est décrite avec fidélité. Houard, qui était profondément versé dans la connaissance des coutumes du moyen âge, s'exprime ainsi dans son commentaire de *la Fléta*, l. II, c. LXXVIII, t. 3 de ses *Lois anglo-normandes*, p. 370 et suiv.

« La subordination établie entre tous les officiers des
« seigneurs, l'ordre que leurs domestiques étaient obligés
« de suivre dans leurs travaux, et surtout l'honnêteté, la
« décence des mœurs dont les seigneurs se faisaient un
« mérite de donner l'exemple, concouraient à rendre
« les *auditeurs des comptes* circonspects dans les contesta-

« tions qu'ils faisaient aux comptables, et à prévenir les
« fraudes que ceux-ci auraient été tentés de commettre.
« Un seigneur se serait cru déshonoré s'il n'eût pas été
« fidèle à remplir ses promesses, s'il eût affecté un air al-
« tier, un ton dur vis-à-vis de ses vassaux; s'il eût négligé
« les devoirs de sa religion, et manqué au respect ou aux
« égards qu'il devait à ses proches; son conseil n'était
« point composé de jeunes gens, de bas adulateurs, de
« débauchés, mais de personnes graves et expérimentées:
« c'était avec elles qu'il examinait l'étendue et le pro-
« duit de ses domaines, et qu'il apprenait à proportionner
« sa dépense à ses revenus. Les principes d'une économie
« honnête, qu'il puisait dans leurs conversations, lui fai-
« saient comprendre l'avantage qu'il y avait à épargner,
« chaque année, quelques sommes auxquelles il avait re-
« cours dans le cas de disette, d'incendie, d'épidémie, de
« réparations extraordinaires, etc. D'après ces connais-
« sances, le choix qu'il faisait d'officiers intelligens et in-
« tègres, le mettait à portée de connaître à chaque instant
« l'état de sa maison, les ressources sur lesquelles il pou-
« vait compter, soit pour sa défense particulière, soit
« pour celle de sa patrie...

« Les travaux étaient non-seulement distribués à diffé-
« rens journaliers, ils étaient d'ailleurs déterminés; de
« sorte que ceux qui en étaient chargés ne pouvaient ni
« confondre les tâches qui leur étaient personnelles avec
« celles des autres, ni se faire remplacer sans l'agré-
« ment de leurs supérieurs. Rien n'est si admirable que la
« simplicité des préceptes donnés à chaque serviteur; on
« voit dans celui qui nous les offre, non un spéculatif qui,
« sans avoir jamais pratiqué ce qu'il prescrit, veut que
« l'on soumette l'expérience au système d'économie ru-

« rale, dont son cabinet a été le berceau ; mais un culti-
« vateur éclairé, qui n'a d'autre guide que la diversité des
« sols, des températures de l'air ; en un mot, chez lequel
« les *données* de la nature prévalent sur celles des raison-
« nemens. Il est bien dangereux, en fait d'agriculture, de
« poser des maximes générales, etc. »

Page 97. — Nous, armés pour la guerre et le pouvoir.

La monarchie des Francs, d'abord simple et solda-tesque sous les premiers rois chevelus, avait grandi en touchant le sol gaulois ; et, se croyant au-dessus des anciens usages, oubliait les formes populaires qui lui interdisaient le despotisme. Clovis n'avait pu distraire, du butin fait à Soissons, le vase d'or qu'un évêque réclamait ; la hache d'un soldat s'était opposée à ce prélèvement, qui violait les principes de l'égalité entre le souverain et les sujets, ou plutôt entre le chef et ses pairs [1]. Quelques années s'étaient à peine écoulées, que l'anecdote du vase de Soissons parut aux courtisans du prince et aux annalistes un mouvement d'humeur et de brutalité de la part d'un soldat dans l'ivresse, et bien que l'action de ce soldat fut tout-à-fait en rapport avec les coutumes saliques des peuples francs, on la désavoua comme un crime de lèse-majesté.

[1] Hottoman, *Franco-Gallia*, ch. vi. — L'abbé Vertot, *Mém. de l'acad. des inscript. et belles lettres*, t. iv. — M. de Foncemagne, t. vi et viii de la même collect. — M. de Bonlainvilliers, *État de la France*.

[2] Tacit. *de morib. German.* — *Lois salique et ripuaire*.

Le bon Grégoire de Tours, honteux d'avoir à rapporter ce fait dans son histoire, le met sur le compte d'un guerrier, vieux, emporté, farouche, et il en corrige l'âpreté par ces paroles, qu'il prête aux autres chefs. « Très-glorieux roi, tout ce qui est là est à vous. Nous sommes nous-mêmes sous votre empire et sous votre joug, faites tout ce qu'il vous plaira, personne ne peut résister à votre puissance [1]. » Ce langage ne fut jamais celui des Francs, et il fut si peu tenu par les officiers de Clovis, que ce roi ne put, malgré son désir, enlever le vase dont il s'agit.

Lorsque Clovis eut assis son empire dans la Gaule, et que dans sa cour, naguère libre et sincère, il eut appelé les Romains astucieux et corrompus, et les Gaulois façonnés au despotisme par les Druides, il affecta le pouvoir absolu, négligea le consentement des Leudes, et fit, selon son bon plaisir, des traités de guerre, d'alliance ou de paix. Les champs de Mars, où fleurissaient les libertés germaniques, tombèrent par degrés en désuétude; dégénérées en de vaines formules, ces assemblées, où ne paraissaient plus que les évêques et les officiers du palais, furent les auxiliaires des volontés arbitraires [2].

La conversion de Clovis lui soumit le clergé, dont l'influence était puissante alors. Favorisés par ce prince qui avait besoin de leur crédit, les ecclésiastiques le payèrent de ses largesses, en plaçant ses droits sous la protection de l'autel; ne connaissant d'autre constitution que l'*omnipotence* des David et des Salomon, ils proclamèrent la royauté de Clovis, héritier d'Israël.

---

[1] Greg. Turon., *Hist.*, l. II.

[2] Dubos, *Hist. crit. de l'établissement des Francs dans les Gaules*, t. III, p. 329. — Mably, *Observ. sur l'hist de France*, l. I.

Sous les successeurs de Clovis s'éteignent les dernières lueurs de la liberté. Grégoire de Tours, qui de tous les prélats de son temps, parla aux rois avec le plus de fermeté, disait cependant à Chilpéric : « Nous vous parlons, et si vous ne voulez pas nous écouter, qui vous jugera, si ce n'est l'Éternel, qui est la justice même [1]. »

Ce Chilpéric levait de sa propre autorité des tributs si onéreux sur ses peuples, que Frédégonde elle-même en fut effrayée, et craignit que les malédictions publiques, montant vers le ciel, n'y réveillassent enfin la foudre divine [2].

L'âme est oppressée à la vue de ces règnes hideux, souillés des plus exécrables forfaits. Qui eût osé prédire devant ce spectacle de désolation, de barbarie et d'esclavage, qui eût osé prédire à la France ces belles époques, du moyen âge, resplendissantes des blasons d'une chevalerie héroïque et vertueuse ? qui eût pu nous faire présager la gloire d'une monarchie tempérée par une modération légale et balancée par des droits énergiques ? Cette France appelée à de si nobles destinées sous les Philippe-Auguste et les saint Louis, ne semblait sous la main sanglante des Chilpéric, des Clotaire et des Brunehant, qu'un camp de sauvages prêts à disparaître pour toujours du sol qu'ils déshonorent. La race de Merovée, qui comptait peu d'années, rapidement abrutie et énervée par ses excès, touchait à sa décrépitude. Incapables de soutenir leur sceptre de plomb, les princes amollis aban-

---

[1] Grég. Turon., *Hist.*, l. v, ch. xix ; l. viii, ch. xxxi et seq. — Cordemoy, *Hist. de Fr.*, t. 1, p. 244.

[2] *Ibid.*, ch. xxv.

donnaient l'exploitation de leur tyrannie aux maires du palais, qui par degrés usurpèrent la couronne.

C'est lorsque la nation des Francs allait disparaître comme les peuplades éphémères des Gépides et des Alains, que se développa le germe d'un gouvernement régénérateur, et ce gouvernement fut le pacte féodal.

Page 106. — La noblesse à la fois ruinée et avilie, etc.

Le cardinal de Richelieu acheva l'ouvrage de Louis XI, qui avait entrepris de détruire la noblesse territoriale; et, sous divers prétextes, il plongea dans les fers, fit monter sur les échafauds ou força à l'exil les Gaston, les Vendôme, les Montmorency, les Marillac, les Talleyrand-Challais, les La Valette, les Cinq-Mars, et tant d'autres illustres personnages. Mais le coup le plus hardi de sa politique jalouse et implacable, celui qui, non-seulement rompit le dernier nœud de la féodalité, mais plongea la noblesse dans un gouffre d'immoralité, de scandale et de perdition, ce fut la résolution d'attirer de gré ou de force à la cour les grands seigneurs qui vivaient dans leurs terres. Peut-être le ministre-roi se proposait-il seulement, par cette mesure despotique, de surveiller de plus près ces seigneurs, et de prévenir leurs conspirations en exerçant sur eux une inquisition journalière. Mais que penser de la prévoyance et du génie de ce cardinal, qui n'a pas craint, pour satisfaire des ressentimens personnels, de préparer, en appelant les nobles dans les villes, les folies du luxe, la corruption des mœurs, l'affaiblissement des idées, l'altération et la ruine de l'esprit de famille et de l'esprit de propriété?

En abandonnant pour toujours leurs manoirs héréditaires, les nobles abandonnèrent à la fois les souvenirs paternels, les tombes de leurs ancêtres, les hameaux où l'on priait pour eux. Au lieu de ces habitudes simples et patriarcales, au lieu des sincères hommages et des bénédictions du pauvre, ils vinrent à la cour essuyer les hauteurs d'un favori ou les sarcasmes d'une concubine; par degrés, ils contractèrent dans le commerce des capitales et des cours l'esprit d'intrigue, l'égoïsme, le bel air, les beaux usages, l'art des impertinences, la grâce du scandale, le bon ton des dettes, et la bonne fortune des tromperies et des parjures. De loin en loin, ils retournaient dans leurs terres, dont le séjour ne convenait plus à ces êtres amollis, efféminés, blasés qui, désormais aux lieux que leurs pères avaient illustrés par de hauts faits, bornaient leurs exploits à séduire quelque innocente villageoise. Leurs revenus ne pouvant suffire à la magnificence, au luxe effréné de leurs vêtemens, de leurs équipages, de leurs goûts dilapidateurs, ils vendirent leurs patrimoines aux publicains, aux financiers, aux marchands. Plus d'un manoir, conquis jadis par vingt combats, fut perdu d'un coup de dé; plus d'un fief, qui autrefois avait été le siége des prérogatives d'une suzeraineté vraiment royale, fut démembré par lambeaux, pour subvenir aux dépenses d'une petite maison et aux friponneries d'un intendant.

Le cardinal de Richelieu nivelant le gouvernement de la France, et sur la place déblayée des anciennes constitutions élevant le pouvoir colossal de l'arbitraire, concentré dans la personne d'un seul qui se dit l'État, le cardinal de Richelieu amassa tous les matériaux dont le superbe Louis XIV composa l'immortel égoïsme de sa puissance.

Ce prince fit du moins par un noble sentiment de la grandeur, ce que Richelieu avait fait par défiance et animosité. Ce dernier n'avait sommé les nobles de se rendre à la cour que pour les avoir sous ses yeux menaçans; Louis XIV les rassembla dans Versailles, pour donner un nouveau lustre à l'éclat de la royauté. Fier de dominer dans les galeries et les salles de son palais, sur les flots adulateurs qui roulaient dans son cortége, il voulut concilier avec l'empressement des courtisans l'éclat de l'ancienne noblesse. Dans ce désir, il vivifia la galanterie, et reproduisit l'image effacée des carrousels. Vains efforts : cette représentation impuissante, ces pratiques chevaleresques ne pouvaient fleurir que dans le terroir fécond des mœurs féodales. Si la présence et l'énergique vouloir du grand monarque prêtèrent un moment quelque chose à ses illusions, et donnèrent à de simples réminiscences la chaleur de l'existence positive, cette apparence disparut bientôt comme une toile dressée pour des fêtes d'un jour. Derrière cette toile magique se montra l'odieuse vérité : la régence, le siècle de Louis XV, et dans l'horizon nébuleux le spectre glacé du xixe siècle.

Page 109. — Les enrichir de naufrages.

Le droit de naufrage était pratiqué chez les Rhodiens, en Grèce, en Italie, etc. Bodin assure que de son temps il existait encore en Éthiopie et en Moscovie. (*De la Républ.*, l. ii, ch. vi.) Les rois de la Corée retiennent par force les étrangers qui font naufrage sur leurs côtes. (Wattel, *Droit des gens*, l. ii, ch. viii, §. 108.) En Angleterre comme en France, les seigneurs riverains s'étaient fait un droit de naufrage. Christian, roi de Danemarck, disait que l'abolition de la coutume qui confisquait les biens des naufragés, lui coûtait 100,000 écus par an.

Une constitution de l'empereur Frédéric qui abolit la coutume dont nous parlons, prouve qu'elle avait lieu en plusieurs parties de l'Allemagne.

Page 120. — La fertilité resterait au côté du ruisseau où l'on parviendrait à retenir la banderole.

Cette rixe a lieu encore tous les ans. En 1823, aux environs de Callak, département des Côtes-du-Nord, il y eut un homme de tué et plus de trente blessés. Les fonctionnaires assurent que tous les efforts de l'autorité ne peuvent empêcher cette coutume immémoriale.

Page 121. — Qu'il défend avec son bec fort et tranchant.

Le peuple donne aux *macareux* le nom de perroquets de mer; dénomination impropre, quoiqu'adoptée par *Anderson*.

Page 184. — S'il n'y a pas une fille qui sache le latin.

Le mépris qu'inspirait une femme qui savait le latin

était répandu dans beaucoup de provinces; et de là ce proverbe tiré de Pierre Grosnet :

> La femme qui parle latin,
> L'enfant qui est nourri de vin,
> Soleil qui luiserne au matin,
> Ne viennent point à bonne fin.

Page 187. — Cette tant célèbre forêt Brocéliande.

Il n'est pas un endroit de la vieille France plus célèbre, en effet, que la forêt Broceliande, que les romanciers et les chroniqueurs appellent *Brecilieu* ou *Brecheliant*. Quelques-uns l'ont placée dans les environs de Montfort, et disent que c'est aujourd'hui la forêt de Paimpont. (M. Poignand, *Antiquités, Hist. et Monum. à visiter de Montfort à Corseul, par Dinan, et au retour par Jugon*, p. 89, 90.) Mais des hommes plus versés dans la topographie de l'Armorique, et notamment le savant abbé de La Rue, placent cette forêt près Quintin et Loudéac; ce serait aujourd'hui la forêt de Lorges. (L'abbé de La Rue, *Recherches sur les ouvrages des bardes de la Bretagne armoricaine dans le moyen âge*, p. 44, 45, 46 et 47.) Il est probable que la forêt Broceliande aura été dans les premiers siècles le siége d'un grand collége druidique, et que là plus qu'ailleurs se sont perpétuées les fables celtiques et tout le merveilleux des temps anciens; ce qui explique la préférence que les romanciers ont toujours eue pour cette forêt, où ils conduisaient tous les héros.

Page 191. — Une fumée infecte couvre la face du jour.

Il est probable qu'on avait conservé par tradition le souvenir des prodiges opérés par les druides à l'aide de la physique et des autres sciences auxquelles ils s'étaient adonnés. C'est ainsi qu'ils frappaient de crainte les esprits crédules et superstitieux des Gaulois. (*Voy.* Lucan., *Phars.*, l. III, v. 400. — Diod. Sicul., l. v. — Cicero, *De Divinat.*, l. I et II, cap. 76.) Quant aux merveilles de la fontaine Barenton et de son perron magique, tous les romanciers et les chroniqueurs en font mention. (*Voy.* Guill. Britonis Philippid., lib. VI, ap. Duchesne, t. v. — — Chrestien de Troyes, dans ses romans d'*Érec*, du *Chevalier au Lion*, etc., etc., et en général tous les romans de la Table-Ronde.)

Page 192. — Les neuf vierges fatidiques.

Ces fées quittèrent, dit-on, l'île de Saine dans le XIe siècle; et, à compter de cette époque, les romanciers les ont célébrées dans la forêt Brecheliant. (*Voy.* la *Dissertation de M. l'abbé de La Rue*, sur les bardes de la Bretagne armoricaine, dans le moyen âge, p. 44 et suiv.)

Même page. — Se rendent visibles encore.

On crut, jusqu'au XVe siècle, à toutes les merveilles de cette forêt. (Voy. *M. l'abbé de La Rue*, sur les bardes armoricains, p. 53. — Le Grand d'Aussy, *Note sur le lai* de *Lanval*, t. 1, p. 107; et les *Mélanges*, tirés d'une grande bibliothèque, vol. H, pag 168 et suiv.)

Page 196. — Cette persévérante crédulité.

Pierre de Blois, dans ses *Épîtres latines*, ep. 57. — Joseph d'Exeter, lib. III, *De bello Trojano*.

Gautier de Soignies dit dans une de ses chansons :

> Amor m'occit et tormente ;
> Je fais, je crois, telle attente,
> Com li Bretons font d'Artur.

Rutebeuf s'exprime de même dans le lai de Brichemer :

> En telle attente m'estuet faire,
> Comme li Bretons font de lor roi.

Même page. — Sans avoir trouvé ce qu'il cherchait.

Robert Wace, qui mit en vers le premier roman de la Table-Ronde, en 1155, alla en effet en Bretagne pour vérifier les bruits publics. Il parle de ce voyage dans son poëme de *Guillaume-le-Conquérant*. (Voy. *Bibl. reg.* Paris, n° 6987.)

> Là allai je merveille quere,
> Vis la forêt et vis la terre.
> Merveilles quis, mais nes trovai,
> Fol m'en revins, fol y allai,
> Fol y allai, fol m'en revins,
> Folie quis, per fol me tins.

Page 199. — Et cela, comme le disent les clercs.

Par le même motif, on a donné le nom de saints à quelques divinités mythologiques, et l'on a substitué aux fêtes précédentes, les fêtes du christianisme. Saint Nicolas prenant possession des autels de Neptune, devint le dieu des mariniers; saint Michel succédant à Mercure, devint le conducteur des anges; adoré aux lieux où l'on adorait Pan et Cérès, saint Georges devint l'ami des laboureurs. Il en est de même en Grèce, où l'on trouve encore toute la mythologie mêlée au christianisme. (*Voy.* M. Pouqueville, *Voyage en Grèce*, t. 1, préf., p. 14, 15 et 42.)

Page 201. — La sépulture du barde Guenclan.

Guenclan, ainsi que Merlin, composèrent quelques ouvrages en langue celtique; Guenclan était une espèce d'archi-druide, du temps des Romains : il mourut en grande vénération, dans les environs d'une forêt, entre Lannion et Guingamp, là où fut fondée l'abbaye de Begard. (*Voy.* M. de Kerdanet, *Biog. Bret.* — Poignand, *Antiq. Bret.*, p. 139, 140 et la note.)

Page 210. — Apparaître *la femme blanche.*

Cette fable sur la *dame Blanche* est devenue le patrimoine de plusieurs grandes maisons, tant en France qu'en

Allemagne, en Italie, en Angleterre et en Russie. (*Voy.* Bullet, *Dissert. sur Melusine.*)

Page 211. — Plus il coulait en abondance.

C'était une opinion générale, que le sang coulait en présence d'un meurtrier, ou comme présage du carnage. L'histoire en rapporte plusieurs exemples remarquables. (*Voy.* notamment : *Benedict., abb.*, p. 541 et 547. — Math. Pâris, p. 107. — Roger de Hoved., p. 154. — Brompton, p. 1151. — David Hume, t. III, in-12, p. 79. — Colomiés, *Mélanges historiques*, p. 43, édit. d'Orange, de 1675. — *Tablettes anecdot. et hist.*, 3ᵉ partie, p. 67.)

Même page. — Je vis des fenêtres de Plancoët des flammes sinistres.

On voit comment alors l'ignorance des sciences physiques pouvait donner un air merveilleux aux causes les plus naturelles : ces feux n'étaient que les phosphores qui s'exhalent des fonds marécageux ou gras, et qui s'enflamment au contact de l'air. (*Voy.* Derham, *Philosoph. transact.*, n° 411. — Bergman, *Géogr. phys.*, t. II, p. 81. — *Mém. de l'acad. de Stockholm*, 1740.)

Page 212. — Elle prédisait l'orage et les beaux jours.

Ce phénomène moral se fait souvent remarquer chez les personnes atteintes de certaines maladies. (*Voy.* Delaroche, *Analise du système nerveux.* — Dumas, *Principes de physiol.*, t. IV, p. 81. — Le docteur Alibert, dans sa *Nosologie naturelle.*)

Page 217. — Les reliques miraculeuses de saint Martial.

Les habitans de Limoges ont pour les reliques de saint Martial une vénération particulière. L'exposition du chef de cet apôtre d'Aquitaine se fait tous les sept ans. On l'appelle *ostension* : elle donne lieu à des pèlerinages et à des processions célèbres. Saint Gerald, comte d'Aurillac, y vint en 904; saint Louis, en 1244 ; Philippe-le-Hardi, en 1283, etc. — *Statistique du département de la Haute-Vienne*, par M. Texier Olivier, préfet, ch. II, p. 104 et 105.

Page 225. — Aussi ancienne que la plus noble maison de France.

On trouve encore des familles de paysans bretons qui remontent au XIIe siècle. Telle est la famille de Kersauson. Quand ces paysans venaient payer la redevance à leurs seigneurs, ils s'asseyaient, en disant : « Nous sommes pauvres, mais nous sommes vos égaux. » Quelques-uns mettent encore une épée au coin du champ qu'ils labourent, ou sur la charrette de foin qu'ils conduisent.

Même page. — De la fée Morgain.

Il existe encore un grand nombre de familles qui prétendent à de pareilles origines. La famille de Jacques Brian de Compalé, se dit issue de l'aînée des fées de l'île de Saine.

Page 226. — Par des entaillures.

L'introduction des registres destinés à recevoir les actes de l'état civil ne remonte guère en Bretagne qu'au xve siècle.

Même page. — Espèce de joug.

Il est évident que le nom de *jugon* est la corruption du mot latin *jugum*, joug. (*Voy.* M. Poignand, lieu cité, p. 48.)

Page 228. — Pour les faire servir à de nouvelles constructions.

Le couvent de l'église des moines de Lehon, l'église saint Sauveur, à Dinan; la porte Mordelaise, à Rennes, et presque toutes les fortifications des demeures féodales, furent construits avec des débris d'édifices romains.

Même page. — Le temple de Mars.

Ce temple, indiqué sur les cartes géographiques des Romains, sous le nom de *Fanum Martis*, offre encore aujourd'hui des restes de murs de plus de trente pieds d'élévation.

Page 228. — On le fait sur de grandes barques.

Aujourd'hui ces barques appartiennent à la ville de Dinan, qui les donne à louage par baux de neuf ans. Cette petite navigation offre encore quelques restes des usages que nous décrivons. (*Voy.* Ogée, *Dictionn. hist. de Bretagne*, v° *Dinan*. — M. Poignand, p. 71 et suiv.)

Page 229. — Une table et un siége de pierre.

On trouve encore plusieurs de ces siéges sur quelques montagnes du Finistère et des Côtes du Nord, notamment dans la commune du *Lass*.

Page 231. — Avaient tué son amant.

On raconte aussi la même fable à Morlaix; mais le fait s'y serait, dit-on, passé en 1522, époque à laquelle les Anglais y firent en effet une descente.

Page 236. — C'est sur la cime d'une montagne.

Il est, en effet, à remarquer que dans tous les pays de la chrétienté, les églises du nom de saint Michel sont bâties sur les plus hautes montagnes de la contrée. Le choix d'un pareil site ne peut être l'effet du hasard, et il y a là une harmonie morale d'une grande beauté.

Page 244. — On le nomme *Tombelaine*.

Cæs., *De bell. Gallic.*, l. vi, ch. xvii. — Auson., *De professor Burdig.*, ch. iv. — Saint-Foix, *Essais, etc.*, t. v, p. 59 et 60. On a cherché d'autres étymologies. Les uns ont pensé que ce nom était le tombeau de Bellenus, frère de Brennus ; d'autres ont prétendu que *Tombelaine* vient du celtique *Tumbé-lem*, qui signifie *tombeau du génie*, etc. (*Voy.* M. Poignand, *Antiq. histor. et monum.*, etc., p. 105 et 106, avec les notes.)

Page 253. — L'érection de la seigneurie d'Yvetot en royaume.

L'abbé Vertot entreprend de prouver que l'érection du pays d'Yvetot en royaume est une fable. (Voy. *Mém. de l'acad. des inscript.*, t. iv, p. 728 et suiv.) C'est aussi l'opinion de Duplessis ; mais ce docte écrivain, en contestant l'acte d'érection, a reconnu que cette terre a acquis par l'usage le nom de royaume, et il rapporte vingt titres qui le lui confirment, sans qu'on sache trop pourquoi. (Voy. *Description de la Haute-Normandie*, t. 1, p. 180 et suiv.)

Page 272. — L'échiquier, dont le nom étrange, etc.

La plupart des historiens font remonter à 915 l'origine de l'*échiquier*, en telle sorte que l'ordonnance de Philippe-le-Bel, datée de 1302, serait une simple confirmation. Les auteurs se sont livrés aux conjectures et aux étymologies les plus bizarres, sur le mot *échiquier*, que les uns font venir du persan, les autres de l'hébreu, et un plus grand nombre du grec ou du latin, etc. Ceux qui l'ont fait dériver du saxon *scata*, trésor, ont peut-être mieux deviné, puisqu'en Angleterre, où les ducs ont transporté l'*échiquier*, cette cour de justice n'est guère qu'une chambre des comptes, comme le démontre M. Houard dans son *Commentaire sur la Fleta*, t. III, p. 146 de ses *Coutumes anglo-normandes*. (*Voy.* ce que disent sur ce point obscur des *Coutumes du moyen âge*, Mathieu de Westminster, Thomas de Valsingan, Mathieu Pâris, Paul-Émile, Pithou, Chopin, Borel, Basnage, Spelman, Dupleix, Watsius, Du Cange, etc.) Si l'on ignore d'où vient le mot *échiquier*, on peut croire qu'il a donné naissance au mot *chicaner*.

Même page. — Tantôt à Rouen ou à Caen.

L'ordonnance de Philippe-le-Bel, qui rendit le parlement de Paris sédentaire, ne fut point commune à l'*échiquier* de Normandie. Ce n'est qu'en 1498, que les états généraux de cette province délibérèrent pour rendre cette cour de justice fixe et stable dans la ville de Rouen ; leur vœu fut présenté l'année suivante, à Louis XII, qui le consacra par une ordonnance du mois d'avril 1499. L'*échiquier*, quoique rendu sédentaire, conserva son nom jusqu'au règne de François Ier.

Page 277. — Protégée par la loi, mais non commandée par elle.

Aux XIIIe et XIVe siècles, on ne pouvait même former de ces associations qu'avec le consentement du prince. (*Voy.* Beaumanoir, c. 1..) Il y avait encore avant la révolution un village en Auvergne et un autre en Lorraine, dont les habitans vivaient en commun. M. de Sauvigny en fait mention dans l'*Innocence du premier âge en France*, 3e partie, intitulée : *les Hauts Pounois*.

Page 280. — Un bâtiment situé grande rue Exmesine.

Cette vieille maison, qu'on voyait encore du temps où Charles de Bourgueville publia ses recherches sur la ville de Caen, portait le nom de *l'échiquier*. (*Voy.* ce qu'il en dit, p. 57.)

Page 281. — Et de Saint-Vigor.

Le prieur de Saint-Vigor siégeait à l'Échiquier, ainsi que tous ceux qui sont nommés. Leurs noms sont fidèlement extraits des rôles de l'Échiquier rapportés par le prieur Farin, le curé de Maneval et Masseville ; mais cette nomenclature eût été fastidieuse, et nous n'avons cité que quelques-uns des membres de cette célèbre cour au XIVe siècle.

Page 286. — Seraient désavoués par leurs commettans.

C'est ce qui arriva notamment aux états-généraux de 1382. Les députés de Sens ayant outre-passé leurs pouvoirs furent révoqués par leurs mandataires, qui ne payèrent pas.

Page 287. — Un champion armé de fer.

Le champion des communes était payé annuellement pour se présenter en champ clos, et perpétuer, le fer en main, une image commémorative des combats judiciaires. Le champion des seigneurs devait au contraire paraître à ses frais. (*Voy.* la Charte de 1301, citée par Bouquet, *Traité du droit public*, p. 304. — Houard, *Rec. sur la Fleta*, t. III, p. 483 des *Coutumes anglo-normandes*.) On trouve dans Philippe de Beaumanoir (*Cout. de Beauvoisis*, ch. LIX) des détails fort curieux sur *le droit de guerre par coutume*. Toute sorte d'injure ne pouvait pas être vengée par la voie de la *guerre*; il fallait que ce fût un crime atroce, capital et public. Cependant ce principe posé par Beaumanoir n'était pas général : souvent des guerres privées furent entreprises au sujet de successions et héritages, et encore pour d'autres motifs. (Le card. Pierre Damien, l. IV, ep. 9. — *Chron. d'Alberic*, an. 1234.)

Les guerres particulières ou privées se déclaraient par action ou par paroles, quelquefois par écrit. Mais de toute manière on ne pouvait surprendre son ennemi avant de l'avoir prévenu. Il devait ordinairement s'écouler trois jours avant toute hostilité. (Le Vold. Nortof., in Chron. Marc., an. 1356. — Froissard, 1 vol., ch. xxxv. — Du Cange, *Dissert. sur Joinville.*)

Page 292. — L'Angleterre qui nous doit les mêmes institutions.

« Les lois et les anciens usages d'Angleterre ont tant de rapports avec les nôtres, dit M. d'Aguesseau, que l'on peut sans crainte citer une loi d'Angleterre pour prouver une ancienne coutume de France. » (T. vi, p. 27; et t. vii, p. 246.) On voit dans le *Traité des Coutumes anglo-normandes* de Houard, t. i, en sa préface, et t. iv, p. 682, comment nos institutions se sont établies et conservées chez les Anglais.

Page. 293. — Pour faire face au débordement des idées nouvelles.

C'est une grande erreur de nous présenter, ainsi que l'ont fait Delolme et quelques nouveaux publicistes, la constitution d'Angleterre comme une œuvre improvisée d'un seul jet par le génie de la philanthropie moderne; écoutons ce que dit à cet égard un Anglais d'un esprit excellent : « La meilleure manière de montrer le peu de solidité des doctrines des théoristes sur la constitution anglaise, me paraît être de donner une courte esquisse de l'histoire de cette constitution, depuis son origine jusqu'à nos jours. On verra, par ce moyen, que l'esprit politique des Anglais n'a pas été plus profond que celui des autres peuples; ils n'ont jamais prévu l'effet des modifications de leurs institutions, lesquelles ont été les résultats des circonstances et quelquefois d'un heureux hasard, et que tout le mérite de leurs législateurs a consisté dans un grand attachement à leurs anciens usages, et une forte aversion pour toutes les innovations qui n'étaient pas absolument nécessaires. De cette manière, leurs institutions primitives ont reçu leurs développemens que le temps pouvait amener, et sont enfin arrivées au degré de perfection dont elles étaient susceptibles... Tandis que dans toutes les autres monarchies de l'Europe les anciennes institutions ont été souvent modifiées sans raison ou changées arbitrairement, les institutions anglaises, toujours respectées, se sont perfectionnées lentement d'elles-mêmes. Voilà la véritable raison de la supériorité de la constitution de l'Angleterre sur presque toutes celles des autres pays, et voilà aussi pourquoi il est si difficile de l'imiter, etc. » (*De la Constitution de l'Angleterre*, par un Anglais, 2ᵉ édit. Paris, chez Lenormant, 1820, form. in-8°, p. 13 et 14.)

Page 297. — Les vassaux ont le choix, etc.

Les justices n'étaient patrimoniales qu'en ce sens qu'elles étaient composées de traditions héréditaires; du reste les parties pouvaient se les choisir, excepté dans le cas dont nous parlons : exception qui concilie les opinions que *Basnage* et *Pesnelle* ont émises en sens inverse en traitant de la *prorogation volontaire de la juridiction*.

Page 298. — La mesure d'une *prison forte et dure.*

Ce ne fut qu'en 1475 que, pour la première fois, le maréchal du banc du roi, sous Édouard IV, rétablit la prison *forte et dure*, d'où plus tard quelques criminalistes courtisans tirèrent la question. Mais les jurisconsultes protestèrent contre cette procédure barbare, qui ne fut guère érigée en point de droit général qu'aux XVI° et XVII° siècles, c'est-à-dire après le régime de la féodalité. (Hornes, *Miroir des Juges*, ch. 11, sect. 9. — Pasquier, *Recherches de la France*, l. VIII, ch. XXXVII. — Barringthon, *Observ. ou Westm. prim.*, p. 62, 64, 65. — Cowel, *Institut. jur. anglic.*, l. IV, tit. XVIII, n° 35. — Fortescue, *de laudibus leg. Angl.*, ch. XXIX. — *Ordonn. de* 1670, tit. XVIII, art. 7; tit. XIX, art. 3.

Page 299. — Non-seulement l'aîné, etc.

Partout en France l'aîné avait une part plus forte; mais la quotité variait, ainsi que le mode d'indemnité due en quelques provinces aux puînés pour l'habitation féodale. Consultez sur ce point important de la jurisprudence féodale l'ordonnance de Philippe-Auguste, en 1210, que Pithou regarde comme la première des lois de la troisième race. (*Cout. de Tours*, art. 260, 267 et suiv. — *Cout. de Loudun*, art. 245 et suiv.; et Proust sur cette Coutume, p. 439 et 464. — Boucheul, sur la *Cout. de Poitou*, art. 293, n° 21 et suiv. — Auzanet, sur l'art. 13 de la *Cout. de Paris*. — Britton, ch. LXXII. — *Traité des*

Cout. anglo-normandes, t. III, p. 622 et 623. — (*Voy.* aussi ce que disent à ce sujet Lebrun, Duplessis, Dumoulin, Loisel, Ricard, Chopin, Argou, Le Maître, Guyot, et les *Plaidoyers de Denis Talon*, 53ᵉ plaidoyer, t. v, édit. de 1821.)

En Normandie, l'aîné, soit noble, soit roturier, en succession directe, avait jusqu'à la majorité de ses puînés la jouissance des biens parternels et maternels; il était leur tuteur légitime et naturel; il avait la garde des sceaux, et ne pouvait pas renoncer à ce droit d'aînesse. En quoi, observe Basnage, les anciens Normands étaient plus sages qu'Esaü.

Il y avait cependant en Normandie quelques exceptions ou modifications au droit d'aînesse. La vicomté de Rouen et une partie de son territoire partageait également les héritages entre frères. Il en était à peu près ainsi dans quelques paroisses des vicomtés de Caudebec, d'Arques, de Moustiervil!er, et du ressort de Gournay. Mais le droit commun de Normandie était que l'aîné eût un préciput : il prenait d'ordinaire pour préciput le fief ou le manoir. Dans l'ancienne coutume dont parle notre voyageur, l'aîné avait, notamment dans le pays de Caux, un préciput et les deux tiers : il pouvait même racheter l'autre tiers de ses puînés, mais il n'avait qu'un an pour opérer ce retrait; car on ne pouvait les déposséder plus tard d'une propriété qui commençait à être sanctifiée par les habitudes de la famille. (Basnage, *sur la Coutume de Norm.*, t. I, p. 395, 504, 558, 568; t. II, p. 489, 493, 502. — Louet, *Lettre E*, n° 7.)

Page 301. — Les filles ne peuvent guère réclamer de leur père qu'un *mariage avenant*.

Le *mariage avenant* est la portion des biens réservée pour doter les filles, qui ne pouvaient rien demander au delà dans la succession paternelle que se partagent leurs frères. Cette disposition, particulière à la coutume de Normandie, retraçait nos usages primitifs : sous les rois Francs, les filles étaient exclues des successions. (*Voy.* Leg. Salic., art. 62. — Leg. Rép., tit. 55. — Les art. 248 et 249 de la *Cout. de Normandie* prononcent la même exclusion, et ne leur accordent qu'*un mariage avenant*. *Voy.* aussi Éverard, *Méthode pour liquider le mariage avenant des filles en Normandie.* — M. Boulet, *le Mariage avenant des filles de Normandie réduit en principes.*

Page 303. — Les biens de la dot ne peuvent être vendus.

L'idée d'une dot plus usitée en Normandie qu'ailleurs ne peut cependant détruire ce que nous avons dit dans le premier volume sur le désintéressement des mariages de ce temps; car, antérieurement à un arrêt du parlement de 1539, il n'était guère question de dot, même en Normandie, et le peu de biens que la femme y portait au mari, ne reçut le nom de biens dotaux que par l'arrêt précité.

Page 304. — Si la femme abandonne son mari sans cause, etc.

Si la femme abandonnait son mari sans cause, elle perdait son douaire. Si les époux se séparaient volontairement, la femme le conservait, à moins que le mari ne fût infirme et malheureux. (*Voy.* Glanville, lib. VI, § 17, art. 376 de la *Cout. de Normandie réformée.*)

Page 305. — Un père, sans l'intervention des tribunaux, peut, etc.

La puissance paternelle était extrême chez les Romains; ils l'apportèrent dans les Gaules où elle resta, après la chute de l'empire romain, dans un grand nombre de nos provinces. Le pays de droit écrit lui est soumis, et le pays coutumier, loin de la repousser comme l'ont avancé Dumoulin et Loisel, l'admet presque partout, sauf quelques modifications. On trouve, en effet, la puissance paternelle conservée dans plus de cent coutumes. (*Voy.* notamment les *Coutumes de Berri*, tit. I, art. 166, 167 et 168; — *du Poitou*, tit. IX; — *de La Marche*, art. 298; — *du Nivernois*, ch. XXII, art. 2; — *de Blois*, art. 1 et 2; — *de Montargis*, ch. VII, art. 2 et 3; — *d'Orléans*, art. 180 et 185; — *de Sedan*, art. 5; — *de Bretagne*, art. 526, 527, 528, 529, 535, 536; — *de Normandie*, art. 421; — *de Troyes*, art. 139; — *de Bordeaux*, art. 1 et 2; — *de Lorraine*, art. 16 du tit. 1er; — *de Metz*, ch. 1, art. 4; — *de Lille*, tit. IV; — *de Mons*, ch. VIII, IX, X, XXXVI; — *de Gand*, rubrique 21; art. 1er, etc.)

Lorsque le châtiment n'excédait pas les bornes d'une simple correction, le père l'infligeait de son propre mouvement, et sans que le juge pût intervenir; dans le cas contraire, c'est le juge qui doit prononcer sur la demande du père. (*Voy.* Boniface, t. v, l. III, tit. III, ch. I. — Brillon, v° *Débauche*.— Graverol, sur la *Rocheflavin*, l. III, tit v.)

Page 306. — Le droit d'exhéréder.

L'exhérédation ne pouvait avoir lieu sans causes, et les causes étaient déterminées par les lois et coutumes. (*Voy.* Cujas, *ad tit. de inofficioso testam. et ad nov.* 18 et 115. — Henri, t. II, l. V, *quæst.* 2. — Le Prestre, cent. 2, ch. LXVII. — M. d'Aguesseau, *plaid.* 3 et 33.)

Page 307. — Sans l'agrément du chef de famille.

Eustachius, frappé de ce principe, *que celui-là est indigne de Jésus-Christ, qui aime mieux son père et sa mère que lui,* en concluait qu'il fallait quitter tout pour se livrer à la solitude; mais, depuis, Eustachius rétracta son erreur. Saint Jérôme, qui avait conseillé à Héliodore de ne pas se laisser détourner du dessein où il était d'entrer dans le cloître, par les exhortations de son père, convint depuis, dans sa lettre à Nepotien, *que ce qu'il avait écrit était l'effet d'une ferveur de jeunesse et du penchant que l'on contracte dans les écoles pour les fleurs de rhétorique.*

Page 309. — Il a trahi la confiance.

Ces sages distinctions se trouvent dans les monumens du moyen âge. (*Voy.* la Fleta, l. iv, ch. viii.) Elles ont été adoptées dans presque toutes les belles règles du droit français par les législateurs modernes, qui, dans leur ingratitude, en font honneur aux progrès des lumières et au siècle de la philosophie. (*Voy.* l'art. 386 du *Code pénal.*)

Même page. — Le vol des pigeons est plus sérieusement puni.

A l'époque dont il s'agit, un voleur de pigeons fut condamné à être fustigé pendant deux jours, par les carrefours de Bayeux, et autour des colombiers qu'il avait dépeuplé, avec cet écriteau sur la tête : *Larron et pilleur de pigeons.* La récidive était punie de la hart. (*Voy.* Houard, *Dictionn. du Droit normand*, t. iii, p. 419, v° *Pigeons.*)

Page 310. — Celui qui est convaincu d'avoir calomnié, etc.

L'action en calomnie s'appelait *querelle, qui naît de mesdit;* elle était de deux sortes : l'une comprenait les simples injures verbales, et pour être excusé il suffisait de reconnaître qu'on s'était exprimé follement et sans réflexion. L'autre comprenait les imputations calomnieuses : on lui donnait le nom d'action en légende, mot qui, selon Ménage, vient du latin *lædere*, blesser, mais qui plutôt dérive du mot saxon *ladare*, qui signifie purger les *offenses*. C'est de l'action en *légende* dont il est question dans le texte.

Page 316. — Ces précieux règlemens.

Si on lit les *Capitulaires*, *la Fleta*, et les *Lois de Malcolm*, on verra que ces règlemens, et beaucoup d'autres de ce genre, furent observés en France, en Angleterre et en Écosse. Les articles que nous citons ici sont plus particulièrement extraits des *Lois galoises*, attribuées à Hoëlda, lois qui, comme le prouve M. Houard (t. I, II, III et IV de ses *Cout. anglo-normandes*,) avaient une analogie exacte avec celles de la Normandie.

Page 317. — La sauvegarde qu'elle peut accorder.

Originairement tous les officiers du roi, des ducs et autres suzerains, avaient le droit d'accorder de pareilles protections, (*Disc. préliminaire des Traités anglo-norm.*, t. I, p. 64 et suiv.) La boulangère conserva ce droit plus long-temps que les autres serviteurs, parce qu'elle pétrit le pain quotidien qui nous vient de Dieu.

Page 320. — Rimé par feu Richard Dourbault.

En 1280, Richard Dourbault mit en rimes françaises l'ancien *Coutumier de Normandie*. Quelque bizarre que fût ce travail, il eut son utilité dans un temps où les Coutumes n'étaient pas écrites. Au surplus, voici une des strophes de ce singulier poëme :

> Saiches s'aulcuns sont nés dung père,
> Procréés en diverse mère ;
> Se lung meurt, le prochain sera
> L'hoir ; qui aux aultres droit fera.
> S'aulcuns sont procréés d'ung père,
> Et plusieurs d'aultres en une mère
> L'aquest à l'aisné retour a.

Même page. — Avec le nombre trois.

Dans les premiers siècles de la monarchie et dans le moyen âge, on prétendait tirer de l'avantage des nombres impairs. *Debet autem compromitti in numerum imparem quo numero Deus gaudet; scilicet, in unum, aut in tres, et sic de similibus.* (Skénée, dans son édition de la loi *Regiam majestatem*, lib. II, cap. v.) On trouve dans les *Lois d'Hoël-dà*, un chapitre entier des termes judiciaires, *Triades forenses*, qui rappelle sous le nombre trois la plupart des articles que cite ici le seigneur Normand. (Voy. *Cout. anglo-normandes*, t. II.)

Page 321. — Avant l'âge d'un an.

Il existait alors de sages règlemens qui ne permettaient pas de vendre dans l'année certains animaux, et notamment tous les veaux indistinctement, dans la crainte de nuire à l'agriculture. (Vid. *Statuta Gildæ*, cap. XL.)

Page 326. — Les opérations rurales convenables à chaque saison.

Ces règlemens perpétués parmi les Normands, comme nous l'apprend M. Houard, avaient une origine très-ancienne. On les trouve dans les *Capitulaires* et dans les lois des barbares. (Voy. *Capitul.* XLI et XLIV, l. IV.— *Capitul. de Villis*, ann. 800, art. LVII, *Bal.*, col. 331 et 339. — *Leg. Lougob.*, l. II, tit. XIV, lib. VII. — Hincmar, 2 vol., *épist.* XXIX, p. 316.—Flodoard, *Hist. Remens eccl.*, p. 137, ch. XIX, l. II, p. 36, cap. XVIII. — *Leges forestarum et leges Burgorum*, etc.)

Page 329. — On nomme à présent *gillons*, etc.

Guille, en anglais, signifie encore tromperie. (Britton, ch. XV.) Casaubon, *De quatuor ling. comment.*, p. 256, tire ce mot du grec, *gulios*, poche où les soldats renfermaient des provisions que souvent leur procurait la fraude.

Page 338. — La base de la noblesse.

A l'époque où le duc Guillaume fit la conquête d'Angleterre, il n'y avait pas de nobles sans glèbe : cela résulte évidemment du *Domesday*. (*Voy.* aussi Cujas, *ad tit.* x, lib. II, *feud. et in præs. de feudis*.—Bartole, lib. I, *col. ult. cod. de dignit.*, lib. x. — Tiraq. *in tract de Nobilitate*, cap. VII, n° 14. — Guy Pape, en ses *décisions*, *quæst.* 385, *De pleb.*, etc.—Jacq. Caron, l. I, *Pand.*, chap. XVI. — De La Roque, *Traité de la Noblesse*, chap. XVIII.)

Page 341. — Le nom d'Olivier Basselin frappa mon oreille.

Plusieurs biographes hésitent à placer l'existence de Basselin au XIVe siècle : les uns le font contemporain de Louis XI, d'autres de Louis XII. (*Voy.* La Monnoye, *Notes sur la Biblioth. française de la Croix du Maine*, t. II, p. 205. — Cretin, *Ep. a François Ier*, éd. de Coustellier, p. 225.) M. Dubois, en rapprochant plusieurs faits cités dans les *vaux-de-vire* de Basselin, démontre avec évidence que ce poëte a dû naître au XIVe siècle, et mourir, comme nous l'avons dit, dans un âge fort avancé, vers 1417. En effet, ce fut pendant le siége de Vire par les Anglais, en 1417, que mourut Basselin, ainsi que l'atteste Le Houx, autre chansonnier postérieur.

Page 342. — *Vaux-de-vire.*

Telle est l'origine des vaudevilles, dont le mot est l'altération des *vaux-de-vire*. (*Voy*. ce que disent sur ce point Bourgueville de Bras, *Ant. de Neust.*, p. 56 et 57. — Ménage, *Orig. de la langue franç.* — Vauquelin, de La Fresnaye, dans le second livre de son *Art poétique*. — M. Louis Dubois, p. 21, 30 et 31.) Nous avons quelques éditions des poésies de Basselin. Celle que Jean Le Houx, avocat de Vire, donna en 1576 est peu estimée, parce que le texte est altéré. Il en parut une autre édition à Vire vers 1664 et 1670. Celle de M. Asselin en 1811 a été imprimée sur un manuscrit exact. La plus complète a été donnée par M. Louis Dubois en 1821, à Caen, chez Poissan.

Pages 343 *et* 344. — Je les crois, sous ce rapport, infiniment mieux partagés que nous.

Il ne faut point oublier que cette thèse est soutenue au xive siècle par un de ces suzerains ignorans et barbares qui, comme on dit, se faisaient gloire de leur ignorance et de leur barbarie. Je soupçonne cependant que si le baron de Tournebu pouvait revenir un instant parmi nous, et qu'il fût témoin des merveilles de notre civilisation, il parlerait encore de même, ne fût-ce que par entêtement.

Page 348. — Les tourbillons d'une épaisse fumée.

Ces fumées étaient quelquefois si abondantes, qu'elles infectaient tout le pays, ce qui motiva plusieurs dispositions législatives. (*Voy.* Houard, *Dictionn. du Droit normand*, t. IV, v° *Varech.* — Le *Dictionn. du Commerce*, par Savary, etc.

Page 351. — Et met le fils d'un berger à la place du fils d'un roi.

C'est là probablement l'origine des enfans qu'on croit changés en nourrice. Au surplus le *Gobelin*, qu'en d'autres endroits de la Normandie on appelle le *cheval Bayard*, est le même lutin que le *Sotray* de la Sologne, que le *Crion* des Poitevins, que le *Tenzarpouliet* des Bretons, que le *Nissen* des paysans de la Norwège, etc.

Page 356. — Et aux plus lâches forfaits.

Sous le règne suivant, Charles-le-Mauvais résolut d'empoisonner le roi et tous les princes. Il s'adressa à cet effet à un ménestrier vagabond, nommé *Gauthier-le-Harpeur*, lequel était Anglais ainsi que son valet *Robert de Wourdreton*. Quand il les eut l'un et l'autre endoctrinés, il fit venir ce dernier, et lui dit:

« Tu feras ainsi : il est une chose qui s'appelle arsenic sublimat; si un homme en mangeait aussi gros que un pois, jamais ne vivrait. Tu en trouveras à Pampelune, à Bordeaux, à Bayonne, et par toutes les villes où tu passeras, ez hôtels de apothicaires. Prends de cela et en fais de la poudre; et quand tu seras en la maison du roi, du comte de Valois son frère, des ducs de Berry, de Bourgogne et de Bourbon, et des autres grands seigneurs où tu pourras avoir entrée, tray-toi près de la cuisine, du dresscoir, de la bouteillerie, ou de quelques autres lieux où mieux tu verras ton point, et de cette poudre mets ez potages, viandes ou vins desdits seigneurs. »

FIN DU DEUXIÈME VOLUME.

www.ingramcontent.com/pod-product-compliance
Lightning Source LLC
Chambersburg PA
CBHW070334240426
43665CB00045B/1912